教育部金融学核心课程规划教材

保险公司经营管理原理与实务

Principles and Practices of Insurance Company Management

■ 主　编　余　洋

■ 副主编　袁　辉　仲赛末

WUHAN UNIVERSITY PRESS
武汉大学出版社

图书在版编目(CIP)数据

保险公司经营管理原理与实务/余洋主编.—武汉：武汉大学出版社，
2023.12
教育部金融学核心课程规划教材
ISBN 978-7-307-24164-0

Ⅰ.保… Ⅱ.余… Ⅲ.保险公司—企业经营管理—高等学校—教材
Ⅳ.F840.32

中国国家版本馆 CIP 数据核字(2023)第 229945 号

责任编辑:唐 伟 责任校对:李孟潇 版式设计:韩闻锦

出版发行：**武汉大学出版社** （430072 武昌 珞珈山）
（电子邮箱: cbs22@whu.edu.cn 网址: www.wdp.com.cn）
印刷:武汉科源印刷设计有限公司
开本:787×1092 1/16 印张:19 字数:389 千字 插页:1
版次:2023 年 12 月第 1 版 2023 年 12 月第 1 次印刷
ISBN 978-7-307-24164-0 定价:58.00 元

版权所有，不得翻印;凡购我社的图书，如有质量问题，请与当地图书销售部门联系调换。

前　　言

保险是现代经济的重要产业和风险管理的基本手段，是社会文明水平、经济发达程度、社会治理能力的重要标志。改革开放以来，我国保险业快速发展，于 2017 年开始在全球保险市场中排名第二位，成为最重要的新兴保险大国。2022 年，我国保险业原保险保费收入 4.7 万亿元，为全社会提供保险金额达 13678.7 万亿元。

保险公司是保险保障的提供者，是风险的承担者，在服务国家战略、改善民生保障方面发挥着重要作用。提高保险公司经营管理效率，对改善社会风险管理、促进保险行业高质量发展具有重要意义。

保险公司经营管理作为保险专业的主干课程，是一门极具理论高度和实践广度的课程。本教材以习近平新时代中国特色社会主义思想为指导，立足于国民经济与保险业的发展现状，适应培养我国现代保险人才的需要。从经济、经营、管理的一般理论出发，紧密结合我国保险公司经营管理实务，阐释了保险公司经营管理的基本原理、有关业务环节及实际操作的实务知识。本教材具有以下特色：

◆　蕴含丰富的课程思政元素。本教材加入大量的中国经济改革和保险发展的最新实践和成果，比如我国保险市场的改革与开放、保险公司的创新与发展、保险监管的特色等。通过在教材中大量融入和体现中国经验，增进学生分析和解决问题的能力，引导学生增强"四个意识"、坚定"四个自信"、做到"两个维护"，把思想和行为自觉与以习近平同志为核心的党中央保持高度一致。

◆　以文理交叉、创新融合为导向。突破文科的传统和局限，将统计学、信息学、计算机科学等知识融入其中，实现文理交叉。同时，高度关注云计算、大数据、人工智能等在保险公司经营管理领域的应用以及带来的一系列变化。将以跨界融合为特征的新产业、新业态、新科技反映在教材中。

◆　结构新颖、注重开放性。在每一章开始，加入了"本章知识结构导图"这一新版块，使每一章的知识结构清晰明了。在每一章末尾，通过"本章小结"进行重点知识的归纳与总结。在教材编写过程中不预设固定不变的教学程序和整齐划一的所谓"标准答案"，在每一章设置思考题，引导学生用自己的知识储备和联想推理能力去探寻不同的"答案"与"结论"。

本教材可作为高等院校保险专业、保险精算专业本科生和研究生的教学用书和学习用书，对于专业人才培养具有以下作用：

◆　全面提升学生的专业素养。通过阐释保险公司的组织管理、营销管理、承保管理、理赔管理、投资管理、偿付能力管理、资产负债管理、风险管理等，使学生系统学习保险公司经营管理知识体系，全面掌握保险公司经营管理理论与实务。

◆　强化学生的创新能力和实践能力培养。本教材在编写过程中注重务实与求新。既有对保险公司经营管理基本原理的阐释，又有现实的解析；既立足全球前瞻保险公司的发展动向，又立足中国实际分析保险公司的业务运作；既介绍了传统的保险公司业务，又涵盖了当下方兴未艾的互联网保险、保险科技等创新业务活动。

◆　增强学生的学术研究能力。教材内容注重将知识学习与研究能力相结合，帮助学生学习如何选题、学习相关重要文献、了解学术研究的基本规范，夯实研究基础，并运用所学的经济学、管理学、保险学、精算学等相关理论开展与课程相关的问题研究。

◆　提高学生的思想政治素质。将中国保险业改革发展取得成就融入教材之中，并以此切入开展课程思政。通过本课程的学习，养成认真、勤奋、努力和踏实的学习态度，达成友爱、包容、相互尊重的做人品质，具备诚信、创新、开放的品格，成为有责任担当，有正确的世界观、价值观、人生观，对国家和社会有用的人才。

本教材由三位具有丰富教学经验的保险专业教师编写，具体分工为：余洋（主编，总纂、定稿并撰写前言及第1、2、4、5、8、10章），袁辉（副主编，撰写第3、9章），仲赛末（副主编，撰写第6、7章）。

为使读者能开阔视野、拓宽思路，本教材在编写过程中参阅和汲取了一些前人及同行专家学者的研究成果（在注释及参考文献中均有列示），谨在此表示衷心的谢意！

限于笔者的理论水平和实践经验，疏漏和不当之处在所难免，敬请读者批评指正。

余洋

2023 年 8 月

目　　录

第一章　导　　论

【本章知识结构导图】

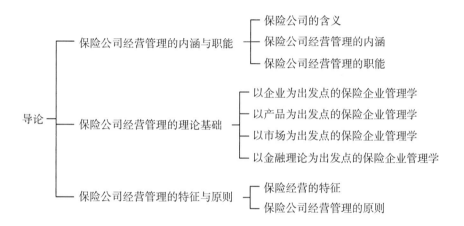

第一节　保险公司经营管理的内涵与职能

一、保险公司的含义

(一) 保险公司的概念

保险公司是根据公司法、保险法及国家法律法规依法成立的公司法人，是销售保险合约、提供风险保障的公司。一方面，保险公司享有收取保险费、运用保险资金的权利；另一方面，当保险事故发生时，保险公司要按照保险合同的约定履行赔偿责任。

(二) 保险公司的业务

保险公司的业务主要包括两大类：

第一类是人身保险业务，包括人寿保险、健康保险、意外伤害保险等保险业务。开展人身保险业务的保险公司，在被保险人投保后，根据约定在被保险人因保单载明的意外事故、灾难及年老等原因而发生死亡、疾病、伤残、丧失工作能力或退休等情形时，给付一定的保险金。

第二类是财产保险业务，包括财产损失保险、责任保险、信用保险、保证保险等保险业务。开展财产保险业务的保险公司，按保险合同的约定对所承保的财产及其有关利益因自然灾害或意外事故造成的损失承担赔偿责任。

保险公司通常不得兼营人身保险业务和财产保险业务。但是，我国《保险法》规定："经营财产保险业务的保险公司经国务院保险监督管理机构批准，可以经营短期健康保险业务和意外伤害保险业务。"

二、保险公司经营管理的内涵

(一)"经营"与"管理"之间的关系

"经营"与"管理"是既有区别，又密切相关的两个概念。"经营"是指商品生产者以市场为对象，以商品生产和商品交换为手段，为了实现企业的目标，使企业的生产技术经济活动与企业的外部环境达成动态均衡的一系列有组织的活动。"管理"是为了实现组织的共同目标，在特定的时空中，对组织成员在目标活动中的行为进行协调的过程。[1]

经营与管理的区别在于：管理是劳动社会化的产物，而经营则是商品经济的产物；管理适用于一切组织，而经营则只适用于企业；管理旨在实现组织的共同目标，而经营则以提高经济效益为目标。

经营与管理的联系表现为：经营是管理职能的延伸与发展，二者是不可分割的整体。在商品经济高度发达的市场经济条件下，企业管理由以生产为中心转变为以交换和流通过程为中心，经营的功能日益重要而为人们所重视。企业管理的职能自然要延伸到研究市场需要，开发适销产品，制定市场战略等方面，从而使企业管理必然地发展为企业经营管理。

(二)保险公司经营管理的含义

经营与管理相互依赖，密不可分，两者合称"经营管理"。"经营管理"是指在企业内，为使生产、营业、劳动力、财务等各种业务，能按经营目的顺利地执行、有效地调整而所

---

① 周三多，陈传明，刘子馨，贾良定. 管理学——原理与方法(第七版)[M]. 复旦大学出版社，2018：7.

进行的系列管理、运营活动。

就概念而言，本书将"保险公司经营管理"界定为：对保险公司的整个经营活动进行决策、计划、组织、控制、协调，并对公司成员进行激励，以完成公司任务和目标的一系列工作的总称。基于上述阐述，本书在结构与内容安排上不对保险公司经营与管理进行区别，而是将其作为统一的整体。

三、保险公司经营管理的职能

保险公司经营管理的基本职能主要有五项，即战略职能、决策职能、开发职能、财务职能和公共关系职能。

（一）战略职能

战略职能是公司经营管理的首要职能。保险公司所面对的经营环境是一个非常复杂的环境。影响这个环境的因素很多，变化很快，而且竞争激烈。在这样一个环境里，欲求长期稳定的生存与发展，就必须高瞻远瞩，审时度势，随机应变。经营管理的战略职能包括五项内容：经营环境分析、制定战略目标、选择战略重点、制定战略方针和对策、制订战略实施规划。

（二）决策职能

经营管理职能的中心内容是决策，保险公司经营管理的优劣与成败取决于决策职能。决策正确，保险公司的优势能够得到充分的发挥，在风险经营环境中以独特的经营方式取得压倒性优势；决策失误，将使保险公司陷于困境，面临破产的风险。

（三）开发职能

开发不仅仅限于人、财、物，保险公司经营管理的开发职能的重点在于产品的开发、市场的开发、技术的开发，以及能力的开发。保险公司要在激烈的市场竞争中取胜，需要拥有优秀的人才、先进的技术、优质的产品，创造出强大的市场竞争力。

（四）财务职能

财务过程是指资金的筹措、运用与增值的过程。财务职能集中表现为资金筹措职能、资金运用职能、增值价值分配职能以及经营分析职能。保险公司经营管理的战略职能、决策职能、开发职能都需要以财务职能为基础，并通过财务职能做出最终的评价。

(五)公共关系职能

保险公司需要与它赖以存在的社会经济系统的诸环节保持协调，这种协调通过社会关系职能或公共关系职能的发挥来实现。保险公司公共关系的内容包括：保险公司与投资者的关系、与合作者的关系、与竞争者的关系、与保险客户的关系、与员工的关系、与社会居民的关系、与公共团体的关系、与政府机关的关系等。

第二节　保险公司经营管理的理论基础

保险公司经营管理的理论基础是保险企业管理学。作为一种理论，保险企业管理学要寻求一个关于保险企业中经济管理活动的概念与论述的完备且不矛盾的体系。通过该理论能够对现存的实际情况及其之间的关系进行解释(理论的解释作用)，并且能够依据这个理论对企业内的经济管理活动进行更好的设计(理论的设计作用)。

保险企业管理理论的研究有许多出发点，形成了多种多样的保险企业管理学理论设想或理论体系(见图 1-1)。①

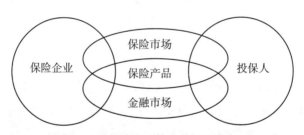

图 1-1　保险企业管理学的出发点

一、以企业为出发点的保险企业管理学

把普通企业管理学中的基本原理转用到保险企业中，即形成以企业为出发点的保险企业管理学。这类保险企业管理学研究重点是保险企业的经济与法律结构、保险企业中的经济过程、保险企业与其环境间的经济活动过程等，具体包括以下几种主要理论：

---

① 本节内容主要参考[德]D. 法尼. 保险企业管理学(第三版)[M]. 经济科学出版社，2002：1-9.

(一)决策导向理论

决策导向理论的核心思想：保险企业管理并不是自动启动和调节的机制，而是由企业所有者或他们委托的决策者的决策所决定的。管理要求对众多可能的行动进行选择，也就是选择那个最优地满足预先给定的目标的经济行动，并加以实施。因此，保险企业管理是一系列决策的总和。

决策导向理论认为，保险企业管理以确定企业目标为前提，而"决策"有助于为实现某些目标选择"好"的或最优的手段。其一般形式是，在企业内部和外部影响因素约束下，使目标-手段关系(即因果关系)最优化(见图1-2)。

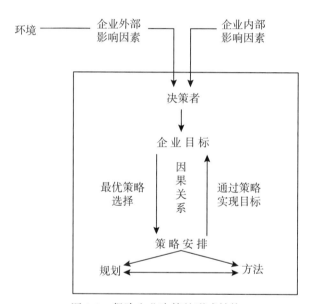

图 1-2　保险企业决策的形式结构

决策导向理论能够解释许多有限制条件和变量以及许多决策过程参与者(如企业所有者、企业领导者、员工、顾客、保险行业协会和监督机构)的复杂的决策情形。参与者的决策行为导致形成保险企业管理学的行为科学与社会科学理论。

(二)物品管理导向理论

物品管理导向的保险企业管理学以经济学中的生产理论和成本理论为基础，其假设前提为：保险保障属于经济物品，可以通过投入和组合生产要素"生产"出来。物品管理导向理论把保险企业中的管理看作通过投入并组合生产要素进行保险保障的生产(见图1-3)，即看作将低层次的物品(投入物品、生产要素、投入)向高层次的物品(产出物品、产品、产出)的转换。

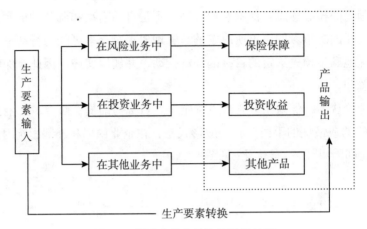

图 1-3　保险企业中的物品转换过程

物品管理导向理论认为，保险公司是一个"物品生产商"，它原则上同有形物品生产商一样进行生产。因此，保险企业管理所要解决的根本问题是——保险企业如何提高生产率，以确定的物品投入获得尽可能大的生产成果，或是用尽可能少的物品投入获得尽可能大的生产成果。

(三)职能导向理论

职能导向的保险企业管理学认为，保险企业的总任务就是通过提供保险保障、利用投资和其他产品来实现企业目标。保险企业中的管理是总任务，从中还可以划分出子任务，这些子任务通过企业机构中的经营过程来完成。对于相应的企业管理职能，有许多划分的可能。考虑到企业内、企业间以及企业与环境间的物流，可以划分成下列职能：

(1)从外界采购生产要素；

(2)在保险企业内生产；

(3)向外界销售保险保障及其他产品；

(4)与名义物品(货币)相关的任务——财务；

(5)保险企业的行政管理。

职能导向理论主要应用于保险企业的组织结构设计，因为总任务及由此派生的子任务是需要设计的。职能导向理论的具体研究对象就是通过规则系统有目的地对企业结构与流程(过程)进行设计。

(四) 系统导向理论

系统导向的保险企业管理学是在系统管理理论基础上产生的,它用"系统理论"把"管理科学"和"行为科学"综合起来,把人、物和环境结合起来看成一个开放的系统,并进行全面考察、系统分析。

系统导向理论的核心思想是:把保险企业看作一个由各种相互联系(例如通过组织规则)的元素(例如生产要素、产品、信息)组成的系统。这个系统是生产性的,是对环境尤其是对市场开放的。同时保险企业还可被理解为控制系统,通过规则系统保持确定的状态或发展。

二、以产品为出发点的保险企业管理学

以产品为出发点的保险企业管理学认为,在保险企业管理中主要考虑的是保险产品或保险业务的特征。其具体理论主要有以下几种:

(一) 保险保障或风险转移理论

保险保障或风险转移理论认为,保险是"在风险集合平衡和风险时间平衡的基础上补偿一种个体无法确定、整体作出估计的资金需求"。它把保险企业中的管理表达为"保险保障的生产"或"风险转移的生产"。基于这种解释,该理论通过研究一些方法使保险人的保险业务量中所承担的许多风险得到平衡(风险转移),使得许多保险业务得以开展,从而可以对产生的风险成本和营运成本进行计算。该理论还通过研究保险对投保人的作用,对保险产品的使用作出解释。因此,该理论也有助于保险企业建立顾客导向的企业政策。

(二) 保险产品的三层次设想

这个理论设想主要是从管理的角度、从对顾客状况的详细理解来研究保险企业管理,因此也被称为"功能保险"。该理论认为保险产品是通过三个层次来体现的:一是核心产品"保险保障";二是与此有关的保险企业为业务处理提供的直接服务;三是一个远为开放的层次,是为解决顾客的问题而提供的其他服务。

(三) 保险产品的信息理论

该理论的基础是信息经济学,主要讨论的是保险的信息不对称问题。从分析保险产品信息不对称产生的原因着手,指出信息不对称对保险企业管理产生的种种弊端,构建保险产品的描述模型,提出有针对性的管理措施。该理论的研究成果主要应用于保险企业的产

品设计、价格构成、损失预测、合同方式。

(四)保险产品的期权理论

该理论认为保险业务与期权业务间存在着一定的相似关系，都是用现在的确定的支付(保费)来换取未来的不确定的支付(保险赔付)。保险风险转移过程在形式上可以用期权模型来描述。当投保人和保险人关于不确定的资金流(保险偿付金)的信息不对称分布时尤其适用。该理论适合用来解释投保人和保险企业的效用-成本计算，应用于保险产品定价。

三、以市场为出发点的保险企业管理学

以市场为出发点的保险企业管理学，其核心观点是：由于保险业务是在市场上通过保险费的支付来进行交换的，因而保险市场对保险企业而言十分重要。在这种观点下，理论主要有两个分支，即保险经济理论和保险市场理论。从主要内容来看，以市场为出发点的保险企业管理学与以产品为出发点的保险企业管理学相近，但增加了保险市场结构等内容，前者主要研究保险市场结构、保险市场的供给与需求、保险产品的销售等。

四、以金融理论或资本市场理论为基础的保险企业管理学

以金融理论或资本市场理论为基础来研究保险企业管理，其核心思想是：如果把保险业务看作特殊形式的、带有随机性和确定性支付流的金融业务，那么保险市场和金融市场就相互转化成为一体了。

用金融理论或资本市场理论来描述的最重要的保险经济内容有：

第一，把保险企业理解为一种特殊的金融机构。它在金融市场上通过相应的金融业务(股票、债券等)从投资者那里获得自有资本和外来资本，并且它还通过业务从投保人那里获得外来资本。这样所获得的资本由保险企业重新投资于最广义的金融市场(资本市场、货币市场、不动产市场等)。保险企业用这样的整体性的金融经济活动来追求一定的企业目标，这些目标主要表现为风险-利润状况。

第二，单个的保险业务主要用其支付流定义为一种特殊形式的金融契约。从投保人的角度来看，保险业务是现在确定的保险费支付与保险企业未来的概率分布支付的期望值的交换；从保险企业的角度来看，则支付流的方向正好相反。

第三，保险企业的业务活动由三个负债组合和一个资产值组合构成。三个负债组合是对投保人的负债、对外来资本投资者(如贷款人、债券投资人)的负债、对股东的负债。一个资产值组合是指保险投资所形成的资产价值。

第三节 保险公司经营管理的特征与原则

在社会发展过程中，有许多经济规律在不同的领域和层次发生作用，保险公司经营管理也必须遵循这些规律。但是，保险公司所经营的保险商品是一种特殊商品，使得保险经营具有自身的特殊性。保险经营的特征决定了保险公司经营管理除了要遵守一般公司原则，还应遵循一些特殊的原则。

一、保险经营的特征

(一) 保险经营具有较大的风险性

保险是集合具有同类危险的众多单位或个人，以合理计算分担金的形式，对遭受危险事故的成员进行赔付的行为。保险公司以风险为经营对象，风险的发生以及发生所致损失的大小，都具有不确定性和偶然性，不为保险公司所控制。因此，保险公司经营本身具有较大的风险性。

(二) 保险经营活动是一种特殊的劳务活动

保险经营活动不是一般的物质生产和商品交换活动，而是一种特殊的劳务活动。保险经营的过程以可保风险为基础，运用大数法则、数理统计、精算原理等科学方法合理计算出保险费，通过集合众多的风险单位，向少数遭受风险损失的客户提供安全保障，从而发挥其分散风险和组织经济补偿的职能。保险经营的对象不是普通的有形商品，而是一种特殊的无形商品。在经营保险这种无形商品的过程中，保险的经营活动主要表现为服务性和劳务性。这种保险服务既不属于生产环节，也不属于一般的流通领域，但却为生产和流通提供不可或缺的安全保障。

(三) 保险经营具有负债性

保险经营通过向投保人收取保险费来建立保险基金，并以保险基金作为补偿和给付保险金的来源。保险公司的资本金主要用于各项开业费用和开业初期的保险金支出。保险经营的资产绝大部分是保险人按照保险合同向投保人收取的保险费以及从中提取的各种准备金。因此，保险公司运营资金的相当一部分是其对被保险人未来赔偿或给付的负债，在被保险人发生损失时，以保险金的形式返还给被保险人。

(四) 保险经营成果具有不确定性

保险公司经营成果主要由成本和利润来决定，而这两者都具有不确定性。保险公司经营的预期成本是在过去的历史支出的平均成本基础上，通过预期的估算得来的。保险公司经营的实际成本是保险金的赔偿或给付，主要以赔偿支出来核算。风险的损失频率和损失后果具有不确定性，因而保险公司的成本核算也具有不确定性。在利润方面，一般工商企业通过销售商品收入减成本和税金来计算利润，而保险公司经营利润的核算，除了要从保费收入中减去保险赔款、经营费用和税金，还要扣除各项准备金，准备金的提取同样具有不确定性。

(五) 保险经营具有分散性和广泛性

保险公司经营过程本质上是风险集中的过程，又是风险分散的过程。保险公司只有集合众多的风险单位，才能符合大数法则的要求，使实际损失更接近于预期损失，从而既能使损失得以恰当地弥补，又能促使保险经营健康发展。因此，保险公司承保的风险范围之宽、经营险种之多、涉及的被保险人之广，是其他一般企业无法相比的。一旦保险公司出现偿付能力不足，或者经营陷入困境，将影响众多被保险人的切身利益，甚至影响整个社会的安定。

二、保险公司经营管理的原则

(一) 保险公司经营管理的一般原则

保险公司具有普通公司的共性，普通公司经营管理应遵循的一般原则同样适用于保险公司，主要包括：

1. 合法经营的原则

保险公司所有的经营管理活动必须在法律规定的范围内进行，具有合法性，包括经营管理对象、经营管理方法、经营管理渠道等必须符合法律规定。

2. 自主经营的原则

公司在经营管理活动中享有自主经营权，或者说公司有权依法自主经营，这是公司法规定的公司的一项基本权利。保险公司是法人实体，有独立的利益、独立的人格，有权独立地作出经营决策，自主决定经营内容、经营方法，组织经营活动，不受来自公司外的非法干预。

3. 自负盈亏的原则

保险公司对自主经营中所产生的经济后果自行负责。获得盈利，由保险公司享有；出现亏损，也由保险公司自行承担责任。自负盈亏和自主经营是结合在一起的，它们都是公司作为独立的法人实体而产生的权利和义务。

4. 依法接受国家宏观调控的原则

保险公司作为在宏观经济的环境中运作经营的个体，必然要受到国家宏观调控的影响，要服从国家的经济政策，接受国家依法采取的宏观调控措施。

5. 实现资产保值增值的原则

保险公司作为市场竞争主体，应当按照市场经济的基本规则，根据市场需求进行经营管理。在公司经营管理活动中要遵循以营利为目的的原则，降低成本、增进效益、提高劳动效率，实现资产保值增值。

(二) 保险公司经营管理的特殊原则

保险公司经营是一种特殊的商品经营，除了遵循一般的经营管理原则外，还要遵循自己的特殊原则。

1. 风险大量原则

风险大量原则是指在可保风险范围内，保险人根据自己的承保能力，努力承保尽可能多的风险单位。

风险大量原则是保险公司经营管理的基本原则，其原因在于：第一，保险经营必须建立在大数法则基础之上，它是计算保险费率的数理基础。只有承保大量的风险单位，大数法则才能显示其作用，使风险发生的实际情形与预先计算的风险损失概率更加接近，确保保险经营的稳定性。第二，风险的发生具有不确定性，只有承保尽可能多的风险单位，才能建立起雄厚的保险基金，才能保证保险经济补偿职能的履行。第三，扩大承保数量可以降低保险成本，提高经济效益。承保的风险单位越多，保费收入就越多，而营业费用会随之相对减少。因此，扩大承保数量是保险企业提高经济效益的一个重要途径。

风险大量原则对保险公司的经营活动提出了规模要求。保险公司应在维护和巩固原有业务的同时，积极拓展业务领域，扩大承保规模，增加保费收入。

2. 风险选择原则

风险选择原则是指保险人在承保时，对投保人所投保的风险种类、风险程度、保险金额以及被保险人的情况等要有充分、准确的评价和认识，并作出承保或不承保或有条件承保的选择。保险经营要兼顾经济效益和社会效益。风险选择可以提高承保质量，降低经营风险，带来良好的经济效益；同时，风险选择可以杜绝投机行为和道德风险，带来良好的社会效益。

保险人对业务进行选择，目的在于使保险人在自身处于有利的条件下来承保风险，以便稳定保险业务经营，提高保险服务质量。在实行风险选择时，不能轻易作出拒绝承保的决定，而是要做周密、细致的工作，通过协商和调整保险条件(如提高保险费率、规定自负额、附加特殊风险责任或赔偿限制性条款、建议改善保险标的的安全管理等)，尽量满足社会对保险服务的需要。

风险大量原则对是保险经营数量的要求，风险选择原则是对保险经营质量的要求，科学的保险公司经营管理原则是风险大量与风险选择的有机统一。

3. 风险分散原则

风险分散原则是指由多个保险人或被保险人共同分担某一风险责任，使其承担的保险责任被控制在可承受的范围之内。保险经营的实践证明，如果保险人承担的风险过于集中，那么一旦发生较大的风险事件，保险人就无法赔付巨额损失。这既威胁着保险公司的生存，也有损于被保险人的利益。因此，保险公司为保证经营的稳定性，应使风险分散的范围尽可能扩大。

风险分散包括承保前分散和承保后分散。承保前实行风险分散，主要通过承保控制的方法进行，即保险人对所承保的风险责任加以适当控制。承保前控制的手段主要有：规定一定的免赔额；实行比例承保；规定按实际损失赔偿；控制高额保险；在承保时要合理划分危险单位，并使每个危险单位尽可能独立。承保后的风险分散，主要是采取再保险和共同保险的方法。

【本章小结】

1. 保险公司是根据公司法、保险法及国家法律法规依法成立的公司法人，是销售保险合约、提供风险保障的公司。

2. 保险公司经营管理指对保险公司的整个经营活动进行决策、计划、组织、控制、协调，并对公司成员进行激励，以完成公司任务和目标的一系列工作的总称。

3. 保险公司经营管理的基本职能主要有五项，即战略职能、决策职能、开发职能、财务职能和公共关系职能。

4. 保险企业管理理论的研究有许多出发点，形成了多种多样的保险企业管理学理论设想或理论体系，主要包括：以企业为出发点的保险企业管理学、以产品为出发点的保险企业管理学、以市场为出发点的保险企业管理学、以金融理论或资本市场理论为基础的保险企业管理学。

5. 保险经营的特征表现为：保险经营具有较大的风险性；保险经营活动是一种特殊的劳务活动；保险经营具有负债性；保险经营成果具有不确定性；保险经营具有分散性和广泛性。

6. 保险公司经营管理的一般原则主要包括：合法经营的原则、自主经营的原则、自负盈亏的原则、依法接受国家宏观调控的原则、实现资产保值增值的原则。

7. 保险公司经营管理的特殊原则主要包括：风险大量原则、风险选择原则、风险分散原则。

【本章思考题】

1. 保险经营与保险管理有何区别与联系？

2. 保险公司经营管理的基本职能有哪些？

3. 以企业为出发点的保险企业管理学有哪些分支理论？这些理论思想对保险公司经营管理有何应用价值？

4. 以金融理论或资本市场理论为基础的保险企业管理学的核心思想是什么？该理论描述了哪些保险经济内容？

5. 保险经营具有哪些特征？

6. 保险公司经营管理应遵循哪些原则？

【本章参考文献】

[1][德]D. 法尼. 保险企业管理学(第三版)[M]. 北京：经济科学出版社，2002.

[2]Kathy Stokes. InsuranceOperations[M]. The Goodheart-Willcox Compamy，2013.

[3]张代军. 保险经营管理创新模式研究[M]. 上海：立信会计出版社，2017.

[4]周三多，陈传明，刘子馨，贾良定. 管理学——原理与方法(第七版)[M]. 上海：复旦大学出版社，2018.

第二章　保险公司的组织管理

【本章知识结构导图】

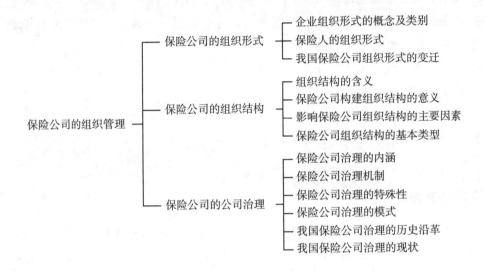

第一节　保险公司的组织形式

　　"组织"这个术语是指一种实体，它具有明确的目的，包含人员和成员以及具有某种精细的结构。① 当保险公司经营管理者制订计划、做出相应战略决策之后，需要通过组织来执行。因此，组织管理对保险公司经营管理活动具有至关重要的作用。组织形式是保险公司组织管理的重要组成部分。

---

　　① ［美］斯蒂芬·P. 罗宾斯，玛丽·库尔特. 管理学(第 15 版)［M］. 中国人民大学出版社，2022：16.

一、企业组织形式的概念及类别

（一）企业组织形式的概念

企业组织形式即企业的发起人采用何种方式建立该企业，通常以企业财产关系和企业所承担的法律责任作为划分标准。

企业组织形式以一定的经济制度为基础，受到社会分工的广度和深度、资本积聚与集中的程度、科学技术的进步及其应用、生产发展的规模与速度、企业外部经营环境（包括历史、自然、政治、法律、文化、经济等环境）的变化、企业经营管理水平等因素的影响和限制。

（二）企业组织形式的主要种类

企业组织形式主要有三种，即个人独资企业、合伙企业以及公司制企业。

1. 个人独资企业

个人独资企业是指由一个自然人投资，财产为投资人个人所有，投资人以其个人财产对企业债务承担无限责任的经营实体。

个人独资企业具有四个基本特征：（1）个人独资企业是由一个自然人投资的企业，即其投资主体必须是自然人，投资形式是独资。（2）个人独资企业的财产为投资人个人所有。（3）个人独资企业的投资人以其个人财产对企业债务承担无限责任，这是由于个人独资企业为投资人个人所有，收益归其个人，企业风险也应由其个人承担。（4）个人独资企业是一个人投资的经营实体。这就要求它必须是一个实际存在的、从事生产经营的、能够实际享有权利和承担责任的主体，而不能是一个虚构的市场主体。

2. 合伙企业

合伙企业是由两个或两个以上的自然人、法人和其他组织通过订立合伙协议，共同出资经营、共负盈亏、共担风险的企业组织形式。

合伙企业可以分为普通合伙企业和有限合伙企业。《中华人民共和国合伙企业法》第二条规定："本法所称合伙企业，是指自然人、法人和其他组织依照本法在中国境内设立的普通合伙企业和有限合伙企业。普通合伙企业由普通合伙人组成，合伙人对合伙企业债务承担无限连带责任。本法对普通合伙人承担责任的形式有特别规定的，从其规定。有限合伙企业由普通合伙人和有限合伙人组成，普通合伙人对合伙企业债务承担无限连带责任，有限合伙人以其认缴的出资额为限对合伙企业债务承担责任。"

3. 公司制企业

公司制企业简称"公司"，是由法定人数以上的投资者（或股东）出资建立、自主经营、自负盈亏、具有法人资格的经济组织。公司制企业是现代企业最主要的组织形式，主要包括有限责任公司和股份有限公司两种形式。

公司制企业具有三个主要特点：（1）公司是一个法人团体，具有法人地位，具有与自然人相同的民事行为能力。这是现代公司制的根本特点。（2）公司实现了股东最终财产所有权与法人财产权的分离。公司以其全部法人财产对其债务承担有限责任，当公司破产清算时，股东仅以其出资额为限，对其公司承担有限责任。（3）公司制企业可以无限存续，一个公司在最初的所有者和经营者退出后仍然可以继续存在。

二、保险人的组织形式

保险人的组织形式是经营保险业务的主体所采用的组织形式。在当今世界范围内，保险人的组织形式主要有四种，即保险公司、合作保险组织、专业自保组织和个人保险人。各国政府大多根据本国国情并结合保险业的特点，通过立法规定其保险人可采用的组织形式。

(一) 保险公司

保险公司是现代保险业中最基本、最常见的组织形式。按照股东对公司所负责任的不同，保险公司主要分为保险股份有限公司和保险有限责任公司，而国有独资保险公司是保险有限责任公司的特殊形式。

1. 保险股份有限公司

保险股份有限公司是由一定数量的股东发起设立的，通过发行股票（或股权证）筹集资本，股东以其所认购股份承担有限责任的保险公司。

根据我国《公司法》的规定，设立股份有限公司需具备下列条件：发起人符合法定人数；有符合公司章程规定的全体发起人认购的股本总额或者募集的实收股本总额；股份发行、筹办事项符合法律规定；发起人制定公司章程，采用募集方式设立的经创立大会通过；有公司名称，建立符合股份有限公司要求的组织机构；有公司住所。《公司法》第七十八条规定："设立股份有限公司，应当有二人以上二百人以下为发起人，其中须有半数以上的发起人在中国境内有住所。"

保险股份有限公司最早出现于荷兰，而后由于其组织较为严密健全，适合保险经营而逐渐为各国保险业普遍采用。保险股份有限公司的主要特点有：（1）资本证券化。公司的资本总额平分为金额相等的股份，公司可以向社会公开发行股票筹资，股票可以依法转让。（2）股东财产与公司财产相分离。股东以其所认购股份对公司承担有限责任，公司以其全部资产对公司债务承担责任。（3）所有权与经营权相分离。每一股有一表决权，股东以其所认购持有的股份享受权利、承担义务。股东一般不参与公司的实际经营业务，公司的日常经营管理由董事会和经理层负责。

保险股份有限公司的优点体现为：(1)有利于吸纳社会资金。股份有限公司的资本划分为等额股份，这为社会公众提供了简便、灵活的投资渠道，有利于公司吸纳社会资金，不断扩张自身规模。(2)有利于资本流动。股东不得随意抽回投入的资金，但公司股票可以自由转让，为资本的充分流动提供了可能。(3)有利于分散投资者的风险。股东仅以出资额为限对公司债务承担责任，而且单个股东所拥有的股份只占公司资本的小部分。因此，股份有限公司虽然经营风险大，但每个投资者只承担有限的风险。(4)有利于提高经营管理水平。所有权与经营权的彻底分离，使得公司高管是经验丰富且受过专门训练的专业人士。而资本的社会化和公众化使公司必须向社会公开财务状况，以促进社会对公司的监督。

保险股份有限公司的缺点主要表现为：(1)公司信用程度较低。股份有限公司是典型的资合公司，其信用基础源于公司资本的多寡，而非股东的个人信用，加之股东对公司债务只负有限责任，导致公司的信用程度较低。(2)公司组建和管理的成本较高。股份有限公司的设立程序复杂，设立条件严苛，设立责任较重，其内部组织和社会关系较为复杂，这需要付出额外的代价，导致公司组建和管理的成本较高。(3)容易造成投机。大多数股东购买股票主要是为了获得资本利得，而并非真正关心公司的长远发展。由于股票可以自由买卖，股票价格会随着公司的经营情况、社会政治经济以及国际经济动态而出现不同程度的波动，由此会助长某些投资者的投机心理，给公司的长远发展带来不利影响。

2. 保险有限责任公司

保险有限责任公司是指由一定数量的股东组成，股东以其出资额为限对公司债务承担责任的公司。

保险有限责任公司的特点：(1)股东人数较少。我国《公司法》规定，有限责任公司由五十个以下股东出资设立。(2)公司资本不必划分为等额股份。股东出资后获得的只是一种权利证书，权利证书不能在股票市场上自由买卖，并且股东在转让股权时，必须征得其他股东过半数同意。(3)所有权和实际经营权未完全分离。董事和高级经理人员往往具有股东身份，大股东往往亲自经营管理公司。(4)公司成立、歇业、解散的程序比较简便，公司内外部关系相对简单，管理机构也不复杂，同时公司账目无须向社会公开披露。

保险有限责任公司的优点：(1)股东仅以其出资额为限对公司承担有限责任，这大大降低了股东的投资风险，进而提升了股东投资的积极性。(2)有限责任公司股东人数较少，大股东往往直接经营管理公司，集公司所有权和经营权于一体，从而降低了委托代理成本。(3)有限责任公司只有发起设立而无募集设立，设立程序相对简单，有利于中小企业的设立。

保险有限责任公司的缺点：(1)投融资受限。公司不能向社会公开募股，不能发行股票，股东人数较少，这大大限制了公司的融资能力与投资规模。(2)股权转让受限。股东转让股权必须征得其他股东过半数同意，这使股权转让较为困难。(3)不利于经营管理水平的提高。股东往往直接经营管理公司，掌握专业经营知识与技能的职业经理人难以有效发挥作用，不利于公司经营管理水平的提高。

作为公司制组织形式，保险股份有限公司与保险有限责任公司既有共同之处，也存在差异。

保险股份有限公司与保险有限责任公司的共同点主要包括：(1)股东对公司承担有限责任。无论是在有限责任公司中，还是在股份有限公司中，股东都对公司承担有限责任。"有限责任"的范围，都是以股东对公司的投资额为限。(2)股东的财产与公司的财产相分离。股东将财产投资公司后，该财产即构成公司的财产，股东不再直接控制和支配这部分财产。同时，公司的财产与股东没有投资到公司的其他财产是没有关系的，即使公司出现资不抵债的情况，股东也只以其对公司的投资额承担责任。(3)公司对外以全部资产为限承担责任。公司对外承担有限责任，范围限于公司的全部资产。

保险股份有限公司与保险有限责任公司的不同点主要表现为(见表 2-1)：股权表现形式差异、股东人数不同、设立方式及流程不同、组织机构设置规范化程度不同、股权转让与股权的流动性不同。

表 2-1　　　　　　　　　　　保险股份有限公司与保险有限责任公司的不同点

不同点	保险股份有限公司	保险有限责任公司
股权表现形式	资本分为等额股份	权益总额不作等额划分
股东人数	二人以上二百人以下为发起人	由五十个以下股东出资设立
设立方式	除发起人集资外，还可以向社会公开筹集资金，可以上市融资	只能由发起人集资，不能向社会公开募集资金，也不能发行股票，不能上市
设立流程	订立公司章程→发起人认购股份和向社会公开募集股份→验资→召开创立大会→设立登记	订立公司章程→股东缴付出资→验资机构验资→设立登记
组织机构设置规范化程度	必须设立董事会、监事会，要定期召开股东大会	可以通过章程约定组织机构，可以只设董事、监事各一名，可以不设董事会、监事会
股权转让与股权的流动性	股票公开发行，转让不受限制。上市公司的股票流动性更高，融资能力更强。	股东之间可以相互转让出资额。向股东以外的人转让出资时，必须经过股东会过半数股东同意。因此，股权的流动性差，变现能力弱

3. 国有独资保险公司

我国《公司法》规定："国有独资公司是指国家单独出资、由国务院或者地方人民政府授权本级人民政府国有资产监督管理机构履行出资人职责的有限责任公司。"国有独资保险公司是一种特殊形式的保险有限责任公司，它是国家财政投入所建立的保险公司。

国有独资保险公司具有以下特点：(1)投资主体单一。国家授权投资的机构或者国家授权的部门是国有独资保险公司唯一的投资主体和利益主体。(2)全部资本由国家投入。公司的财产权源于国家对投资财产的所有权。(3)公司治理结构中无股东大会，只设董事会和监事会。

(二)合作保险组织

合作保险组织是面临共同风险的个人或单位，为了获得保险保障，共同设立的一种以合作方式办理保险业务的组织，它充分体现了保险的互助性，是保险业特有的组织形式。合作保险组织的形式有相互保险公司和非公司形式的相互保险社、保险合作社、交互保险社。

1. 相互保险社(Mutual Insurance Association)

相互保险社是由一些对某种危险有同一保障要求的人为了应付自然灾害或意外事故造成的经济损失而自愿结合起来的集体组织。当其中某个成员遭受损失时，由其余成员共同分担。其经营动机不是为了营利，而是为了互助共济、补偿灾害事故损失。

相互保险社是保险组织的原始形态，在当今欧美各国仍然普遍存在，如经营人寿保险业务的英国友爱社、美国同胞社，经营海上保险的英国保赔协会。

相互保险社的核心特征是会员所有，具体表现为以下特点：

(1)所有制——会员共同所有。相互保险社无股本，其经营资本的真正来源仅为社员缴纳的分担金。相互保险社的成员之间互相提供保险保障，真正体现了"我为人人，人人为我"的思想。

(2)管理制——会员参与管理。相互保险社的保单持有人即为社员，社员不分保额大小均有相等的投票选举权，即"一人一票制"。相互保险社的最高权力机构是社员代表大会，通常设有专职或兼职受领薪金的负责人处理业务并管理社内事务。

(3)盈余分配制——会员共享盈余。在相互保险社中，赔偿和管理方面所需要的赔付成本和运营成本由社员共同分担。保险费采用赋课式保费制，即事先不确定保费的具体数额，而是事后进行分摊。社员先交付暂定分担额和管理费，在年度结算时计算出确定的分担额后再多退少补。

2. 保险合作社(Cooperative Insurance Society)

保险合作社是由一些对某种风险具有同一保障要求的人自愿集资设立的保险组织，按照合作的原则从事保险业务。它一般属于社团法人，是非营利机构，以较低的保费来满足社员的保险需求。

保险合作社与其他领域的合作社一样，是保险领域的合作，强调"人"的组合，而非"资本"的结合，因此保险合作社社员的结合较具伦理性。目前这种组织分布于30多个国家(例如，美国的蓝十字与蓝盾协会、日本的"全劳济"等)，以英国的数量为最多。

保险合作社具有以下特点：(1)社员入社要具备一定的条件，按规定缴纳股金和保险费，合作社不接受非会员投保。(2)实行社员代表大会制，重大事项由社员代表大会决定。(3)保险合作社可分为出资和非出资两类，非出资类通常采用无限责任制(目前已经比较少了)，出资类则由社员认缴本金构成保险合作社的主要资金来源之一。(4)保险合作社一般采取确定保费制，事后不再补缴。(5)在盈余分配上实行利益均沾、风险共担、逐步积累的方式。

保险合作社与相互保险社都属于合作性质的保险组织，但两者存在差异：(1)保险合作社是由社员共同出资入股设立的，社员必须缴纳一定金额的股本；而相互保险社却无股本。(2)相互保险社经营资金的来源为社员缴纳的分担额，保险合作社的资金来源于社员的股金和向社员或非社员借入的基金。(3)保险合作社的社员关系较为持久，不随保险契约的终止而终止，社员缴付股本后，即使没有利用合作社的服务也仍然拥有社员身份。相互保险社的服务对象仅限于社员，如果保险关系终止，相互保险社与社员之间的关系也解除。(4)保险合作社采取固定保险费制，事后不再补缴。相互保险社保险费采取事后分摊制，事先并不确定。

3. 交互保险社(Reciprocal Inter-Insurance Exchange)

交互保险社最先创立于1881年，是单独存在于美国的一种保险组织形态，是一种介于相互保险组织与个人保险组织之间的混合体。目前，交互保险社主要存在于美国西部，以经营火灾保险和个人汽车保险为主，美国的 Farmers Insurance Group、USAA 是交互保险社的典型代表。

交互保险社的社员之间互相约定交换保险并约定其保险责任限额，在限额内可将保险责任按比例分摊于各社员，同时接受各社员的保险责任。举例来说，某 A 加入交互保险社，并约定其保险责任限度为30万元，即 A 可以在30万元的限度内，将自己的风险分摊给 B、C、D 等其他社员，同时 A 也要分摊其他社员共计30万元的保险责任。这种责任分担的"个体性"，使交互保险社不但具有相互保险组织的性质，而且具有英国劳合社个人保险商的性质。总体来说，交互保险社具有以下特点：(1)不具有法人资格；(2)无股本和准备金；(3)保险费的缴纳采用赋课式保费制，事后进行分摊；(4)通常委托具有法人资格的代理人代为经营。

4. 相互保险公司(Mutual Insurance Company)

相互保险公司是由需要保险保障并参加保险的人(即被保险人)自己出资设立的经营保险业务的法人组织。

相互保险公司具有以下优势:(1)可有效降低道德风险。相互保险公司的投保人同时为保险人,成员的利益同时就是投保人和保险公司的利益,可以有效避免保险人的不当经营和被保险人的欺诈所导致的道德风险。(2)经营成本较低。相互保险公司不以营利为目的,所有的资产和盈余都用于被保险人的福利和保障。相互保险公司通过所有权关系取代了市场交易,这为降低费率提供了条件。同时,没有利润压力使得相互保险公司更为重视那些对被保险人有利的长期保险项目。(3)可以灵活调整保险费率,从而可以有效避免利差损、费差损等问题。

相互保险公司的劣势主要表现为:(1)利用资本市场的能力有限。相互保险公司不能以发行股票的形式向社会募集资金,主要依靠留存盈余来扩大承保能力。不能充分利用资本市场使它的发展速度受到一定的限制。基于这个原因,自 1998 年起,寿险领域部分相互保险公司出现了转制为股份制保险公司的趋势。(2)保障能力有限。相互保险公司保障能力以基金总额为限,由于筹资能力弱,又没有外部融资渠道,因此保障能力弱于股份制公司。(3)经营成果和内控制度的透明度不如股份制公司。(4)经营技术要求很高。相互保险公司的经营成果以分红形式分配,需要解决如何确定公司盈余、如何公平合理地分配等经营难题。

1762 年,Edward Rowe Mores 和 Richard Price 等人采用数学家 James Dodson 所发表的关于将生命表作为人寿保险费率依据的原理,在伦敦成立了公平人寿保险社(Society for Equitable Assurances on Lives and Survivorships),这是现代意义上第一家相互保险公司。20 世纪上半叶是国外相互保险公司发展的黄金期。1901 年,德国、日本分别制定了《保险企业监督法》与《保险业法》,正式确认了相互保险公司的组织形式。1905 年,美国为了解决保险业发展中遇到的难题,建议保险公司从股份制转变为相互制,掀起了一股"相互化"的浪潮。美国最大的人寿保险公司谨慎人寿保险公司、大都会保险公司,日本最大的人寿保险公司日本生命保险公司,都是相互保险公司。从 1985 年到 1995 年,相互保险迎来了辉煌时期,占据全球保险市场份额的近 66%。1995 年到 2005 年,世界保险业又兴起了一场"去相互化"的浪潮,许多相互保险公司转成股份制,相互保险公司的市场份额降至 15% 左右。促使相互保险公司"去相互化"的原因主要是:经济全球化和金融混业经营的宏观环境使得相互保险公司进入资本市场受到限制,筹资难度加大,盈余增长放缓,以及不利于相互制的税收政策。2008 年国际金融危机爆发,一些股份制保险公司为避免被其他公司接管或控制,又开始转变为相互保险公司。2017 年,全球相互保险总保费收入为 1310 亿美元,占全球市场份额的 26.7%。由以上历史事件不难发现,相互保险公司和保险股份有限公司是可以相互转化的。

为了更清楚地显示合作保险组织的特性，本书将股份制保险公司与上述四种合作保险组织进行比较（见表2-2）。

表 2-2　　　　　　　　　　　股份制保险公司与四种合作保险组织的主要区别

不同点	股份保险公司	相互保险社	保险合作社	交互保险社	相互保险公司
经营目的	营利	非营利	非营利	非营利	非营利
所有者	股东	社员	社员	社员	社员
决策机构	股东大会	社员大会或代表大会	社员大会或代表大会	社员大会或代表大会	社员大会或代表大会
资金来源	股东认购股份形成的股本	社员缴纳分摊；无股本	社员认缴股本和对外筹资	社员缴纳分摊；无股本	社员支出的基金和出资人支出的基金(负债性质)；无股本
保费	确定保费制	赋课式保费制	确定保费制	赋课式保费制	从赋课式保费制逐渐转变为确定保费制
组织与成员的关系	保险关系基于保险合同而产生，无社员关系	社员关系基于保险合同而取得，被保险人仅限于社员	社员缴付股本后，不参加保险也拥有社员关系	社员关系基于保险合同而取得，被保险人仅限于社员	社员关系基于保险合同而取得，但被保险人不限于社员
代表性机构	中国平安保险集团	英国保赔协会	美国蓝十字与蓝盾协会	美国 Farmers Insurance Group	日本生命人寿保险公司

（三）专属自保组织

1. 专业自保组织的定义

专属自保组织又称"专业自保公司"或"自保公司"，是产权为母公司所有、以母公司（或集团公司、关联公司）为经营服务对象和被保险人的组织机构。母公司直接影响并支配着该专业自保公司的运营，包括承保、索赔处理的政策和投资行为等。专业自保公司是决定自留风险的企业避免税收的技术性产物，也是企业利用内部基金进行风险管理的高级形式。

2. 专业自保公司的特点

（1）资本所有权归属于非保险专业的母公司。

（2）被保险人同时也是自保公司的所有人，因此冠名"自保"。

（3）母公司直接影响和支配着自保公司的营运，包括承保和理赔。这意味着被保险人可以积极介入自保公司的保险活动。

3. 专业自保公司产生的原因

专业自保公司在 19 世纪中期就出现了。1845 年，伦敦的一些货栈主因为无法从保险人那里获得所需的保险保障，于是创办了 Royal Insurance Company 来满足其承保要求。19 世纪 40 年代，美国的一些船东不满意于伦敦劳合社承保人提供的海上保险服务，因而创办了 Atlantic Mutual。这些可以看作专业自保公司的萌芽和雏形。20 世纪 60 年代至 80 年代，专业自保公司得到迅速发展，成为国际保险市场上的新兴力量。目前在世界财富 500 强企业中有超过 70% 的企业设立了专业自保公司。这些大型企业集团建立专业自保公司的主要原因是：

（1）处理非可保危险。企业面临各种各样的危险，其中有些危险是一般商业保险公司不予承保的危险。专业自保公司可以利用自己的保险计划获得充分的安全保障。

（2）减少保险成本。一方面，由于不必支付佣金，可以减少承保的成本；另一方面，自保公司在与商业保险公司或再保险公司进行业务往来时，具有较强的谈判优势，可以就承保范围、费率等方面进行讨价还价，达到降低成本的目的，而不是像一般企业只能被动地接受对方提出的保险条件。

（3）提高理赔效率。一旦损失发生，可以迅速获得赔偿，减少理赔程序的烦琐。

（4）享受税收优惠。自保公司一般选择在低税或免税地区注册，因而可以获得税收上的优惠。自保公司可以在赔款和费用中享受税收优惠，而且还能在报告赔款和发生未决赔款准备金中获得税赋减免。

（5）改善现金流量。从收取保险费到出险、再到对损失进行赔偿，一般存在着一段时间间隔。通过建立专业自保公司，母公司可以获取其保险费的潜在投资收益。

（6）创造利润。一些专业自保公司已经发展成为保险公司和再保险公司，向母公司之外的其他企业提供保险服务，成为新的利润增长点。

（7）帮助资金在国际市场转移。一些国家对外汇管制相当严格，资金流出障碍重重。一些企业在境外设立专业自保公司，通过向自己的专业自保公司购买保险，将资金转移到国外市场。

4. 专业自保公司的劣势

（1）风险不能完全转移。与一般商业保险公司相比，自保公司不具有承保风险的多样性和业务的规模性。此外，由于母公司并非保险行业，在对自保公司的进行管理时，容易忽视自保公司风险管理的基本职能。

（2）风险承保能力相对较弱。自保公司实际上是一个复杂的自保基金，其功能只能是使母公司可免于直接遭受异常灾害的打击。虽然自保公司也可以通过办理再保险的方式减少自己的损失，但在对某些特殊风险承保时仍显得能力较弱。

（3）初期资本负担较大。法律对自保公司注册成立时的资本盈余要求较高，美国各州立法规定的自保公司最低资本盈余金额从 25 万到 200 万美元不等，百慕大群岛、开曼群岛则要求 12 万美元，新加坡要求 70 万美元。

(四) 个人保险人

个人保险人是以个人名义承保风险的一种保险组织形式。现在大多数国家不允许自然人单独经营保险业务，但是作为传统的延续，个人保险人在英国的劳合社至今依然存在。

劳合社是 17 世纪末由爱德华·劳埃德咖啡馆演变发展起来的。当时，咖啡馆在成为"海运消息传播中心"的同时，也成为了买卖海上保险的重要场所。1774 年劳合社正式成立。19 世纪初，劳合社的海上保险业务已占伦敦市场的 90% 以上，19 世纪末，经英国议会通过法案，劳合社被宣布为正式社团组织，发展至今已有 200 多年的历史。

劳合社就其组织的性质而言，不是一个保险公司，而是一个社团组织。劳合社不直接接受保险业务或出具保险单，所有的保险业务都通过劳合社的会员，即劳合社承保人单独进行交易。劳合社只是为其成员提供交易场所，并根据劳合社法案和劳合社委员会的严格规定对他们进行管理和控制。

1994 年以前，劳合社会员全部为个人会员，每一会员对自己分担的业务份额负全部责任，并且这些会员多数为英国居民。劳合社会员规模在 1988 年达到鼎盛时期，会员为 32433 个。但是从 1994 年开始，劳合社允许保险公司成为其会员。随着公司会员进入，个人会员的数量迅速下降，承保能力也大大减弱；相反，公司成员的数量不断增加，承保能力逐年上升，所占的市场份额越来越大，并且外国投资者所占比重越来越高。2008 年，劳合社的公司会员为 1155 个，个人会员为 907 人。

三、我国保险公司组织形式的变迁

从 1949 年中华人民共和国成立至今，我国保险公司组织形式经历了由单一向多元化转变的发展历程。

(一) 单一的国营企业形式

1949 年 10 月 20 日，中国人民保险公司在北京成立，宣告中华人民共和国统一的国家保险机构的诞生。此后，1951 年，上海和天津的 28 家私营保险公司分别组成太平和新丰保险公司；1952 年 6 月，中国人民保险公司从中国人民银行划归财政部领导，外国保险公司完全退出中国保险市场；1955 年完全废除保险经纪人制度；1956 年 8 月，太平、新丰合并，保险业公私合营，标志着中国保险业的社会主义改造完成。但到了 1958 年 12 月，在武汉召开的全国财政会议决定立即停办国内保险业务。

1978 年，党的十一届三中全会作出了实行改革开放的重大决策。1979 年，中央决定逐步恢复国内保险业务。1980 年中国人民保险公司复业重开，恢复财产保险业务；1982 年，人寿保险业务得以恢复。

1982 年 12 月，国务院批准了《中国人民保险公司章程》，其第一条规定："中国人民保险公司是中华人民共和国的国营企业，是经营保险业务的专业公司。"1985 年 3 月，国务院发布《保险企业管理暂行条例》，其中第十一条明确指出："中国人民保险公司是在全国经营保险、再保险业务的国营企业。"

1986 年国家财政部、原农业部专项拨款设立新疆生产建设兵团农牧业生产保险公司，这是中华人民共和国成立后成立的第二家保险公司，其性质也是国营企业。

(二)国有独资保险公司与股份制保险公司并存

1988 年 3 月，经中国人民银行批准，我国第一家股份制的地方性保险公司——平安保险公司在深圳成立。1991 年 5 月，我国第一家全国性的股份制保险公司——中国太平洋保险公司在上海成立。1992 年，友邦保险公司获准在上海经营业务，成为第一家获得独资营运牌照的外资保险公司。1994 年 10 月，天安财产保险股份有限公司在上海成立，这是中国首家由企业出资组建的股份制商业保险公司。

1995 年，中华人民共和国第一部《保险法》颁布实施，其中第六十九条明确规定"我国保险公司的组织形式为股份有限公司或国有独资保险公司"。《保险法》还确立了财产保险与人身保险分业经营的原则。根据分业经营的要求，1996 年中国人民保险公司改组为中国人民保险(集团)公司(以下简称"人保集团")，下设人保财产保险有限公司、人保人寿保险有限公司、人保再保险有限公司三家专业子公司。1996 年，中国保险市场迎来第一次扩容，新华人寿、泰康人寿、华泰财险、华安财险及永安财险五家商业性股份制保险公司成立。1998 年 10 月，根据国务院对中国保险业整体改革方案，人保集团下属的三家专业子公司各自成为独立法人，即中国人民保险公司、中国人寿保险公司、中国再保险公司。至此，我国形成了国有独资保险公司和股份制保险公司并存、多家保险公司竞争的保险市场格局。

(三)国有独资保险公司股份制改革与保险公司上市

2003 年下半年，三大国有独资保险公司中国人民保险公司、中国人寿保险公司、中国再保险公司先后进行了股份制改革，分别重组为中国人保控股公司、中国人寿保险集团公司和中国再保险公司。2002 年 9 月，新疆兵团财产保险公司更名为"中华联合财产保险公司"。2006年6月，我国最后一家国有独资保险公司——中华联合财险股改完成，形成了中华联合控股旗下分设财险、寿险子公司的"一改三"格局。至此，我国四大国有独资保险公司全部完成股份制改革，由"国有独资保险公司"转换为"国有控股保险公司"。

2000年6月29日，中保国际控股有限公司(后更名为"中国太平保险控股有限公司")在香港联交所挂牌上市，这是第一家在境外上市的中资保险公司。2003年11月6日，中国人民财产保险股份有限公司正式在我国香港地区挂牌交易。同年12月17日和18日，中国人寿保险股份有限公司分别在纽约和香港地区成功上市，创造了当年全球最大规模的IPO。2004年6月24日中国平安保险(集团)股份有限公司在香港联交所主板上市。2007年1月9日，备受瞩目的A股市场第一只保险股——中国人寿保险股份有限公司正式在上海证券交易所挂牌上市。中国平安、中国太保分别于2007年3月、12月在上海证券交易所上市。此后，又有多家保险公司上市(见表2-3)。

表2-3　　　　　　　　　我国保险公司上市简况(截至2022年12月31日)

股票简称	股票代码	上市日期	上市地点
中国太平	0966. HK	2000/06/29	香港联交所
中国财险	2328. HK	2003/11/06	香港联交所
中国人寿	LFC. N	2003/12/17	纽约证券交易所
中国人寿	2628. HK	2003/12/18	香港联交所
中国平安	2318. HK	2004/06/24	香港联交所
中国人寿	601628. SH	2007/01/09	上海证券交易所
中国平安	601318. SH	2007/03/01	上海证券交易所
中国太保	601601. SH	2007/12/25	上海证券交易所
中国太保	2601. HK	2009/12/23	香港联交所
新华保险	1336. HK	2011/12/15	香港联交所
新华保险	601336. SH	2011/12/16	上海证券交易所
中国人民保险集团	1339. HK	2012/12/07	香港联交所
中国再保险	1508. HK	2015/10/26	香港联交所
众安在线	6060. HK	2017/09/28	香港联交所
中国人保	601319. SH	2018/11/16	上海证券交易所
中国太保(GDR)	CPIC. L	2020/06/17	伦敦证券交易所
阳光保险	6963. HK	2022/12/09	香港联交所

（四）多元化的组织形式

2009 年修订后的《保险法》取消了对于保险公司组织形式的限制，促进了我国保险组织形式的多元化发展。银保监会 2022 年 3 月公布的法人机构信息显示：截至 2021 年 12 月底，我国共有 235 家保险机构，2610 家保险专业中介机构和 7 家外国再保险公司分公司。这些保险机构以股份制公司为主，此外还有以下组织形式：

1. 保险有限责任公司

截至 2022 年 12 月底，我国有限责任公司类的保险集团公司有 2 家，分别是中国太平保险集团有限责任公司、大家保险集团有限责任公司。其他保险有限责任公司以中小型保险公司为主，例如国泰财产保险有限责任公司、安心财产保险有限责任公司、泰康人寿保险有限责任公司、陆家嘴国泰人寿保险有限责任公司、小康人寿保险有限责任公司等。

2. 相互保险公司

我国第一家相互保险公司是阳光农业相互保险公司，于 2005 年 1 月正式成立。它是在黑龙江农垦总局风险互助体系基础上建立的，由 104 个农牧场代表 22 万个会员发起，筹措资金 5000 万元，另有 2000 万元资金来源于黑龙江农垦总局。

3. 相互保险社

我国首家经原保监会批准设立的全国性相互保险组织是众惠财产相互保险社，它于 2017 年 2 月在深圳成立。此后相继成立的相互保险社还有信美人寿相互保险社（2017 年 5 月成立）、汇友财产相互保险社（2017 年 6 月成立），中国渔业互助保险社于 2022 年 2 月获准筹建。

4. 专业自保公司

截至 2022 年 12 月底，我国有 4 家专业自保公司，分别为中石油专属财产保险股份有限公司（简称"中石油专属保险公司"）、中国铁路财产保险自保有限公司（简称"中国铁路保险"）、中远海运财产保险自保有限公司（简称"中远海运自保"）、广东能源财产保险自保公司（简称"广东能源自保"）。

中石油专属保险公司是我国第一家自保公司，成立于 2013 年 12 月。中国石油天然气集团有限公司持股 11%，中国石油天然气股份有限公司持股 49%，中国石油集团资本股份有限公司持股 40%，注册资本金 60 亿元。中国铁路保险成立于 2015 年 7 月，注册资本金 20 亿元，公司定位于国铁集团专业风险管理平台。中远海运自保公司由中国远洋海运集团有限公司于 2017 年 2 月 8 日在上海自由贸易试验区独资设立，是国内唯一的航运自保公司，注册资本金 20 亿元。广东能源自保于 2017 年 11 月正式开业，是电力行业第一家自保公司，由广东省能源集团有限公司和广东电力发展股份有限公司按 51% 和 49% 的比例共同出资筹建，注册资本金为 5 亿元。

第二节　保险公司的组织结构

一、组织结构的含义

组织结构是组织中正式确定的，使工作任务得以分解、组合和协调的框架体系。[①] 组织结构的本质是组织成员的分工协作关系，其设立的目的是有效地实现组织目标，而其内含则是组织中职、责、权方面的结构体系。

一方面，组织结构是组织内部的职能分工，即按照组织目标对工作任务进行分解后，确定相应的部门完成工作；另一方面，组织结构是一个纵向的层级体系，层级的多少取决于组织的规模和管理幅度。

二、保险公司构建组织结构的意义

(一) 有利于明确部门和员工的职责

通过建立科学合理的组织结构，可以使各个部门和员工了解自己的工作内容和工作范围，了解自己在公司经营管理中的地位和作用，从而增强责任心，发挥积极性和创造性，努力完成自己职责范围内的各项工作。

(二) 有利于协调各部门和各环节的关系

通过建立科学合理的组织结构，确定符合公司实际和管理要求的结构形式，就可以把保险公司内部各部门和各环节的分工协作关系规定下来，并使分工协作取得规范性的组织形式。

(三) 有利于发挥组织行为的集体力量

通过建立合理的组织结构，保险公司可以把单个的、孤立的、分散的人力组织起来，凝结为集体的力量，创造出新的强大的生产力。特别是在职责和权限明确的条件下，可以更好地发挥每个员工的积极性和创造性，避免管理职责不清、相互推诿和工作效率低下等

---

① [美]斯蒂芬·P.罗宾斯，玛丽·库尔特.管理学(第 15 版)[M].中国人民大学出版社，2022：267.

现象。

三、影响保险公司组织结构的主要因素

(一)公司环境

首先是法律环境，因为保险公司组织结构必须符合法律的要求。我国《公司法》《保险法》《保险公司管理规定》等法律、法规都对保险公司的组织结构有重要影响。其次，市场环境、经济环境、社会环境、技术环境也都影响着保险公司的业务发展，进而影响着保险组织结构。此外，地理环境直接影响了保险公司地区分布。

(二)公司战略目标

组织结构是为完成组织目标而形成的，所以组织战略目标直接影响着组织结构。美国企业史学家钱德勒(Alfred D. Chandler)通过研究杜邦、通用汽车、西尔斯、标准石油等美国企业的发展史发现，成功企业的组织结构是与其战略相适应的。如果保持在单一领域、单一行业内发展，则组织偏向于采取集权的职能结构；如果企业进行多元化经营，则多采用分权的事业部结构。保险公司的组织结构需要根据战略的变化及时进行调整，以提高组织的自适应性。

(三)公司规模

保险公司规模会影响到保险公司组织机构的地理分布、专业化程度、部门划分、人员配备、集权程度、规范化、制度化等多个因素。保险公司要追求规模，则可能通过增加其分支机构、扩大专业化分工、增加人员配备等方式来实现。如果某一阶段由于受整个经济大环境影响或自身经营管理不善，公司要缩小规模，则会采取大量裁员、部门合并等方式来精简组织结构。

(四)公司人员素质

保险公司人员素质是指思想素质、专业素质、文化素质等各方面的综合素质。在进行职责划分、任务安排时都要考虑人员素质这一因素。人员素质还会影响保险公司管理人员的管理幅度、部门划分和纵向分层。

(五)公司生命周期

保险公司处于初创阶段时，各方面都还不够稳定，专业分工不明确，部门划分较少，

规章制度不健全，管理人员不仅负责管理，也会从事具体工作，这个阶段的组织结构比较简单。当公司处于成长期时，公司规模逐渐扩大，专业分工日趋精细化，公司管理者更加注重权力的分散，并且会努力实现公司各个部门的协调与整合。而经营多年的老公司面对新的时代环境，原有的机构可能会显得陈旧，已缺乏创新能力，这时的组织结构就有必要重新调整与改革。

四、保险公司组织结构的基本类型

保险公司组织结构的基本类型主要有五种，即直线型组织结构、职能型组织结构、直线职能型组织结构、事业部型组织结构和矩阵型组织结构。

(一)直线型组织结构(Line Organization)

直线型组织结构是最早出现的、最简单和最基础的组织结构形式。所谓"直线"是指在这种组织结构下，职权直接从高层开始向下传递和分解，经过若干个管理层次达到组织最低层。

1. 直线型组织结构的特点

(1)上下级的权责关系是直线型，所有职位都实行自上而下的垂直领导，实行纵向控制。

(2)组织中的一切管理工作均由领导者直接指挥和管理，不设专门的职能机构，水平分化程度低。

(3)下属单位或人员只服从一个上级的指挥，只对该上级负责。

(4)主管人员在其管辖范围内拥有绝对的职权或完全职权，即主管人员对下属单位或人员的一切业务活动行使决策权、指挥权和监督权。

2. 直线型组织结构的优点

(1)设置简单。只要确定管理幅度，组织就可以根据规模确定管理所需要的层次，不需要设计复杂的职能部门和参谋，因此管理成本也较低。

(2)权责关系明确。上级对下属拥有直接职权，下属只接受一个上级的领导，每一个层级管理者的职责、权力都非常清晰。

(3)内部管理效率高。由于上下级之间是垂直的关系，指令纵向传递迅速，组织纪律与秩序严明。

3. 直线型组织结构的缺点

(1)管理者的决策风险大。管理者的权力非常集中，并且缺乏必要的专职机构和人员协助管理和决策。

（2）专业化水平低。由于直线型组织结构实行垂直领导，每一个层次的管理者需要承担部门的所有工作，所以专业化程度较低。

（3）缺乏横向沟通。直线型组织结构强调不同层级之间的纵向联系，缺乏必要的横向协调关系和横向信息传递机制。

4. 直线型组织结构的适用性

直线型组织结构是工业发展初期的一种简单的组织结构形式。适用于小型组织，或者组织规模较大但活动内容比较单纯的组织。保险公司的营销部中，通常会采用直线型组织结构（见图2-1）。这是因为保险营销的职能单一，上下级之间是垂直关系。

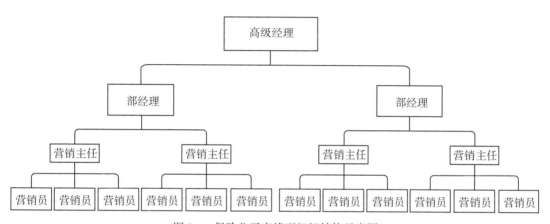

图 2-1 保险公司直线型组织结构示意图

（二）职能型组织结构（Functional Organization）

职能型组织结构又称"U 形组织"，起源于 20 世纪初法国"管理理论之父"亨利·法约尔（Henri Fayol）在担任煤矿公司总经理时所建立的组织结构形式，故又称"法约尔模型"。

1. 职能型组织结构的特点

（1）职能分工。职能型组织结构以各项专业职能作为划分部门的基础，根据员工共同的专业知识、经验或使用共同的资源而将其组合在一起。保险公司中常见的职能部门包括营销部、产品开发部、精算部、核保核赔部、客户服务部、财务部、人力资源部、信息技术部等。

（2）管理权力高度集中。各个职能部门和人员都只负责某一个方面的职能工作，唯有最高领导才能纵观全局。因此，公司的决策权集中于最高管理层。

2. 职能型组织结构的优点

（1）专业化程度高。保险公司中许多业务活动都需要有专门的知识和能力，职能型组织结构以专业知识和技能作为划分部门的依据，将专业技能紧密联系的业务活动归类组合到职能部门，可以更有效地开发和使用技能。

（2）有利于降低管理成本。职能型组织结构在其内部进行了专业化分工，意味着某一个特定类型的活动就不是在其内部分散来开展，而是集中到某一个特定的职能部门，甚至由这个部门内部的某个特殊岗位来集中完成。集中完成可以实现规模经济，进而降低管理成本。

（3）工作效率高。职能型组织结构对于工作任务、工作岗位以及每个人的责任有清楚的界定，每一个部门、每一个岗位需要完成的任务都是常规性和重复性的，有利于工作效率的提高。

3. 职能型组织结构的缺点

（1）部门之间的协调性差。各职能部门有自己特定的专业性与目标，对于需要跨部门协作才能完成的任务，部门之间存在沟通与协调障碍。

（2）容易产生职能导向割裂。受自身专业知识、技能与特定目标的影响，职能部门常常倾向于选择对自己部门最有利而不一定是对公司最有利的决策，难以形成全局观，即能做到局部最优化而非整体最优化。

（3）不利于培养全面型的管理者。管理者只负责其专业领域的工作，缺乏对公司整体业务的了解，不利于通才型高级管理人员的培养。

4. 职能型组织结构的适用性

职能型组织结构（见图 2-2）主要适用于小型的、产品品种比较单一、技术发展变化较慢、外部环境比较稳定的保险公司。具备以上特性的保险公司，其经营管理相对简单，部门较少，横向协调的难度小，对适应性的要求较低，因此职能型组织结构的缺点不突出，而优点却能使功能得到较为充分的发挥。

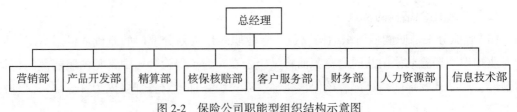

图 2-2　保险公司职能型组织结构示意图

（三）直线职能型组织结构（Line and Staff Organization）

直线职能型组织结构是直线型与职能型组织结构的结合，它吸取了两者的优点。

1. 直线职能型组织结构的特点

(1)以直线型组织结构为基础,在各层级中设置相应的职能部门,即在直线型组织统一指挥的原则下,增加了参谋机构。

(2)直线部门和人员在自己的职责范围内有决定权,对其所属下级的工作实行指挥和命令,并负全部责任。

(3)职能部门和人员只是直线主管的参谋,负责提供建议和业务指导,没有指挥和命令的权力。

2. 直线职能型组织结构的优点

(1)统一指导与专业化管理相结合。既有利于保证集中统一的指挥,又可发挥职能部门的专业管理作用。

(2)能够有效减轻管理者的负担。由于职能部门发挥参谋的作用,直线职能型组织结构不再要求管理者成为通才、全才,同时可以避免职能型组织结构多头管理的问题。

3. 直线职能型组织结构的缺点

(1)协调难度大。直线部门与职能部门目标不一致,导致组织内部冲突增多,增加了协调难度。

(2)不利于发挥下属的主动性。下属既要服从上级的管理,还要听取职能部门的建议与指导,限制了下属的自主性。

(3)降低决策效率。层级增加、部门增多,容易导致信息传递变慢,意见难以统一。

(4)增加管理成本。该组织结构将直线型与职能型融合,管理层次增加、管理者数量增多。

4. 直线职能型组织结构的适用性

直线职能型结构既保持了直线型结构的集中统一指挥的优点,又吸收了职能型结构的专业分工管理的长处,具有广泛的适用范围,是当前最常见的保险公司组织结构形式。我国保险公司直线职能型组织结构(见图 2-3)的直线层次为总公司-分公司-支公司,总公司和分公司下设各自的职能部门,支公司以营销为主要任务。

(四)事业部型组织结构(Divisional Organization)

事业部型组织结构又称"M 形组织",最早由美国通用汽车公司总经理斯隆于 1924 年提出,因此又称"斯隆模型"。事业部组织结构是指公司设立若干个事业部,由事业部进行独立经营和分权管理的一种分权式组织结构。

1. 事业部型组织结构的特点

(1)根据所经营的事业,按照产品、顾客、地区等划分业务单位,成立特定的事业部。

(2)按照"集中决策,分散经营"的原则划分总公司和事业部之间的管理权限。总公司

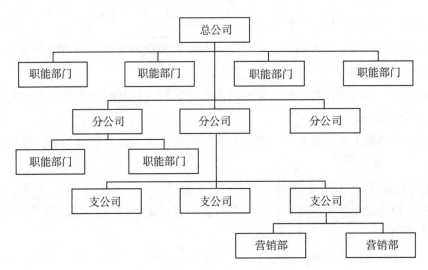

图 2-3 保险公司直线职能型组织结构示意图

在重大问题上集中决策，对事业部只保留人事决策、预算控制和监督等职能，通过利润等指标对事业部进行控制。事业部实行单独核算，独立经营。

(3)在横向关系方面，各事业部之间相互独立。每个事业部均为利润中心，实行独立核算。这意味着把市场机制引入公司内部，各事业部之间不是协作关系，而是可以开展竞争和经济往来。

(4)总部和事业部内部仍然按照职能型组织结构进行组织设计，以便保证事业部制组织结构的稳定性。

(5)事业部不是独立的法人，而是总部的一个分支机构。

2. 事业部型组织结构的优点

(1)有利于公司增加战略控制性。将事业部作为利润中心，便于评价其对公司总利润的贡献大小，用以指导公司发展的战略决策。

(2)有利于提高公司的应变能力。每个事业部都有自己的产品和市场，能够规划其未来发展，也能灵活自主地适应市场出现的新情况，迅速作出反应。

(3)有利于降低公司经营管理的风险。每个事业部实行单独核算、独立经营，事业部之间的关联较弱，有效地分散了公司风险。

(4)有利于培养全面型的管理人才。事业部自成系统、独立经营，事业部经理需要熟悉整个业务体系和所有流程。这有利于培养全面管理人才，为公司的未来发展储备管理人才。

3. 事业部型组织结构的缺点

(1)对分权与集权的关系比较敏感。由于各事业部利益的独立性，容易滋长本位主义。

（2）短期利益与长期利益易产生矛盾。由于面临每年的利润考核，容易导致各事业部门只考虑自身的短期利益，而忽视公司的长期利益与战略发展。

（3）管理成本上升。总部与各事业部都设有完备的职能机构，机构重复设置会造成管理人员增加、管理成本上升。

4. 事业部型组织结构的适用性

事业部型组织结构适用于规模庞大、产品种类繁多、多元化经营的大型保险公司。设立事业部必须具备三个基本要素，即相对独立的市场、相对独立的利益和相对独立的自主权。保险公司通常依据客户类型、险种、销售渠道等设计事业部（见图2-4）。

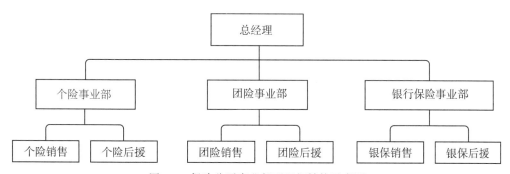

图 2-4　保险公司事业部型组织结构示意图

（五）矩阵型组织结构（Matrix Organization）

矩阵型组织结构是为了加强职能部门之间的协作、引进项目管理的形式而开发的一种组织结构形式。

1. 矩阵型组织结构的特点

矩阵型组织结构是在直线职能式垂直形态组织系统的基础上，再增加一种横向的领导系统。它由职能部门系列和完成某一临时任务而组建的项目小组系列组成，是一种临时性的组织结构。

（1）具有临时性。建立矩阵型组织结构的目的是为完成某一项目，由各职能部门抽调人员组成项目小组。项目完成后，各抽调人员仍回原部门。

（2）由纵横两套管理系统构成。一套是垂直的职能领导管理系统，另一套是为了完成某项任务而组成的横向项目系统，每一名下属同时接受两名上司的领导。

2. 矩阵型组织结构的优点

（1）工作效率高。矩阵型组织结构的目标十分明确、具体，人员来自与任务相关的职能部门，协作性强。

（2）灵活机动。矩阵型组织结构以项目的形式组成，项目小组为临时性组织，可根据项目与任务的需要成立或解散项目小组。

（3）通过异质组合实现创新。项目小组成员来自不同的职能部门，具有不同的专业特长。成员之间相互交流与配合，有利于取长补短、集思广益。

（4）促进部门之间的配合和信息交流。矩阵型组织结构将不同部门成员聚合成项目小组，通过纵向与横向的联系形成网络状的信息传递通道，打破了部门之间沟通的障碍。

3. 矩阵型组织结构的缺点

（1）稳定性差。项目小组是临时性组织，成员职位不固定，容易产生临时观念，进而降低工作的积极性、影响责任心。

（2）多头领导。项目小组的成员要接受项目组和职能部门的双重指挥，容易出现多头领导的问题，影响目标的实现。

（3）权责不对等。项目小组的负责人是临时委任的，任务完成之后仍回到原部门工作，其责任在于权力，其利益易被忽视。

4. 矩阵型组织结构的适用性

协作性和复杂性强的大型保险公司，在开发一些临时性的、需要多个部门密切配合的项目时，常常会采用矩阵型组织结构（见图2-5）。保险公司可以通过矩阵型组织结构来完成涉及面广、协作性强的保险产品开发、信息技术创新等任务。

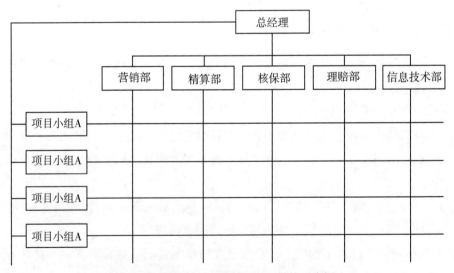

图 2-5　保险公司矩阵部型组织结构示意图

在现实中，保险公司的组织结构类型并不是单一的，而是会将以上五种基本类型结合起来。以新华人寿保险股份有限公司为例，其总部共设有 30 个部门、3 个直属二级单位、

4 个个险销售区域(见图 2-6)。截至 2021 年 12 月 31 日,该公司共有 1772 家分支机构,其中包括 35 家分公司、272 家中心支公司、761 家支公司、669 家营销服务部、35 家营业部。[①] 可见,其组织结构是直线型、直线职能型与事业部型的组合。

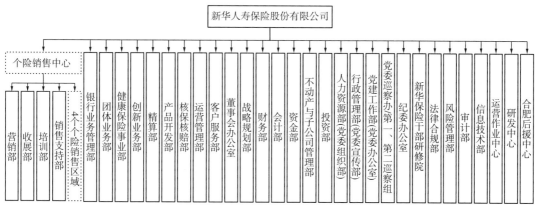

图 2-6 新华人寿保险股份有限公司组织结构

第三节 保险公司的公司治理

一、保险公司治理的内涵

(一)公司治理的内涵

学术界通常认为,1932 年伯利(Berle)和米恩斯(Means)在其著作《现代公司与私有产权》(*The Modern Corporation and Private Property*)中最先提出公司治理问题。新制度经济学创始人奥列佛·威廉姆森(Oliver Eaton Williamson)于 1975 年首次提出"治理结构"(Governance Structure)这个概念,而"公司治理"(Corporate Governance)这一概念最早出现在文献中的时间是 20 世纪 80 年代中期。

由于"公司治理"包含丰富的内容,可以从多角度对其进行定义,因此时至今日,对该概念的界定仍然没有达成一致。具有代表性的观点有三种:其一,Fama 和 Jensen(1983)[②] 认为公司治理旨在解决信息不对称下,以道德风险和逆向选择为主要表现的委托代理问

① 数据来源:新华人寿保险股份有限公司 2021 年年度信息披露报告。

② Fama E F, Jensen M C. Separation of Ownership and Control[J]. The Journal of Law and Economics, 1983, 26(2):301-325.

题；其二，Cochran(1988)①指出公司治理是以剩余索取权和剩余控制权分配为内容的一系列制度安排，关键是解决股东和公司其他利益相关者的利益分配问题；其三，Blair(1995)②提出公司治理有狭义和广义之分，狭义公司治理(即公司内部治理)指董事会的功能、结构，股东权利等公司内部的制度安排，广义的公司治理指公司控制权和剩余索取权分配的一整套法律、文化和制度安排。除此之外，对"公司治理"概念的解释成百上千。

尽管没有统一的概念，但是学术界达成的共识是"公司治理"包括以下内涵：第一，公司治理的本质是一种关系合同，即以契约的方式规范公司各利益相关者之间的关系。第二，公司治理的功能是配置权、责、利，特别是对剩余控制权和剩余索取权的配置。第三，公司治理的起因是产权分离。第四，公司治理的方式多种多样，既有内部治理，也有外部治理。

(二)保险公司治理的含义

狭义的保险公司治理是指保险公司股东对经营者的一种监督与制衡，即通过有关"三会一层"③的构成、地位与性质、基本职权、运作规则等方面的制度安排来解决股东与经理人之间的委托代理问题。治理目标是股东利益最大化的，防止经营者对所有者(股东)利益的背离。

广义的保险公司治理不局限于股东对经营者的制衡，而是拓展到更为广泛的利益相关者(包括股东、投保人、债权人、雇员、政府等与公司有利益关系的主体)，通过一套包括正式与非正式的、内部的与外部的制度或机制来协调公司与利益相关者之间的利益关系，以保证公司决策的科学化，从而维护利益相关者的利益。

二、保险公司治理机制

保险公司治理机制由内部治理和外部治理构成。

(一)内部治理

内部治理是关于公司内部的、直接的利益主体及其关系的制度设计或安排，它的主要作用在于协调公司内部各个利益主体之间的关系。在现代保险公司中，内部治理主要由股

---

① Cochran P L, Wartick S L. Corporate Governance: A Review of the Literature[M]. Financial Executives Research Foundation, 1988: 5.

② Blair M M. Ownership and Control: Rethinking Corporate Governance for the Twenty-First Century[J]. Long Range Planning, 1996, 29(3): 432-442.

③ "三会一层"是指股东大会、董事会、监事会和经理层。

东、董事会、监事会、经理层之间的权力责任及制衡关系组成(见图 2-7),其目的在于解决股东与管理层的利益冲突。

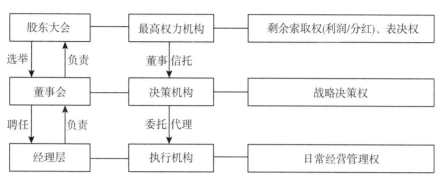

图 2-7 保险公司股东会、董事会、监事会、经理层之间的权力责任与制衡关系

保险公司内部治理机制主要包括:股权结构;股东权利保护和股东大会作用的发挥;董事会的设立与作用;董事会的组成与资格;监事会的设立与作用;薪酬制度及激励计划;内部审计制度等。

(二)外部治理

外部治理是内部治理的外部环境,包括政府监管部门及其监管能力、外部市场(产品市场、经理人市场、资本市场等)发育程度、法规制度(例如有关公司治理和企业信息公开等相关法规要求)健全程度、大众媒体监督力度等方面。

除政府监管外,保险公司的外部治理机制主要包括:

(1)产品市场。规范和竞争的产品市场是评判保险公司经营成果和经理人员管理业绩的基本标准,优胜劣汰的市场机制能够起到激励和鞭策经理人员的作用。

(2)经理人市场。功能完善的经理人市场能根据经理人员的前期表现对其人力资本进行评估,因而能激励经理人员努力工作。

(3)资本市场。资本市场的融资功能使投资者有权选择投资对象,从而迫使公司经理人改善和提高治理水平;资本市场的定价功能可能使投资者了解公司经营信息,降低了股东对经理人的监控信息成本,降低了公司治理的成本;资本市场的资本配置功能可以强制性纠正公司治理的低效率。

(4)并购市场。活跃的控制权市场作为公司治理的外部机制具有独特作用,适度的接管压力是合理的公司治理的重要组成部分。但是,并购机制的发挥需要支付较大的社会成本和法律成本,而且需要发达的、具有高流动性的资本市场作为基础。

(5)市场中的独立审计评价机制。这主要依靠市场的中立主体(如评级机构、会计师、审计师、税务师、律师等)客观、公正的评判和信息发布。

三、保险公司治理的特殊性

保险公司在经营目标、经营产品、经营范围、资本结构、政府监管等方面具有鲜明的特性，这些特性对保险公司治理产生了决定性影响，使得保险公司治理具有与一般公司治理不同的特殊性。

(一)治理目标的特殊性

对一般公司而言，公司治理主要解决所有权与经营权分离所产生的所有者与经营者之间的委托代理问题。因此，一般公司的公司治理目标是股东利益最大化。

保险公司是高比例负债经营的公司，股东投入的股本只占保险公司资金来源的小部分，投保人所缴纳的保费是最主要的资金来源。尽管保险公司的大部分资金来源于保费，但是控制权仍由股东掌握。债权人获取的是固定比例的投资回报，他们更倾向于公司稳健经营而获得稳定的未来保障；而股东作为剩余所有权的获得者，更倾向于投资高风险项目以获得高额的回报。因此，对于保险公司而言，股东与经营者之间的矛盾依然存在，此外还存在着债权人(保单持有人)与股东、经营者之间的利益冲突。

保险公司作为社会经济的压舱石与稳定器，发挥着经济补偿、资金融通和社会管理等功能，承担着重要的社会责任。投保人数量众多，波及各行各业、大量家庭与个人，一旦保险公司经营不善，其引发的风险负外部性将直接造成巨大的社会成本。因此，保险公司应"优化治理结构和机制，遵守法律法规和行业规范，在经营决策中充分考虑社会效益"[①]。

综上所述，保险公司治理的目标不应仅仅是股东利益的最大化，还要兼顾投保人等公司利益相关者的利益，承担应尽的社会责任。

(二)治理原则的特殊性

与普通公司相比，保险公司的治理原则所涉及的内容更为广泛，包含的要素更多。表2-4 将二十国集团/经合组织《公司治理原则》(*G20/OECD Principles of Corporate Governance*)[②]与经合组织《保险公司治理指引》(*Guidelines on Insurer Governance*)中的公司治

[①]　引自原保监会 2015 年 12 月 24 日发布的《关于保险业履行社会责任的指导意见》(保监发〔2015〕123 号)。

[②]　该原则自 1999 年首次发布以来，已成为全球范围内政策制定者、投资者、公司以及其他利益相关者的国际基准。《公司治理原则》也被金融稳定委员会采纳作为《健全金融体系关键标准》(*Key Standards for Sound Financial Systems*)之一，并为世界银行《关于遵守标准和守则的报告》(ROSC)提供公司治理方面的根据。

理原则进行了比较。从中可以发现，除了一般公司治理的常见要素(如股东权利、董事会、信息披露)外，保险公司治理原则还包括风险管理、保单持有人、赔偿等。

表2-4 保险公司与公众公司治理原则比较

公司类别	发布机构	规则名称	主要内容
公众公司①	G20/OECD	公司治理原则(2016)②	确保有效公司治理框架的基础；股东权利和公平待遇以及关键所有权功能；机构投资者、证券交易所和其他中介机构；利益相关者在公司治理中的作用；信息披露与透明度；董事会责任
保险公司	OECD	保险公司治理指引(2017)③	治理结构：董事会、董事会结构、主要高管、外部审计师 内部治理机制：风险管理与内部控制、控制职能、赔偿、管理结构、沟通和报告 集团：透明度和结构、综合观、治理体系、沟通 利益相关者保护：股东、保单持有人、透明度和披露、员工代表、市场行为与金融教育、赔偿

(三) 风险管理的特殊性

保险公司是经营风险的特殊机构，这种经营对象的特殊性决定了其面临的风险远远大于其他行业，并且它本身同样面临着来自社会、经济、政治等其他方面的风险。因此，保险公司的风险控制重要且复杂，风险管理在保险公司治理中占据重要的地位。

保险公司大多建立由董事会负最终责任、管理层直接领导，以风险管理部门为依托，相关职能部门密切配合，覆盖所有业务单位的风险管理组织体系。保险公司通常在董事会下设立风险管理委员会负责风险管理工作。风险管理委员会应当全面了解公司面临的各项重大风险及其管理状况，监督风险管理体系运行的有效性，对以下事项进行审议并向董事会提出意见和建议：风险管理的总体目标、基本政策和工作制度；风险管理机构设置及其

---

① "公众公司"是指通过募股发行证券且目前在公开市场上交易的公司，又称"公众持有的公司"或"公开交易的公司"。

② OECD. G20/OECD Principles of Corporate Governance [EB/OL]. OECD iLibrary, https：//www.oecd-ilibrary. org/governance/9789264250574-zh, 2016-03-03.

③ OECD. OECD Guidelines on Insurer Governance (2017 Edition) [EB/OL]. OECD iLibrary, http：//dx. doi. org/10. 1787/9789264190085-en, 2017-12-19.

职责；重大决策的风险评估和重大风险的解决方案；年度风险评估报告。没有设立风险管理委员会的，由审计委员会承担相应职责。保险公司还会设置独立的风险管理部门负责全面风险管理。此外，保险公司会设立首席风险官或指定一名高级管理人员担任风险责任人。保险公司还有独特的高管人员——总精算师。总精算师对保险公司董事会和总经理负责，并应当向政府的保险监管机构及时报告保险公司的重大风险隐患。

(四)监管的特殊性

基于保险经营的特殊性、资本追逐利润的本性和保单持有人所处的弱势地位，世界各国普遍把保险公司作为高度监管的对象，对保险公司治理的监管也比其他公司更为严格。国际保险监督官协会(IAIS)于 2004 年 1 月发布了《保险公司治理核心原则》，并在 2005 年提出将偿付能力、公司治理和市场行为作为保险监管的三大支柱，凸显了保险公司治理的重要性。

政府监管往往会在以下方面对保险公司治理产生影响：对保险公司股东身份和持股比例的政策性限制会影响保险公司的股权结构；政府对保险业市场的管理会影响保险公司的数量和市场集中度，并因此限制保险业的市场竞争，削弱保险产品市场的竞争威胁；对并购市场的管制使得对保险公司的并购更加昂贵、耗费的时间也会更多。

四、保险公司治理的模式

以股权结构和治理机制作为划分标准，目前国际上最典型的保险公司治理模式主要是外部控制主导型模式和内部控制主导型模式。

(一)外部控制主导型模式

外部控制主导型公司治理又称"市场导向型公司治理"，是指外部市场在公司治理中起着主要作用。这种治理模式以大型流通性资本市场为基本特征，公司大多在股票交易所上市。其存在的外部条件是：非常发达的金融市场、股份所有权广泛分散的开放型公司、活跃的公司控制权市场。采用这种公司治理模式的代表性国家是英国和美国，因此也称为"英美型治理模式"。

外部控制主导型模式具有以下特点：

(1)分散化的股权结构。公司的主要融资方式是股权融资，资产负债率低。股权结构高度分散，机构投资者和社会公众持股较为普遍，股权的流动性非常强。

(2)采用单层制董事会。实行股东大会、董事会、经理层的垂直型公司治理单层模式(见图 2-8)，不设监事会。董事会兼有决策和监督双重职能，独立董事比例较大。该模式的治理逻辑是，由于股权高度分散，股东大多不愿投入太多时间和精力去管理公司。因此，作为最高权力机构的股东大会的职责主要是选举董事会成员，将其权力委托给董事会。为了使得董事会确实能够有效监督经理人，建立了独立董事制度；同时为了让独立董事的监督作用发挥得更加充分，又进一步建立了专门委员会制度。

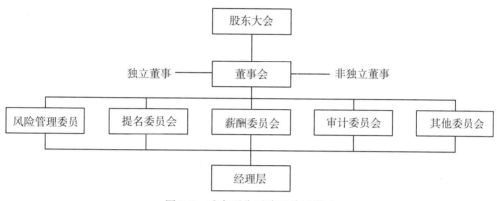

图 2-8 垂直型公司治理单层模式

（3）公司控制权市场在外部约束中居于核心地位。公司控制权市场主要是指通过收购兼并等方式获取公司的控制权，从而实现对公司资产重组或公司股东及管理人员的更换。这种机制是来自外部的对公司经营者的约束和激励。

（4）经理报酬中股票期权的比例较大。股票期权相对于效益工资而言，是一种长期的激励机制。经营者来自股票期权收益的多少完全取决于股票的升值，升值则与经营者长期的经营业绩直接相关。

（5）以完善的立法保护股东利益和保障信息披露，规范资本市场和公司运营。美国和英国都较早地通过立法来保护股东利益和保障信息披露。例如美国和英国分别制定了《示范公司法》和《示范公司章程》，通过规定董事会和董事的权利和义务，保护股东的利益。美国《1933年证券法》规定，上市公司保障股东能够知道与上市证券有关的财务和其他重要信息，禁止证券交易中的操纵市场、内幕交易等行为。

（二）内部控制主导型模式

内部控制主导型公司治理又称"网络导向型公司治理"，是指股东、银行和内部经理人员在公司治理中起着主要作用，而资本流动性相对较弱。这种治理模式以后起的工业化国家为代表，如日本、德国和其他欧洲大陆国家，因此也称主"德日型治理模式"。

内部控制主导型模式具有以下特点：

（1）股权高度集中。投资者主要以家族、工业企业联盟、银行和控股公司等为主，公司之间交叉持股现象普遍。法人大股东持股的主要动机不在于获取股票投资收益，而在于加强公司间的业务联系，通过稳定经营增加公司的利润。相互持股带来了保险公司与金融机构的集团化和系列化，彼此间的依赖性很强。

（2）董事会与监事会分立。德国公司内部设立垂直的双层董事会结构（见图2-9），即监事会（监督董事会）和董事会（执行董事会）。监事会权力非常大，主要体现在人事权、决策权和监督权三个方面。监事会的地位高于董事会，董事会向监事会报告，且董事会成员由监事会任命。日本则采取董事会与监事会平行的内部双元治理模式（见图2-10），两者处于平等的地位，共同对股东大会负责。

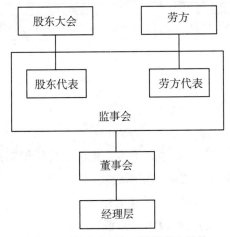

图2-9　德国垂直的双层董事会结构

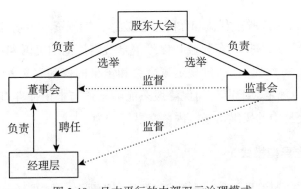

图2-10　日本平行的内部双元治理模式

（3）公司与银行共同治理。银行兼有债权人和股东双重身份，银行在公司治理中发挥着巨大作用，形成了德国的全能银行制和日本的主银行制。当公司出现盈利下降或危急情况时，德日银行不会像英美公司的股东"用脚投票"，而是直接"用手投票"，改组或解聘董事会和经理层，直接发挥其震慑力和影响力。

（4）员工参与决策。德国采用的是职工参与制，而日本采用的是终身雇佣制、年功序列制。德国的治理模式又称为"共同决策制"，主要表现为监事会中一定会有一定数量的劳方代表，监事会不仅是股东利益的代表机关和监督机关，同时也是劳方利益的代表机关和劳方机关。

不同的国家由于公司治理目标与治理基础的差别，形成了不同的治理模式，这些模式各有利弊。在治理目标上，英美模式以股东利益最大化为治理的核心目标；英美模式解决资本配置和代理问题的主要途径是外部的资本市场，其最大的优点便是市场固有的灵活性、激励和约束。但是，高度发达的股票市场导致了公司的股权结构流动性非常强，经理人员为了减少"用脚投票"机制和恶意收购事件的发生，往往采取短期行为，不利于公司的长远发展。而德日模式在治理目标上，更关注利益相关者而非股东的利益最大化；德日股权集中，大股东尤其是银行的监督积极性很高，解决了分散股东"搭便车"的问题；另外，通过股东、银行、职工等利益相关者的互相监督的模式，既解决了公司的委托代理问题，又避免了资本市场的短视行为。但是，这种模式的重大缺点是缺乏外部市场的监督。

五、我国保险公司治理的历史沿革

从1980年中国保险业恢复至今，我国保险公司治理走过了四十余年路程，可分为以下发展阶段：

（一）行政型治理阶段（1980—1995年）

1980年，中国人民保险公司复业，恢复财产保险业务，1982年恢复人身保险业务。1985年3月，国务院颁布了《保险企业管理暂行条例》，开放了保险机构牌照申请，人保独家垄断的格局被打破了。1986年新疆生产建设兵团农牧业生产保险公司成立，1988年我国第一家股份制保险公司——深圳平安保险股份有限公司在深圳蛇口成立，1991年第一家全国性股份制保险公司——中国太平洋保险股份有限公司在上海成立，1995年天安财产保险股份有限公司在上海成立。由此形成了两家国有独资公司、三家股份制保险公司并存的市场格局。

这五家保险公司均由国家或国有企业出资，股权结构为单一的国有资本。保险公司采用了传统的国有企业管理体制，党委会或经营班子是公司的最高决策机构，管理过程中采取行政命令、计划指标等方式。这种机制所形成的政企不分、约束缺位等缺陷容易造成内部人控制与行政干预下的经营控制，即行政型治理问题。

(二)治理理念导入阶段(1996—2000 年)

1993 年颁布的《中华人民共和国公司法》(下称《公司法》)和 1995 年颁布的《中华人民共和国保险法》(下称《保险法》),为我国保险公司治理奠定了法律基础。《公司法》第一次对公司治理进行了系统的制度设计,对保护公司、股东和债权人的合法权益,推动国有企业改制,促进社会主义市场经济发展,发挥了积极作用。《保险法》对设立保险公司的条件进行了明文规定,其中提及股东、董事长、总经理和高级管理人员,并且在第八十三条中规定:"国有独资保险公司设立监事会。监事会由金融监督管理部门、有关专家和保险公司工作人员的代表组成,对国有独资保险公司提取各项准备金、最低偿付能力和国有资产保值增值等情况以及高级管理人员违反法律、行政法规或者章程的行为和损害公司利益的行为进行监督。"

在这一阶段,保险公司纷纷建立了由股东大会、董事会和监事会构成的"三会制"治理架构。但是,此时的保险公司股东产权性质单一,公司治理实际上还是局限于治理理念的导入,建立治理架构也往往是为了达到相关法律法规的要求而"被动"合规,处于公司治理的"形似"阶段。

(三)治理主体股改与上市阶段(2001—2005 年)

2001 年我国加入 WTO 后,积极推动建立现代企业制度,支持国有保险公司在金融业中率先完成改制和上市,探索了国有金融企业股份制改革的有效途径。2003 年,中国人保、中国人寿和中国再保险三家国有保险公司全部完成了重组改制,中国人民财产保险股份有限公司在我国香港地区上市,中国人寿保险股份有限公司在纽约和香港地区两地同步上市。2004 年,中国平安在香港地区上市。

在这一阶段,我国保险业由国有资本垄断逐步向外资及民营资本开放,资本来源日趋多元化。保险公司资本结构和性质的变化,促使保险公司治理由行政主导转向经济主导,股东的概念逐步明晰。保险公司逐步探索对公司权力的划分,薪酬管理制度逐渐向市场化靠拢。

(四)治理规范发展阶段(2006—2008 年)

以 2006 年发布《关于规范保险公司治理结构的指导意见》为标志,原保监会正式启动保险公司治理监管体系建设,引导保险公司完善治理体系。《关于规范保险公司治理结构的指导意见》确定了保险公司治理结构六大监管方向:强化主要股东义务,保险公司主要股东应具"持续出资能力";加强董事会建设;发挥监事会作用;规范管理层运作;加强关联交易和信息披露的管理;管理培训及检查。此后,原保监会陆续颁布旨在规范保险公司治理及运作的监管规定。例如，2007 年发布《保险公司独立董事管理暂行办法》，2008 年发布《保险公司董事会运作指引》和《关于规范保险公司章程的意见》。这些政策法规的实施，进一步稳固了我国保险公司治理的制度基础。

在监管引领和市场竞争的共同作用下，保险公司不断规范公司治理体系建设，公司重大决策开始实质纳入"三会一层"的有效运作轨道，信息披露和管理逐步透明化，制衡效果初步显现。

（五）治理全面发展阶段（2009—2016 年）

2009 年，原保监会成立保险公司治理监管委员会，以加强对公司治理监管的统筹领导和组织协调，并确定公司治理的监管目标、监管理念和监管模式。此后，原保监会于 2010 年修订了《保险公司董事、监事和高级管理人员任职资格管理规定》，相继出台了《保险公司股权管理办法》（2010 年）、《保险公司信息披露管理办法》（2010 年）、《保险公司内部控制基本准则》（2011 年）、《保险公司董事及高级管理人员审计管理办法》（2011 年）、《保险公司薪酬管理规范指引》（2012 年）、《保险公司控股股东管理办法》（2012 年）等更加细致的保险公司治理相关制度文件，有效促进了保险公司治理的全面发展。2015 年，原保监会发布《保险法人机构公司治理评价办法（试行）》，对保险法人机构公司治理评价机制、内容和方法、结果运用等方面做了全面系统的规定。

在这一阶段，各保险公司普遍建立以公司章程和"三会一层"议事规则为基础，涵盖内控、合规、风险管理、内部审计、关联交易、信息披露等不同层次、多个方面的公司治理体系，保险业公司治理改革取得积极成效。通过设立董事会专门委员会、优化董事会结构、提高董事独立性和专业性等措施，董事会的地位和职能逐步得到强化。董事、监事和高管人员的履职评价和激励约束机制得以形成。

（六）治理深化发展阶段（2017 年至今）

截至 2016 年末，我国保险公司数量达到 203 家。快速发展的保险业，吸引越来越多的投资者进入保险业，极大地改变了保险公司治理的环境。防范和化解公司治理风险，提升公司治理的有效性，成为保险公司治理的核心目标。

2017 年，原保监会发布《保险公司章程指引》，重点针对保险公司治理运作中的主要风险点作出明确规定，进一步强化公司治理规则体系建设，丰富公司治理监管工具，夯实公司治理制度基础。2019 年银保监会印发《银行保险机构公司治理监管评估办法（试行）》，建立起常态化的公司治理评估工作机制。2021 年，银保监会发布了《银行保险机构公司治理准则》，是我国银行保险机构共同遵循的公司治理纲领性监管制度，内容上吸收整合了银行保险机构治理监管领域的核心内容并借鉴引入《二十国集团/经合组织公司治理原则》

的良好做法，为推动银行保险机构提高公司治理质效，促进银行保险业科学健康发展提供了制度保障。2022 年，银保监会发布《银行保险机构公司治理监管评估办法》，对 2019 年发布的《银行保险机构公司治理监管评估办法（试行）》进行完善，有利于更好地加强和改进公司治理监管举措，推动银行保险机构提升公司治理有效性，为银行保险业经营发展营造更加有序、安全的环境。2020 年至 2022 年，银保监会聚焦大股东操纵、内部人控制等突出乱象，坚持问题导向和系统思维，按照标本兼治、分类施策、统筹推进的原则，深入开展银行业保险业健全公司治理三年行动，取得明显成效。

六、我国保险公司治理的现状

根据《银行保险机构公司治理监管评估办法（试行）》，银保监会开展了 2021 年银行保险机构公司治理监管评估，总体情况如下：[①]

（一）评估结果

2021 年公司治理监管评估参评机构共计 1857 家，其中：商业银行 1673 家，保险机构 184 家。评估采取现场与非现场相结合的方式，现场评估 745 家，占总参评机构比例 40.12%。公司治理监管评估主要从党的领导、股东治理、董事会治理、监事会和管理层治理、风险内控、关联交易治理、市场约束、其他利益相关者治理 8 个维度，合规性和有效性 2 个角度对参评机构进行综合评估。

总体上看，2021 年评级结果主要集中在 B 级和 C 级，与 2020 年大致持平。被评为 C 级（合格）的机构最多，共 1100 家，数量占比 59.24%；其次是 B 级（较好），共 366 家，占比 19.71%；两者合计占比 78.95%。被评为 D 级（较弱）的机构共 253 家，占比 13.62%；被评为 E 级（差）的机构共 138 家，占比 7.43%；无 A 级（优秀）机构。

（二）评估发现的良好公司治理实践

在监管推动下，银行业保险业公司治理意识逐步提高，公司治理建设和改革取得积极成效，公司治理规范性、有效性不断提升，在加强党的领导、完善董事会建设、强化风险管控、履行社会责任等方面探索了一些提升公司治理质效的良好做法。

---

①　以下"评估结果""评估发现的良好公司治理实践""评估发现的主要问题"所述内容引自银保监会 2021 年 11 月发布的《2021 年银行保险机构公司治理监管评估结果总体情况》，国家金融监督管理总局网站，http://www.cbirc.gov.cn/cn/view/pages/governmentDetail.html？docId = 1017840&itemId = 880&generaltype = 1,2021-11-12.

1. 党的领导与公司治理有机融合持续深化

国有银行保险机构进一步落实党组织在公司治理结构中的法定地位，不断完善"双向进入、交叉任职"领导机制，坚持落实重大经营管理事项党委前置研究要求，持续探索和完善中国特色现代金融企业制度。以国有大型商业银行为代表的国有银行保险机构不断建立健全党委与董事会、监事会等治理主体间沟通机制，推进议事规则与决策流程衔接更加有效。

2. 董事会结构持续优化，履职能力不断提高

银行保险机构不断优化董事会结构，逐步提高独立董事占比，定期组织董事履职培训，提升董事会履职效能。国有大型商业银行和保险集团(控股)公司的董事会成员均具有较高的专业化和国际化水准，且其独立董事一般由著名学者、国际组织前负责人、国际大型金融机构前执行官担任，部分机构独立董事占比超过40%。

3. 加强科技应用，提高风险管控能力

部分银行保险机构加大金融科技投入，不断革新风险管理和内部控制手段。有的机构建立了对接授信审批系统的关联交易管理系统，在授信申报、额度审批环节实现实时管控；有的机构借助科技手段，精细测算业务风险与收益，风险管理的信息化水平不断提高。

4. 重视环境社会治理，积极履行社会责任

银行保险机构将环境、社会和公司治理(ESG)理念融入经营管理各环节。银行保险机构积极应对新冠疫情，减费让利，精准支持企业复工复产；农村商业银行下沉服务，深耕当地，助力精准脱贫和乡村振兴。

(三)评估发现的主要问题

1. 党的领导方面

部分机构党委前置研究重大经营管理事项落实不到位。有的机构个别重大经营管理事项未经党委会研究讨论直接提交董事会或高管层决策。

2. 股东治理方面

一是部分机构股东行为不合规、不审慎，表现为：股东入股资金不实、违规股权代持、主要股东违反"两参一控"规定、主要股东违规干预经营管理、中小股东未能有效参与治理等。二是部分机构股权管理不规范，表现为：股东资质未能持续符合监管要求、股东股权质押比例过高、银行变相接受本行股权质押并提供授信、股东持股比例超过监管限制。

3. 董事会治理方面

一是部分机构董事会运作不规范，表现为：董事缺位或任职超期、董事履职保障不到

位。二是部分机构独立董事人数不足、独立性缺失，董事履职不到位，表现为：独立董事人数及履职时间不符合监管要求、董事较少发表意见、董事会及下设专门委员会架构不完善。三是部分机构发展战略不科学、不审慎，表现为：发展战略较为激进、扩张冲动较强、发展审慎性不足。

4. 监事会和高管层治理方面

一是部分机构监事会和管理层运作不规范，表现为：监事会构成不符合监管要求、监事会监督作用发挥不足、高管配备不足或长期缺位、高管违规兼任。二是部分机构激励约束机制不健全，表现为：内部问责机制存在缺失、薪酬制度体系不完善、绩效考核指标设置不合规、对绩效考核制度及执行情况的监督评估不足。

5. 风险内控方面

一是部分机构风险管理体系不健全，风险管理能力不足，表现为：风险管理机制不健全、与控股股东间的风险隔离未落实、并表管理能力不足。二是部分机构合规内控不完善，表现为：合规意识不牢、案件风险突出。三是部分机构内部审计不健全，表现为：内审机制不完善、内审部门缺乏独立性。

6. 关联交易治理方面

一是部分机构关联交易管理机制不完善，表现为：关联交易管理制度不完备、关联交易管理组织架构不健全、关联方认定不全面且更新不及时。二是部分机构关联交易审查不到位，表现为：关联交易审查不合规、关联交易集中度较高。三是部分机构关联交易内部监督机制不完善，表现为：内部审计监督缺位、集团内关联交易管理不到位。

7. 市场约束方面

一是部分机构信息披露内容不全面、不准确，不同程度存在未逐笔披露重大关联交易类型及金额、未披露外聘中介机构情况、未披露重要员工薪酬信息、未披露风险信息、对股东股权质押冻结情况披露不准确或不充分等情况。二是部分机构负面舆情造成不良市场影响，受到社会高度关注。

8. 其他利益相关者治理方面

一是部分机构利益相关者参与程度有限。二是部分机构社会责任意识仍需提升。三是部分机构消费者权益保护不到位。

【本章小结】

1. 企业组织形式即企业的发起人采用何种方式建立该企业，通常以企业财产关系和企业所承担的法律责任作为划分标准。企业组织形式主要有三种，即个人独资企业、合伙企业以及公司制企业。

2. 保险人的组织形式主要有四种，即保险公司、合作保险组织、专业自保组织和个人保险人。

3. 保险公司是现代保险业中最基本、最常见的组织形式。保险公司主要分为保险股份有限公司和保险有限责任公司，而国有独资保险公司是保险有限责任公司的特殊形式。

4. 保险股份有限公司与保险有限责任公司的共同点主要包括：股东对公司承担有限责任，股东的财产与公司的财产相分离，公司对外以全部资产为限承担责任。两者的不同点主要表现为：股权表现形式差异、股东人数不同、设立方式及流程不同、组织机构设置规范化程度不同、股权转让与股权的流动性不同。

5. 合作保险组织是面临共同风险的个人或单位，为了获得保险保障，共同设立的一种以合作方式办理保险业务的组织，它充分体现了保险的互助性，是保险业特有的组织形式。合作保险组织的形式有相互保险公司和非公司形式的相互保险社、保险合作社、交互保险社。

6. 从 1949 年中华人民共和国成立至今，我国保险公司组织形式经历了由单一向多元化转变的发展历程。

7. 组织结构是组织中正式确定的，使工作任务得以分解、组合和协调的框架体系。保险公司组织结构的基本类型主要有五种，即直线型组织结构、职能型组织结构、直线职能型组织结构、事业部型组织结构和矩阵型组织结构。

8. 狭义的保险公司治理是指保险公司股东对经营者的一种监督与制衡。广义的保险公司治理不局限于股东对经营者的制衡，而是拓展到更为广泛的利益相关者(包括股东、投保人、债权人、雇员、政府等与公司有利益关系的主体)。

9. 保险公司治理机制由内部治理和外部治理构成。内部治理主要由股东、董事会、监事会、经理层之间的权力责任及制衡关系组成。保险公司的外部治理机制主要包括产品市场、经理人市场、资本市场、并购市场以及市场中的独立审计评价机制。

10. 与一般公司治理相比，保险公司治理在治理目标、治理原则、风险管理、监管等方面存在特殊性。

11. 以股权结构和治理机制作为划分标准，目前国际上最典型的保险公司治理模式主要有外部控制主导型模式和内部控制主导型模式。

12. 从 1980 年中国保险业的恢复至今，我国的保险公司治理可分为以下发展阶段：行政型治理阶段(1980—1995 年)、治理理念导入阶段(1996—2000 年)、治理主体股改与上市阶段(2001—2005 年)、治理规范发展阶段(2006—2008 年)、治理全面发展阶段(2009—2016 年)、治理深化发展阶段(2017 年至今)。

【本章思考题】

1. 保险股份有限公司为何能成为当今世界最普遍的保险人组织形式？

2. 比较分析保险股份有限公司与保险有限责任公司的异同点。

3. 国有独资保险公司具有哪些特点？

4. 比较分析相互保险社与保险合作社的异同点。

5. 相互保险公司与保险股份有限公司在哪些情况下会相互转化？

6. 大型企业集团为什么要建立专业自保公司？

7. 目前我国保险人的组织形式有哪些？

8. 保险公司组织结构的基本类型有哪些？各自具有什么特点？

9. 保险公司内部治理机制与外部治理机构分别由哪些内容构成？

10. 保险公司治理外部控制主导型模式和内部控制主导型模式分别具有哪些特点？

【本章参考文献】

[1]陈传明，徐向艺，赵丽芬．管理学[M]．北京：高等教育出版社，2019.

[2]郝臣．中国保险公司治理研究[M]．北京：清华大学出版社，2017.

[3]李曦辉．企业组织管理理论与实务研究[M]．北京：中央民族大学出版社，2017.

[4]梁涛，何肖峰，任建国．相互保险组织运作及风险管理研究[M]．北京：中国金融出版社，2017.

[5]张宗虎．组织结构设计实务与范例[M]．北京：人民邮电出版社，2014.

[6]中国人保集团战略管理部课题组．国有金融保险集团公司治理模式研究[J]．保险理论与实践，2021（8）：1-16.

第三章　保险公司的营销管理

【本章知识结构导图】

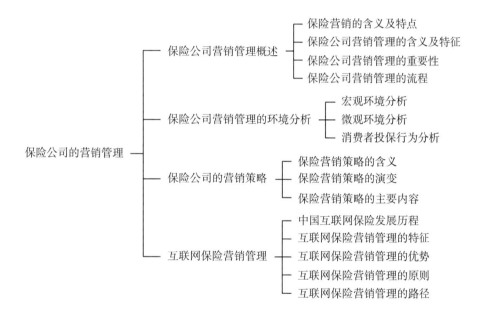

第一节　保险公司营销管理概述

一、保险营销的含义及特点

(一)保险营销的基本概念

所谓保险营销，就是保险公司在充分了解消费者保险需求的基础上，利用险种、费率、保险促销等组合手段去满足顾客需要，从而实现公司经营战略目标的一种保险经营活动。保险营销的思想是现代市场营销理论在保险经营管理中的运用，但保险营销并不是一般营销理论的简单应用。从市场营销的角度来看，保险产品的整体概念同其他产品一样，由核心产品、形式产品和附加产品三个层次构成。但保险营销不仅有别于有形商品的营销，而且与其他无形商品的营销也有很大的差异。这是由保险商品本身的特点决定的。

理解保险营销的含义要注意以下两点：第一，保险营销是一个动态的管理过程，是一个险种从设计前的市场调研到最终转移到保险消费者手中的一个整体过程，而不是某一个孤立的阶段。第二，保险营销不等于保险推销。保险推销是将保险产品功能充分向销售对象进行说明，并引导销售对象与保险机构达成保险合同的一种行为。保险推销仅仅是保险营销过程中的一个阶段。

(二) 保险营销的特点

保险商品的特殊性决定了保险营销的特点，具体表现为：

1. 服务性

保险营销是一种特殊的服务性活动。这种服务性活动不仅表现为在投保人投保之前，保险营销人员应根据其保险需求，帮助其设计保险方案，为其选择适当的保险险种；而且还表现为在投保之后，保险营销人员应根据投保人需求的变化和新险种的出现，帮助投保人调整保险方案，确保投保人财务稳定，或在保险事故发生后，迅速合理地理赔。可见，优质的服务是保险营销的基础。

2. 专业性

高质量的保险营销需要高素质的专业营销人员。他们不仅要具备保险专业知识，还应懂得如经济、法律、工程、机械、医学、社会学、心理学等相关的知识。对保险消费者而言，购买保险并不纯粹是一种消费行为，更重要的是一项风险管理计划、投资计划、财务保障计划。保险营销人员需要运用其丰富的知识，结合不同客户的心理特征，帮助客户认识自身面临的风险，为客户设计合理的财务保障方案。保险营销人员拥有丰富的专业知识是高质量保险营销的前提。

3. 保险营销的起点是客户的需求

保险营销的起点是发现和挖掘消费者的保险需求，其终点是满足消费者的保险需求，这是一个循环往复的过程。马斯洛的需求层次理论阐明了人类的需要层次和需求取向，只有在人们满足了基本的生存需求后，才可能产生对安全的需求。保险正是为了满足人类规避风险的需要而产生的。一旦脱离消费者的需求，保险就失去了存在的意义。

4. 保险营销的核心是社会交换过程

保险营销表现为一种交换过程，是保险人与投保人为实现各自的目标而进行的交换。保险营销活动离不开市场，它是以保险产品为交易对象，以保险市场交易活动为中心，从而实现保险公司目标的一系列行为。

二、保险公司营销管理的含义及特征

(一) 保险公司营销管理的含义

保险公司营销管理是指为了实现保险公司目标，建立和保持与目标市场之间互利的交换关系，而对营销活动实施的计划、组织、指挥、协调和控制的全过程。

保险公司营销管理的核心在于提升保险营销的效率。保险公司营销管理对保险公司的品牌竞争力、市场地位、阶段发展目标等都有重要的影响。放眼全球保险市场，营销管理在保险公司经营管理中的地位日趋突出，全球知名的保险公司普遍立足于发展战略的高度来制定营销管理战略。

(二) 保险公司营销管理的特征

1. 计划性

计划性是指保险公司营销管理部门在研究目前保险营销管理状况（包括市场管理状况、产品管理状况、竞争管理状况、分销管理状况和宏观环境状况等）的基础上，分析公司面临的机会与威胁、优势与劣势，确定财务目标与营销目标、营销战略、营销行动方案。保险营销管理的计划性是保险公司将营销引入营销管理计划的过程，一项营销管理计划是一系列特殊的、详细的、对行动进行定向分解的战术。

2. 控制性

保险营销管理的控制性是指保险营销管理部门以营销计划为依据，通过绩效评审与信息反馈，对营销计划和营销策略进行跟踪并适时加以修正和调整的过程。尽管管理学家通常把控制作为管理的一个职能，但从营销管理组织系统角度来看，营销管理的过程其实就是一个控制过程。

保险营销控制与保险营销计划相结合，形成了一个完整的保险营销管理信息系统。一方面，保险营销控制必须以保险营销计划为前提。营销管理部门在进行绩效考评时，需要将实际营销执行结果与营销计划中的业绩标准进行对比，来判断行动计划是否符合营销目标。从而让管理者知道销售是符合、超过还是低于计划，广告的影响或同业促销的影响是增加、稳定还是下降，保费收入与费用的比率是提高、持平还是减少。另一方面，保险营销控制又可为今后保险营销计划的调整与修订提供依据。如果实际业绩达不到预定业绩目标，可能是计划不现实或难以实现，或者是营销环境发生了不可预料的变化，影响了公司营销策略的实施。通过分析出现偏差的原因，营销管理者可以采取措施来改变这种情况。例如，改变执行策略的行动计划、以不同方式实施行动计划或者制定新策略、修改计划目标、改变目标中设定的业绩标准等。

3. 组织性

保险公司可以用多种方式组织其营销管理活动，每一家公司应该选择最适合其管理和营销理念、规模、产品、分销渠道、目标市场和其他特征的组织结构。保险公司的营销管理需要由一个独立的职能部门来实施。保险公司可以根据实际情况进行选择。保险公司组织营销管理运作的方式直接影响其实施和执行营销管理及其策略的能力以及对外部环境变化作出反应的能力。营销管理决策者以及具体营销管理活动的实施者决定了营销管理部门组织性的强弱。保险公司营销管理组织的结构、人员、活动应该是有效的，保险公司要有明确的目标和为实现这一目标构建的有效的营销管理组织机构。

4. 差异性

保险产品和服务不具有核心技术的独占性，也不受专利保护，极易模仿。任何一款新产品和一项服务新举措都可以在较短的时间内引进、移植或改造。想要通过产品和服务的差异性来展示公司的独特性，在保险行业极其困难。不同的保险公司主要依赖于营销管理的差异化而显现其不同的特征，不同保险公司的保险营销计划、保险营销组织与营销管理控制方法有各自的模式，进而通过其营销管理理念传播、营销管理组织的效率、营销人员行为等体现公司的差异性。

5. 灵活性

保险消费者遍及社会的各个层次，保险公司营销管理所针对的目标群体也因此具有广泛的社会普及性。消费者需求和保险产品的多元化，既要求保险公司在营销服务上具有广泛的适应性，同时又要求保险公司在营销手段和策略上具有针对性和灵活性。

三、保险公司营销管理的重要性

营销不仅是企业成功的关键，也是推动市场经济发展和社会进步的重要力量。保险公司营销管理在销售增长、客户满意、品牌形象、市场份额、创新竞争力、社会影响力以及经济和就业方面都具有重要性。

(一)促进销售增长和业务发展

保险营销是推动销售增长和保险业务发展的核心动力。通过有力的营销策略和活动，保险公司可以吸引更多的客户，促成更多的销售，从而实现保险业务的持续增长。

(二)提高客户满意和忠诚度

保险营销的目标是为客户提供有价值的保险产品或服务，满足他们的需求。满意的客户更有可能保持忠诚，并成为品牌的忠实推崇者，为保险公司带来持续的口碑传播和重复购买。

（三）提升品牌形象和认知度

保险营销是塑造保险公司品牌形象和提升品牌认知度的重要手段。通过推广宣传、社交媒体营销、公评活动等，保险公司可以向消费者传递品牌理念，增强品牌认知度和影响力。

（四）获取竞争优势和市场份额

通过差异化的产品或服务以及创新的营销策略，保险公司可以赢得竞争优势，提高市场份额，从而在竞争激烈的市场中取得优势地位。

（五）拓展新市场和客户群体

营销是保险公司拓展新市场和客户群体的重要途径。通过市场调研和定位策略，保险公司可以开发出适合不同市场和消费者的产品或服务，拓展业务范围。

（六）创造社会价值和影响力

保险营销活动不仅影响保险公司，还会对社会产生主动的影响。通过传递正面价值观和社会责任，保险公司可以树立良好的社会形象，赢得公众认可和尊重。

四、保险公司营销管理的流程

保险公司营销管理流程包括营销机会甄别、市场调查与预测、市场细分与选择、制定营销策略、组织实施营销计划、售后服务等环节。

（一）营销机会甄别

分析市场环境、寻找营销机会是保险营销管理活动的起点。营销机会是营销环境中存在的对保险公司的有利因素，一个市场机会能否成为保险公司的营销机会取决于公司的目标和资源。营销管理部门需要对公司整体的经营目标、公司的禀赋加以通盘考量，从各种市场机会中甄别出属于公司的营销机会。

（二）市场调查与预测

市场调查与预测是指为了形成特定的市场营销决策，采用科学的方法和客观的态度，对市场营销有关问题所需的信息，进行系统的收集、记录、整理和分析，以了解市场活动的现状和预测未来发展趋势的一系列活动过程。

保险市场调查的目的主要是明晰保险需求及其发展趋势。市场调查的程序包括确定调查目的、调查计划、调查方法、对掌握的数据进行分析、撰写调查报告等。保险市场预测管理即对保险市场预测进行科学有效的跟踪和动态管理，包括目标市场容量的预测管理。保险市场预测管理通常需要经过六个步骤：明确预测管理目标、确定预测管理计划、确定预测管理时间和方法、收集预测管理资料、分析预测管理结果、整理预测管理报告。

(三) 市场细分与选择

保险公司不可能在大型、广泛或多样的市场中与所有顾客都建立联系，也不可能占领保险市场的全部领域。每家保险公司只能根据自身资源禀赋、经营优势及市场定位占领特定市场，这就需要保险公司对市场进行细分并确定目标市场。

市场细分就是依据保险购买者对保险产品需求的偏好以及购买行为的差异性，把整个保险市场划分为若干个需求愿望各不相同的消费群，即"子市场"。在市场细分的基础上，保险公司可以根据自身的特点和比较优势选择适合的目标市场。一般而言，保险公司首先要对市场进行评估，再选择一个或几个细分市场作为目标市场，然后确定占领市场的策略。

(四) 制定营销策略

保险营销策略主要有险种策略、费率策略、销售渠道策略和保险促销策略。险种策略是根据保险市场的保险需求制定的，包括新产品开发策略、险种组合策略、产品的生命周期策略等。费率策略包括定价方法、新险种费率厘定等。销售渠道策略是对将保险产品送达保险消费者的渠道决策。保险促销策略是指促进和影响人们购买行为的各种手段和方法，如线上线下促销、广告促销和公共关系促销等。

保险公司的营销策略主要是从顾客、成本、便利、沟通四个方面进行营销活动的组合策略。利用这四种角度的组合，可以提升公司和顾客的全面认识，增强两者之间的相互关系，建立相应的共同利益。

(五) 组织实施营销计划

组织实施和控制营销计划是保险公司营销管理中的核心环节。一方面，保险公司应设立管理和检查市场营销计划执行情况的机构(部门)，保险公司的营销部通常承担该项职责；另一方面，保险公司要用有效的手段来保证营销计划的实现。

（六）售后服务

保险售后服务即客户在购买保险后可享受到的保险服务，其目的是维护老客户，并在此基础上拓展保险市场，销售保险产品。保险售后服务主要工作内容包括：接受客户的咨询，为客户提供有关保险产品的详细资料和建议；收集客户的保险申请，并确保申请资料的准确性；处理客户的理赔申请，包括核实客户的资料、收集相关资料，并协助客户进行理赔；对客户投保的保险产品进行有效的管理，确保客户的利益得到充分保障；定期与客户进行沟通，及时反馈保险产品的变动情况，并及时解答客户的疑问；维护客户关系，及时处理客户的投诉和建议，并及时跟进客户的服务需求。

第二节　保险公司营销管理的环境分析

保险公司的营销管理与其经营环境密不可分。保险公司营销管理的环境是指影响保险公司营销管理活动的因素总和。根据保险公司对环境因素的可控度，其营销管理环境可分为宏观环境和微观环境。

一、宏观环境分析

所谓宏观环境，就是指给保险公司带来市场机会和影响的主要社会因素，包括人口环境、经济环境、政治法律环境、文化环境和科学技术环境。宏观环境是保险公司不可控的外部环境因素。

（一）人口环境

人口环境指人口的规模、密度、地理分布、年龄、性别、家庭、民族、职业等。人口状况如何将直接影响到保险公司的营销策略和营销管理，尤其是人身保险市场的营销管理与一国人口环境的联系更为密切。

（二）经济环境

经济环境是指保险企业与外部环境的经济联系，是影响企业营销管理活动的主要环境因素。经济环境因素包括供给、需求、经济信息、国民经济增长状况、收入变动、货币供给等，它也包括一个国家或地区的各项经济指标。保险公司应当关注所在国家或地区的经济发展变化，适时调整保险营销管理策略。

(三)政治法律环境

政治法律环境主要是指与保险营销管理有关的国家方针、政策、法令、法规及其动态变化，以及有关的政府管理机构和社会团体的各种活动。任何国家或地区的政治局势和政策法规与国家或地区外的政治局势和政策法规的变化，都会给保险营销管理带来影响。

(四)社会文化环境

社会文化环境是指一个国家或地区或民族的文化传统，如风俗习惯、伦理道德观念、价值观念、宗教信仰、法律、艺术等。保险营销管理者要了解和熟悉不同的社会文化环境以制定适合的营销管理策略。

(五)科学技术环境

科学技术给人类的生活带来了革命性的变化。新技术、新产品的问世，一方面将会降低原有风险，给保险公司带来源源不断的经济利益；另一方面，它也会给保险公司带来一些新的风险，为保险公司营销带来新的机会。保险公司可以利用科技的强有力支持，分析和预测风险发生的概率，厘定更加科学合理的费率，同时提供更加便捷的保险服务。随着科学技术的不断发展，更多的先进技术业将让营销管理变得更加简单、便捷。

二、微观环境分析

保险营销管理的微观环境是指与保险公司紧密相连、直接影响保险公司营销能力和效率的各种力量和因素的总和，主要包括公司内部环境、保险中介人、保险消费者、竞争对手、社会公众及供应商等。

(一)公司内部环境

保险公司是一个系统组织，除营销部门之外，保险公司通常还设有承保、理赔、投资、技术、人事、财务等部门。保险公司内部各职能部门的工作及其相互之间的协调关系，直接影响公司的整个营销活动。

由于各部门各自的工作重点不同，营销部门与其他部门之间既有多方面的合作，也经常会产生矛盾。因此，保险公司在制订营销计划、开展营销活动时，必须协调和处理好各部门之间的矛盾和关系。

(二)保险中介人

一个成熟的保险市场不只是保险企业与保险购买者两者的简单组合，它还需要有保险中介人活跃其中。保险中介人包括保险代理人、保险经纪人和保险公估人等。在保险营销过程中，保险中介人的主要功能是帮助保险公司推广和销售保险产品。通过有关保险中介所提供的服务，保险公司能够把产品顺利地送达目标消费者手中。

(三)保险消费者

消费者是保险公司营销活动的最终目标市场，现代营销强调把满足消费者需要作为营销管理的核心。消费者对保险公司营销的影响程度远远超过前述的环境因素。消费者是保险公司市场的主体，任何公司的产品和服务，只有得到了消费者的认可，才能赢得这个市场。

(四)竞争对手

竞争是商品经济的必然现象。在商品经济条件下，任何企业在目标市场进行营销活动时，不可避免地会遇到竞争对手的挑战。保险公司竞争对手的状况将直接影响公司的营销活动。如竞争对手的营销策略及营销活动的变化就会直接影响公司营销，最为明显的是竞争对手的产品价格、广告宣传、促销手段的变化，以及产品的开发、销售服务的加强都将直接对保险公司造成威胁。为此，保险公司在制定营销策略前必须先分析清楚竞争对手的情况，特别是同行业竞争对手的生产经营状况，做到知己知彼，有效地开展营销活动。

(五)社会公众

社会公众是与保险公司营销活动发生关系的各种群体的总称。公众对保险公司的态度，会对其营销活动产生巨大的影响。它既可以有助于保险公司树立良好的形象，也可能妨碍保险公司的形象。因此，企业必须处理好与主要公众的关系，争取公众的支持和偏爱，为自己营造和谐、宽松的社会环境。保险公司营销管理所涉及的社会公众主要包括：外部公众，如媒介公众、政府公众、社团公众、金融公众等；内部公众，即保险公司内部的职工、股东及管理者等。

三、消费者投保行为分析

消费者行为研究是营销决策和制定营销策略的基础。投保行为是指消费者在投保过程中外现的各种活动、反应与行动。投保人的投保动机主要分为经济动机和心理动机。

(一)经济动机

当保险产品提供的保险保障与其价格符合消费者在自身经济利益上的追求时，这类产

61

品就能够促进消费者的投保行为。针对投保人的经济动机进行有针对性的分析，保险公司会更加注重保险公司费率策略的制定，保持保险公司在保险费率方面的竞争力，以吸引更多消费者投保。此外，还可根据消费者的经济状况，提供适宜的保障范围和保障程度，满足其对保险产品的需求，使消费者感觉到购买保险产品是物有所值的经济活动。

(二) 心理动机

心理动机是由人们的认识、情感、意志等心理过程引起的行为动机。保险消费者投保行为的心理动机主要包括以下四种：

(1)情绪动机。情绪动机是由人的喜、怒、哀、欲、爱、恶、惧等情绪引起的动机。例如，因身边有亲人、朋友得了重病就急于投保重大疾病保险。这类动机常常是被外界刺激信息所感染，所投保的保险产品并不是生活必需或急需，事先也没有计划或考虑。情绪动机推动下的投保行为具有冲动性、即景性的特点。

(2)情感动机。情感动机是道德感、群体感、美感等人类高级情感引起的动机。例如，因为想给家人提供风险保障而投保人身保险。这类动机推动下的投保行为一般具有稳定性和深刻性的特点。

(3)理智动机。理智动机是建立在人们对保险的客观认识之上，经过比较分析而产生的动机。这类动机对欲购保险产品有计划性，经过深思熟虑，投保前做过一些调查研究。理智动机推动下的投保行为具有客观性、计划性和控制性的特点。

(4)惠顾动机。惠顾动机是指基于情感与理智的经验，对特定的保险公司、品牌或保险产品等产生特殊的信任和偏好，使消费者重复地、习惯地前往购买的动机。例如，有的消费者一直在同一家保险公司投保。这类动机推动下的投保行为具有经验性和重复性的特点。

第三节　保险公司的营销策略

一、保险营销策略的含义

保险公司营销策略是保险公司以顾客需要为出发点，根据保险市场现实和潜在需求，有计划地组织各项经营管理活动，通过相互协调一致的险种策略、费率策略、渠道策略和促销策略等，为顾客提供满意的保险产品和服务，从而实现保险公司经营目标的过程。

营销政策对保险公司具有重要的意义，具体表现为以下三点：第一，为保险公司带来市场竞争优势。制定恰当的营销策略可以有针对性地满足消费者的需求，让保险公司更具市场竞争力。第二，提高销售效益和市场占有率。营销策略的优化可以提高保险产品的销售率，增加保费收入，扩大保险公司与市场的联系。第三，推进保险公司品牌建设。营销策略可以强化保险品牌形象，提升品牌忠诚度，产生口碑效应。

二、保险营销策略的演变

随着商品经济的快速发展，保险市场不断地推进着相关观念的变化，保险营销策略也随之而改变。保险营销策略经历了产品导向阶段、销售导向阶段、市场导向阶段和价值导向阶段。

(一)产品导向阶段

20 世纪 60 年代以前，保险公司采用产品导向策略。产品导向策略认为，消费者最关心的是产品的价格，所以保险公司营销策略的核心是提高经营效率，降低成本，以提供低成本的保险产品。

(二)销售导向阶段

20 世纪 60—70 年代，保险市场供需开始逐渐趋向平衡。保险公司非常重视保险产品的销售业绩，实行营销战略，通过广告宣传等手段促进保险产品的销售，但仍未真正考虑消费者的需求。

(三)市场导向阶段

20 世纪 80 年代，保险市场上出现了大量中小型保险公司，保险市场供需转为买方市场，以市场为导向的营销策略在这个时候逐渐成熟。保险公司在开发保险产品时，首先要考虑消费者的保险需求，将消费者视为营销战略的核心，采取差异化竞争战术，根据不同的消费者需求制定个性化的营销策略。

(四)价值导向阶段

21 世纪初，保险转向价值导向的营销策略，着重提供消费者价值。不仅仅是保险产品本身，还包括售后服务、企业社会责任等方面。通过保险营销带来了更多的品牌忠诚度和口碑效应。

三、保险营销策略的主要内容

1960 年，美国市场营销专家麦卡锡(E. J. Macarthy)教授在总结营销实践经验的基础上，提出了著名的 4P 营销策略组合理论，即产品(Product)、定价(Price)、渠道(Place)、促销(Promotion)。长期以来，保险公司的营销策略主要包括保险产品策略、保险定价策略、保险营销渠道策略以及保险促销策略。

(一)保险产品策略

所谓保险产品策略，指保险公司制定经营战略时，首先要明确自身能提供什么样的保险产品和服务去满足消费者的要求。保险产品策略主要包括险种开发策略、险种组合策略等。其中，险种开发策略又包括险种创新策略、险种模仿策略。多数公司采用险种模仿策略和险种组合策略。值得注意的是，保险产品从本质上看是一种服务，保险产品营销也就是服务营销。保险产品服务除了具有一般服务的特点外，还具有独特的风险性和长期性的特点。

当前我国保险公司在保险产品策略方面存在的主要问题是，不能及时矫正由于顾客导向不明确导致产品策略出现的结构性偏差。顾客导向要求企业决策以顾客需求为基本前提。在保险业发达的国家，保险公司的产品设计遵循需求导向原则。而我国保险公司在了解客户保险需求方面所做的市场调研和市场分析不足，所设计开发的险种尚不能很好地满足市场需要。虽然市场上新的保险产品不断涌现，但模仿的多、趋同的多，有特色的少、技术含量高的少、真正形成品牌的少。为了抢时间、抢市场，急功近利、仓促推出不成熟的新产品的现象时有发生。保险产品同质化严重，保险供求失衡。

(二)保险定价策略

价格通常是影响交易成败的重要因素，同时又是市场营销组合中最难以确定的因素。与普通产品基于成本的定价方法不同，保险产品的定价必须建立在大数法则的基础之上，坚持收支平衡，根据风险发生率、死亡率、利率和费用率等因素，运用精算技术厘定保险产品价格。

保险定价策略管理就是要防范和控制精算风险，使保险产品的价格与价值基本相符，理性参与市场竞争。我国的保险业起步较晚，精算水平落后于保险业发达国家。我国保险产品的定价还不够精细，风险分类标准较粗，忽视了不同客户群在风险特征和风险水平上的差异以及不同地区之间的风险差异。此外，保险业务数据统计口径的不一致，在一定程度上也影响了保险产品费率的厘定。

(三)保险营销渠道策略

保险公司营销渠道策略主要分为直接营销渠道策略和间接营销渠道策略。各公司在发展的不同时期会采用不同的营销渠道策略，也会因为产品的不同特点匹配不同的营销渠道。在改革开放后我国保险业恢复初期，各公司主要采用的是直接营销渠道策略，但目前各公司主要采用间接营销渠道策略。保险公司主要业务来源于个人代理人以及银行保险等渠道。

保险营销渠道策略管理要根据公司的目标、资源禀赋、市场定位以及产品特点科学选择、合理匹配保险营销渠道，实现以最小的渠道建设投入获得最大的回报。保险公司在营销渠道策略方面普遍存在盲目追求市场扩张现象，缺乏策略意识。保险公司由于忽略了准确的目标市场定位，与渠道建设中大量的人、财、物投入相比，各保险公司并未通过渠道建设取得理想的市场份额和竞争优势。随着金融一体化进程的加快，依仗某一种营销渠道的模式已不适应时代发展的要求，保险公司需要构建立体式、多层次的营销渠道体系，实现营销模式的新突破。

(四)保险促销策略

保险促销策略包括价格促销、服务促销、产品促销等。保险促销策略管理就是要合理使用、搭配上述促销手段，实现营销目标。在人员推销、公共关系与营业推广等促销方式的选择上，应以最小的投入获取最大的回报。

保险营销管理人员的任务，就是将各种策略进行合理搭配、组合和互补，形成促销的合力，把以保险商品使用价值为核心的信息传送到目标市场，说服顾客购买保险商品。保险营销管理应该对各种促销形式做出合理的设计和安排。保险营销管理还应该善于运用各种促销手段的配合，取得事半功倍的营销效果。

第四节　互联网保险营销管理

以移动智能设备、互联网、大数据等新兴技术高速普及为标志的数字化浪潮冲击着传统的保险营销模式。在此过程中，互联网的"数据产生""数据采集和传输""数据处理应用"正逐渐替代传统销售渠道中"触及客户""连接客户""赢得客户"三个基本环节，颠覆性地改变着传统保险营销模式。"互联网+"背景下保险公司的营销管理将更关注消费者的个人价值观和行为特征，提供定制的个性化保险产品和服务。

一、中国互联网保险发展历程

从互联网保险发展历程看，我国的互联网保险经历了萌芽期、起步探索期、全面发展期、规范发展期，呈现出螺旋式上升的发展过程。

（一）萌芽期（1997—2003 年）

1997 年，我国第一个面向保险市场和保险公司内部信息化管理需求的网站——互联网保险公司信息网正式开放，并在开放当天就收到很多客户的投保意向，形成了第一张在互联网平台上销售的保单，标志着我国保险业正式迈进互联网保险的大门。2000 年 9 月 22 日，中国第一家保险电子商务网站"泰康在线"正式开通，推出 30 多个险种，实现了保险全流程的网络化以及保险与互联网的高度融合。截至 2003 年末，我国互联网网民数量达到 8000 多万人。从 2000 年开始，很多保险公司建立起了自营官方网站，发布保险产品的相关消息并进行对外宣传。由于消费者对互联网保险的了解程度尚浅，信任度也不够高，所以此阶段大部分保险公司还只是利用网络平台宣传保险产品，并未实现保险业务全流程的网络化。

（二）起步探索期（2003—2007 年）

随着阿里巴巴等电子商务平台的兴起，我国互联网市场掀起了新一轮发展热潮。随着互联网市场的发展，互联网保险开始出现市场细分，保险中介类网站开始在市场上活跃起来，一些互联网平台如慧择网、向日葵网等受到了资本的关注和青睐。在资本和技术的推进下，互联网保险的发展不断提速，市场竞争也日趋激烈。政府对保险行业信息化和保险电子商务的发展给予了高度重视，并出台了相关政策予以支持。随着相关政策法律的不断完善，互联网保险的发展步入快车道。但由于保险公司的传统保险业务依旧占比较大，而互联网保险业务盈利规模相对较小，互联网营销管理的战略价值尚未充分显现，大部分中资保险公司依旧以传统营销渠道为核心。

由于互联网技术的发展，加之互联网环境和网购热潮的影响，我国网民规模从 2003 年的 8000 多万人增长至 2007 年的 2.1 亿人，第三方支付开始进入市场。2004 年，《中华人民共和国电子签名法》的颁布规范了电子签名行为，电子签名法律效力的确立标志着互联网保险进入加速发展阶段。由于此阶段网民规模迅速扩大，一部分消费者也开始倾向于通过互联网平台来获取保险产品和服务，同时各家保险公司也逐步开始了对保险互联网营销模式的探索。在网民数量稳步增长的基础上，线上消费人数呈几何级增长，网购用户逐步显现年轻化、高学历化特征，且具有一定的消费能力。在资本加持下，慧择网等以保险信息服务和保险中介为主要经营业务的保险电子商务平台获得了长足的发展。

（三）全面发展期（2008—2014 年）

在互联网保险的全面发展期，各家保险公司以官网、网上商城、第三方电子平台等多种方式开展互联网业务，保险互联网营销渠道走向规范化、专业化。截至 2009 年末，保险行业互联网保险保费总收入达 77.7 亿元，其中财险保费收入 51.7 亿元，人身险保费收入 26 亿元；截至 2010 年末，我国互联网用户高达 4.57 亿人。这个时期保险网络化已经不再是简单地将保险产品放到网络上进行售卖，而是从投保到后期服务的多流程网络化，充分挖掘消费者在互联网金融时代应运而生的保险需求，并设计出相应的产品和服务去满足其需求。随着时代的发展，以及整个保险行业环境的变化，保险营销方式逐渐多元化。互联网保险行业已具备相当规模，创新的技术发展和大众化的网络普及为我国互联网保险行业的发展营造了良好的发展环境。

2014 年 8 月，"新国十条"的颁布给保险业转型发展指明了新方向，政府鼓励保险公司运用先进互联网技术进行产品创新，大数据、区块链等技术的应用给保险行业带来更多可能和无限潜力。移动端的发展热潮和网络消费者的年轻化促进了互联网保险营销的爆发式发展。经过 2008—2014 年这段时间的全面发展，保险业对互联网保险的营销管理、风险管理、数据积累等积攒了一定的经验，并建立了一套完整的互联网保险营销管理体系，形成了互联网保险的经营模式。

(四)规范发展期(2015 年至今)

2015 年后，监管机构陆续发文规范互联网保险行业，对互联网保险经营中出现的乱象和骗局加强了治理力度。2015 年，原保监会发布了《互联网保险业务监管暂行办法》，着重强调了互联网保险业务持牌经营等方面的要求。2016 年，原保监会联合中宣部等多个部门联合印发了《互联网保险风险专项整治工作实施方案》，以更严格的标准和更大的打击力度对互联网保险的乱象进行整治。2020 年 9 月，银保监会发布了《互联网保险业务监管办法(征求意见稿)》。新规的发布有利于进一步推进保险行业规范化发展，强调持牌经营原则将推动行业集中度进一步提升。这将利好专业互联网保险公司、头部互联网保险销售平台和行业龙头企业。2020 年以来，我国《促进大数据发展行动纲要》《关于积极推进"互联网+"行动的指导意见》等一系列政策相继出台，互联网、大数据、云计算等科技在保险领域的应用日益深入，大大促进了我国互联网保险的发展。

2011—2015 年，互联网保险保费规模持续保持 150% 以上的年增长率。2016 年以来，互联网保险发展速度有所放缓，也暴露出了一些行业乱象，随着监管体系的不断完善，互联网保险在经历了 2016—2018 年的低谷期后，在 2019 年恢复至两位数增长，进入新一轮的规范发展阶段。但总体来看，我国目前的互联网保险渗透度不足 10%，仍处于较低水平(见图 3-1)。

在新技术迭代更新的影响下，一方面，互联网衍生出的场景逐渐增多，场景风险表现形式趋向多样化，将催生出更多的消费场景风险管理需求，互联网保险场景化产品体量将迎来井喷式增长。另一方面，未来互联网场景与保险的联系有望得到进一步挖掘，保险产品的定制化市场规模逐步扩大，互联网场景保险将迎来无限商机。随着互联网创新的爆发和互联网行业的细分，互联网保险更加完善，不仅实现了全过程线上化，且将更多的移动智能终端纳入保险产业链。

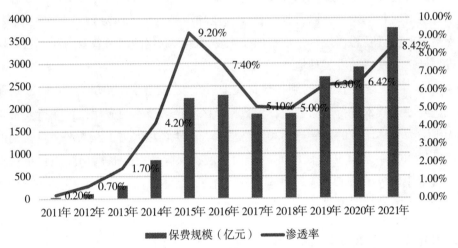

图 3-1　2011—2021 年我国互联网保险的保费规模与渗透率

资料来源：中国社会科学院金融研究所，中国社会科学院保险与经济发展研究中心课题组：2023 年中国互联网保险理赔服务创新报告. http：//ifb. cass. cn/wap/xscg_128599/lwbg/202305/W020230527596044580909. pdf.

二、互联网保险营销管理的特征

互联网保险营销是一种以计算机互联网为媒介的新兴保险营销模式。相较于传统的保险营销管理，互联网保险营销管理具有以下特征：

（一）高效性与时效性

在互联网保险营销管理过程中，管理部门能随时通过互联网迅速及时地对保险营销进行监督、调整等，解除了传统营销部门和营销人员工作时间和工作地点的限制，给保险公司的营销管理带来了高效性与时效性。同时客户可以通过网页上的自动报价功能对比各公司产品价格，选择适合自身且价格最优的产品进行购买。这种优胜劣汰的模式可促使保险公司强化客户体验度，不断提高产品和服务竞争力。

（二）流程标准化和透明化

传统保险实行保险代理人面对面的推销模式，而互联网保险将产品信息置于互联网平台，投保人需要自己理解保险条款的内容并决定其保障范围是否适合，并自主在网站上完成投保和支付流程。互联网保险退保率降低，后续纠纷少。

(三) 经济性

保险公司营销管理可以通过互联网这一媒介来降低营销成本，提高利润。互联网营销管理的经济性及由此带来的显著效果正日益显著。促成网络营销具有明显经济性的因素是多方面的，例如，资源的广域、交易双方沟通的便捷、市场开拓费用的锐减、无形资产在网络中的延伸增值，等等。互联网保险的交易及服务均通过互联网进行，抛弃了人海战术，充分利用客户的主观能动性，跳过传统模式中业务员或代理人的中间环节，节省了佣金和手续费支出，有明显的价格优势。

(四) 电子化

互联网保险营销管理的全流程都可在线上进行，营销计划管理电子化、营销组织管理电子化、营销控制管理电子化等。在传统保险营销模式中，投保时业务员需要亲自上门辅助投保人填写投保书，再将投保书和保费交回公司，由核保人员审核无误同意承保后打印好纸质保单，再由业务员交到投保人手上。互联网保险避免了传统承保过程中的诸多弊端，能够及时且精确地交互双向数据信息，投保人投保十分便捷。

总之，互联网保险营销管理的价值得益于互联网。当然，技术是中立的，互联网作为一种技术手段和营销管理工具所发挥的作用也具有双重性。互联网是一种中立的竞争工具，一方面顾客在网上能够获得更多的替代产品和价格信息，从而获得购买的主动权；另一方面，互联网降低了竞争者的进入门槛，削弱了企业的竞争力。互联网保险营销管理利用互联网来实现，同样能被竞争对手所利用。

三、互联网保险营销管理的优势

与传统的保险营销管理相比，互联网保险营销管理的优势显然易见。

(一) 简化营销管理流程

互联网技术能够将保险公司营销管理流程简化、压缩。保险公司可以通过互联网针对营销活动进行设计、规划、协调、实施，以统一的传播渠道将信息传达给营销管理人员和消费者，然后以网上订单的方式将相关信息传递给消费者。互联网时代衍生出了多种媒体信息传播渠道，无论是对营销过程的管控还是向消费者传达信息都可以有更多途径，可根据群体特征进行选择或者搭配。

(二)降低营销管理成本

传统的营销管理费用和保险佣金不断增加,降低了产品利润,而通过互联网营销管理可以在很大程度上节约营销管理成本。首先,网络化管理提高了工作效率,能够节约时间成本,减少营销管理成本和固定设备支出。另外,还可以控制管理人员和营销人员的数量,减少保险佣金方面的支出。

(三)营销信息透明化

在传统保险交易过程中,容易因为信息不对称对保险供需双方带来不利影响。互联网保险营销能够极大地减少保险交易中的信息不对称性。一方面,互联网保险营销使消费者能够更加直接地获取产品价格和条款等信息,并可以对多家保险机构提供的产品进行比对。另一方面,保险公司可以通过网络上的客户信息精准预测消费者需求,开发出符合消费者需求的产品。互联网保险营销管理使得保险供需双方的信息透明化,推动保险 C2B(Customers to Business)模式的形成,从而实现以消费者为中心,保险公司根据消费者的需求提供保险产品与服务。

(四)强化客户关系管理

在日益激烈的市场竞争中,客户是保险公司最重要的战略资源之一。客户关系管理是一种旨在改善保险公司与客户之间关系的新型管理模式,是一种重要的经营战略。在传统的营销管理环境下,由于条件的局限,许多保险公司在管理客户资源方面力不从心。在互联网保险营销管理中,通过客户关系管理,将客户资源管理、销售管理、市场管理、服务管理、决策管理融于一体,将原本疏于管理、各自为政的计划、销售、市场、售前和售后服务与业务统筹协调起来。这样能帮助保险公司监控保单的执行过程,规范营销行为,也能了解新老客户的需求,提高客户资源的整体价值;此外,也能够帮助保险公司调整营销管理策略,收集并分析客户反馈的信息,精准提升公司核心竞争力。通过对互联网用户的消费习惯、个人特征、社交习惯等大数据的挖掘,可精准地识别保险潜在客户及其保险需求,并通过互联网平台进行产品推动,提高产品销售成功率。对消费者而言,大大提高了保险购买的便利性。互联网营销策略能够更好地迎合消费者的投保心理和保险需求。利用网上销售,避免了销售人员与投保人之间面对面的尴尬和其他销售形式带来的强行推销的感觉,可以让投保人通过主动选择来实现自己的投保意愿,更好地满足投保人的保险需求。

四、互联网保险营销管理的原则

互联网保险营销管理在实践中,应遵循以下基本原则:

(一)以客户为中心

互联网金融背景下，保险公司营销管理模式应该以互联网思维推动以客户为中心的转型，坚持以客户为中心、用户体验至上的驱动原则，推动公司在售前咨询、售中投保、售后理赔及增值服务方面的互联化，满足消费者个性化升级的保险需求。互联网已将社会生产、消费、个人行为编织在一张密不可分的网络中。营销管理模式的改变，与其说是互联网对商业模式的颠覆，不如说是营销管理模式与互联网的融合。顺势而为、秉承"开放、平等、协作、分享"的互联网精神，才能促进保险业与互联网技术的融合发展。只有抓住互联网思维的精髓与发展本质，才能为企业发展提供源动力。

(二)以产品创新为抓手

保险公司需针对互联网消费者差异化的服务需求，搭建完整的产品服务体系。以标准化产品为基础，量身定制深度服务产品，推出标准化+定制化产品，形成具有多元交易场景、海量业务数据、高增值服务等特点的互联网保险产品体系。同时，保险科技的强感知性、互联互通性、智能化等特性，需要保险公司转变营销管理定位。保险公司在销售保险产品后，不仅要承担风险补偿的责任，还要为客户提供全方位的风险管理服务，根据客户需求为客户提供有针对性的风险管理方案。

(三)以智能运营为支撑

互联网保险背景下，保险公司营销管理模式转型结合保险科技实现智能化运营，降低了经营成本。保险科技是新技术、新模式、新业态的组合创新，是保险业务与科技的深度融合。随着保险科技进步，新技术与新保险营销模式深度融合，运用科技成果去改变产品形态、经营方式和业务流程，以数据为核心要素去改变既往流程、组织架构和营销管理模式，构建了新的保险公司核心竞争力。

五、互联网保险营销管理的路径

(一)以互联思维实现以客户为中心

"以客户为中心"是互联网思维的精髓，将互联网思维贯穿至公司经营方针是公司顺应时代发展的选择。利用互联网思维推动公司"产品开发体系、销售体系、服务体系的完善"可作为公司转型发展的短期目标；推动公司"大数据分析基础设施建设与平台生态圈建设"可作为公司转型发展的中期目标；推进公司"全面发展战略，构建保险一站式服务"可作为公司转型发展的长期目标，贯穿转型发展的始终。

1. 推进产品开发设计互联网化

对传统产品进行标准化、简约化打造，为客户提供极简感受。简单、便捷的生活方式是每个人的追求，也是保险客户在购买产品时的诉求。以往保险产品条款复杂、生涩难懂；如今保险产品销售更多通过电话、网络、移动端来成单，产品设计的标准化、简约化成为客户是否购买的重要影响因素。要在与用户的碰撞中把握用户需求，以迭代方式优化产品创新流程，进行"微创新"，以极致思维将产品做到最好。互联网时代大大压缩了营销流程，保险公司应时刻关注用户动态，把握用户需求，从细节入手，以极致思维不断创新。

2. 推进营销体系的互联网化

一是以官网、第三方合作、移动端销售等方式打造全方位互联网保险营销管理体系，拓宽客户入口。互联网生态系统是一个开放、协作、分享的系统，获取客户流量是产品销售的根本，构建全方位互联网保险营销管理体系是发展拓展的基础，保险公司要不断强化客户流量导入，加强多方平台的建设，提高场景化获客能力。二是简化线上销售流程，推动电子保单、电子发票、电子支付应用，提升购买便捷性。企业通过技术创新及后台流程改进，不断简化客户购买流程，将为客户带来更好的消费体验，提升客户满意度。三是规范媒体营销，兜售客户参与感，重视口碑营销。社交化已经成为互联网时代的消费特征，强化与客户的交流互动或期中关怀可提升客户参与感，同时，要重视分享型经济中客户的口碑分享，做好企业口碑营销。

3. 推进保险服务的互联网化

保险公司线下营销服务线上化，实现对销售各环节服务无缝对接，为客户提供极致服务。一是分析网络消费人群特点，提供个性化、人性化、差异化服务。互联网让客户消费记录有迹可循，企业要加强客户细分研究，为差异化服务打好基础；同时，提供差异化服务也是企业留住客户、争夺客户的手段。二是实现对各销售环节客户无缝对接，及时、实时提供客户互动与指导。加强与客户的互联互通，利用好移动 App、微信等，为客户提供保险信息资讯、产品购买、订单查询、理赔查询、营销活动宣传等，实现 7 * 24 小时全天候无间断服务。通过个人中心实现订单/保单管理、理赔查询、保单查询、理赔现场拍照、上传报案等服务自助化。三是构建客户沟通机制，根据客户意见及建议优化服务。打造客户保单周期服务体系，提升客户满意度。关注大众个性化的微需求，并以此为目标创新服务，可以为服务优化提供源动力。利用网络科技实时与客户互动，搭建智能客服平台分析客户需求，不断优化服务。四是围绕客户生态圈、垂直价值链构建闭环式服务流程，提升客户体验。

4. 推进数据技术应用

通过数据加工实现数据增值，为每一个经营环节提供决策支持。加强大数据领域基础设施建设，包括数据中心建设、数据源建设、数据分析服务、数据应用以及数据安全。开发战略性投资大数据技术，为大数据应用打下基础。大数据的开发应用将推动保险公司创新变革发展，为保险公司提供战略智能化决策。比如，优化网络运营监测、管理，实现精细化运营，为客户提供个性化保险解决方案；开展客户细分和精准营销、实时营销；优化客户关系管理，包括客服中心、客户关怀与生命周期管理。

(二) 以产品创新打造完整服务体系

1. 场景销售实现创新

通过大数据分析，有针对性地为客户提供保险产品，吸引客户注意，获得客户认可，提高客户黏性。大数据精准营销管理模式是根据不同客户的差异化需求，有针对性地推送相关的保险产品及保险讯息。依托于互联网精确的天然特性，保险公司需要借助大数据技术，以实现精准营销。做大业务规模、摊薄成本，提升市场竞争力。

2. 营销服务实现创新

保险公司不能单纯地将传统线下的服务照搬到互联网业务上，应根据互联网业务的特点改良传统的线下服务模式，开发专属的线上服务，为客户的网上投保提供更有吸引力的服务，更全面的服务保障。在服务创新方面，保险服务逐步线上化，新技术的应用与产业链的整合为客户带来了服务便捷性与多样化，保险公司需要对客户体验的关注不断深化。

(三) 以科技赋能支撑营销管理体系

1. 优化绩效考核

在现阶段，有效的绩效考核是保证互联网营销战略在公司得到有效执行、推动互联网保险业务与各业务条线联动的关键。运用保险科技手段，从盈利能力、运营效率、成长能力和互联网运营能力四个方面优化绩效考核标准，这是推动互联网保险发展最迅速有效的途径。保险公司通过绩效考核的指挥棒作用，可以加强产品线在互联网营销拓展上的战略侧重，从而更有力地推动各业务部门和分支机构形成合力。保险公司应首先明确互联网保险业务在公司绩效考核中独立的业务地位，调整互联网保险业务在各绩效考核中的指标，通过设立不可替换的考核项，提升营销积极性。保险公司还应加强绩效统计管理能力，为各业务条线交叉销售提供支持。通过建立统一的业绩统计口径，并建立交叉销售业绩追踪机制，明确各业务条线的利润贡献程度，为实现交叉销售打下扎实的基础。通过绩效考核机制的优化，提升互联网保险营销管理的效率。

2. 改变保险赔付结构

保险科技有利于改变保险赔付结构，当保险科技帮助保险公司和行业降低了销售和运营成本之后，如何管理好赔付成本，保险科技大有所为。保险产品公平定价的核心是高风险客户价格相对高，低风险客户价格相对低。如果销售成本调整得比较好，赔付结构重新分布，将获客更多、更好。随着科技的进步，借助海量的数据以及超强的算力、算法，保险产品定价更为精准。保险科技在保险领域的广泛运用，将提高保险公司理赔防渗漏和反欺诈能力。此外，保险公司要在已有数据库的基础上结合外部特定风险数据源，引进加细、加密精算因子，降低风险颗粒度，实现差异化风险定价。

【本章小结】

1. 保险营销是保险公司在充分了解消费者保险需求的基础上，利用险种、费率、保险促销等组合手段去满足顾客需要，从而实现公司经营战略目标的一种保险经营活动。保险营销是一个动态的管理过程。保险营销不等于保险推销。

2. 保险商品的特殊性决定了保险营销的特点，具体表现为服务性、专业性、保险营销的起点是客户的需求、保险营销的核心是社会交换过程。

3. 保险公司营销管理是指为了实现保险公司目标，建立和保持与目标市场之间互利的交换关系，而对营销活动实施的计划、组织、指挥、协调和控制的全过程。保险公司营销管理的特征包括：计划性、控制性、组织性、差异性和灵活性。

4. 保险公司营销管理流程包括营销机会甄别、市场调查与预测、市场细分与选择、制定营销策略、组织实施营销计划、售后服务等环节。

5. 根据保险公司对环境因素的可控度，其营销管理环境可分为宏观环境和微观环境。其中，宏观环境包括人口环境、经济环境、政治法律环境、文化环境和科学技术环境；微观环境主要包括公司内部环境、保险中介人、保险消费者、竞争对手、社会公众及供应商等。

6. 保险营销策略经历了产品导向阶段、销售导向阶段、市场导向阶段和价值导向阶段。

7. 保险公司的营销策略主要包括保险产品策略、保险定价策略、保险营销渠道策略以及保险促销策略。

8. 互联网保险营销管理的特征主要表现为：高效性与时效性、流程标准化和透明化、经济性、电子化。

9. 互联网保险营销管理的实现路径包括：以互联思维实现以客户为中心，以产品创新打造完整服务体系，以科技赋能支撑营销管理体系。

【本章思考题】

1. 保险营销与保险推销有何联系与区别？

2. 保险公司为何要进行保险营销管理？

3. 简述保险公司营销管理的流程。

4. 分析保险公司营销管理的宏观环境因素和微观环境因素。

5. 投保人的投保动机有哪些？

6. 保险公司的营销策略主要包括哪些内容？

7. 互联网保险营销与传统保险营销有哪些不同？

【本章参考文献】

[1]方有恒，郭颂平．保险营销学[M]．上海：复旦大学出版社，2023．

[2]李琼，刘庆，吴兴刚．互联网对我国保险营销渠道影响分析[J]．保险研究，2015（3）：24-35．

[3]罗承舜．网红经济下保险公司营销模式变革新思路[J]．中国保险，2021(11)：29-34．

[4]粟芳．保险营销学(第四版)[M]．上海：上海财经大学出版社，2023．

[5]袁辉．保险营销[M]．武汉：武汉大学出版社，2004．

[6]中国社会科学院金融研究所，中国社会科学院保险与经济发展研究中心课题组．2023年中国互联网保险理赔服务创新报告[R]．2023．

第四章　保险公司的承保管理

【本章知识结构导图】

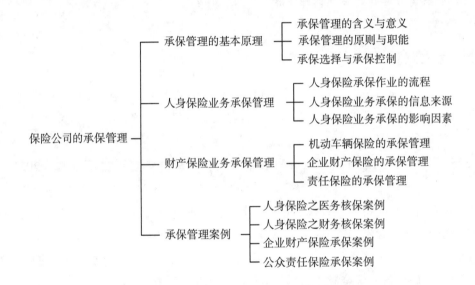

第一节　承保管理的基本原理

一、承保管理的含义与意义

(一) 承保、核保与承保管理的含义

承保是指保险人对投保人所提出投保申请经过审核同意接受的行为。可以说，一项保险业务从接洽、协商、审核到签订保险合同的全过程，都属于承保业务环节。

核保是承保工作中最主要的环节，只有通过核保保险公司才会承保。所谓"核保"意为"审核承保条件"，是指在投保人向保险人申请投保的前提下，由保险人对该申请进行审核，对风险进行评判与分类，从而决定是否接受承保、以何种条件承保的过程。这里的

"承保条件"主要指保险责任范围(包括基本条款、特约条款中有关的内容)、保险金额(或责任限额)、保险费率、免赔额(免赔率)、保费的缴付方式、其他费用(中介费用、服务成本)等内容。

承保管理以承保业务为管理对象,对签订保险合同的有关双方的权利与义务进行审核、监督和控制,以避免风险集中,提高承保业务质量,保证保险人经营稳定。

(二)承保管理的意义

承保是保险经营中的重要环节,它主要通过业务选择和承保控制来保证保险业务的质量。承保的质量好坏直接关系到保险公司的风险控制、经营稳健、收益保证以及客户的利益。承保管理具有以下重要意义:

1. 维持保险的公平性

承保最主要的出发点是使投保人能享有公平、合理的费率。由于个体之间的差异,申请保险保障的风险个体存在不同的风险因素。因此,保险人在承保的过程中,对被保险人的风险信息进行甄别,将准被保险人分配到期望损失概率与其最接近的被保险人一组,根据风险程度确定不同的承保条件,收取不同的保险费。从而保证各被保险人之间不因某一个体风险程度较高而损害其他个体的利益,维护各被保险人的公平性。

2. 防范逆选择和道德风险

在保险公司的经营过程中始终存在信息不对称问题。换言之,投保人、被保险人对自身风险的了解常常比保险公司更多、更准确。尽管最大诚信原则要求投保人在投保时应履行如实告知的义务,但事实上逆选择与道德风险时常发生,给保险公司经营带来巨大的潜在风险。保险公司通过承保管理,由专业人员运用技术、工具和经验对投保标的进行风险评估,为客户提供全方位和多层次的保险服务,设计优化的承保条件与方案,可以大大减少逆选择与道德风险。

3. 维护保险经营的安全性

保费收入是保险公司资金的主要来源,保险金的赔付是保险公司支出的主要部分。如果保险公司毫无限制地承保风险程度较高的个体,势必造成赔付的上升,使实际赔付超过预定的范围,给保险公司的经营造成风险。通过承保管理,对风险进行选择和控制,能使承保群体的实际死亡率等于或低于预定死亡率,从而使保险人可以获得预定的承保利润,稳定保险经营。

二、承保管理的原则与职能

(一)承保管理的原则

保险公司的承保管理原则是保险公司承保人员在工作过程中必须遵循的风险分类和选

择，以及风险组合管理的根本要求和准则。目的是在最大可能地接受合格被保险人的同时，确保保险公司经营的稳定性。

1. 实现长期的承保利润

全面、细致、谨慎地进行核保、争取最好的承保条件，保证保险公司具有长期的承保利润。避免片面追求保费规模的短期行为，否则将会破坏保险公司和客户的关系，不利于其长远发展。

2. 提供优质的专业服务

以风险控制为基础，实施科学决策。积极、主动开展承保标的风险评估工作，为承保决策提供依据。收集整理、分析与研究历史灾害数据，进一步细化业务政策。

3. 谨慎运用公司的承保能力

经营以稳定为先，在条件不成熟的时候，不盲目承保高风险项目。研究巨灾风险，注意风险积累，并在确保公司利润的前提下，充分利用再保险的支持，慎重核保，准确划分危险单位，确定自留比例，合理分散风险。

4. 实施规范化管理

严格遵守国家法律、地方法规和监管部门的监管规定，遵照行业协会要求及公司的规章制度，实施承保管理过程制度化、标准化、程序化，依法合规开展承保管理工作。

(二) 承保管理的职能

承保管理的职能主要包括：

(1) 根据市场及监管要求，制定并及时调整、完善承保政策、承保操作规程、工作流程、核保规则等；

(2) 组织、实施承保及管理模式创新、重大项目或新兴项目快速核保决策；

(3) 制定和修订承保相关单证；

(4) 整理分析承保经营数据，进行风险预警与风险反馈，提供决策分析报告；

(5) 维护和改进业务操作系统，对承保流程定期梳理、检视并进行优化，提升客户体验；

(6) 完善新契约系统功能，负责新产品系统需求，对产品开发提出专业意见；

(7) 统筹组织公司核保知识培训、核保专业序列评聘授权。

三、承保选择与承保控制

承保选择与承保控制是承保管理的核心内容。

（一）承保选择

1. 承保选择的含义

承保选择是指保险公司通过分析、审核、确定保险标的的风险状况，决定承保条件的过程。承保员经常面临以下的三种选择：接受投保、拒绝投保、接受投保但要做出一些变动。当要做出选择时，承保员必须同时考虑风险单位、风险因素、保单期限和条件，以及保费等各种条件。

2. 承保选择的基本准则

承保选择的基本准则有两个：一是尽量选择同质风险的标的承保，从而使风险在量上得以测定，以期风险的平均分散；二是淘汰那些超出可保风险条件的保险标的。基于上述准则，承保选择的步骤包括：识别风险、选择风险、估测风险、确定保险成本。

3. 事前承保选择与事后承保选择

以保险合同的成立作为"事件"，可将承保选择分为事前承保选择与事后承保选择。

（1）事前承保选择。

事前承保选择是在展业的风险选择基础上，对可承保的标的进一步分析、审核，确定接受承保的条件。投保单是承保选择的第一手资料，通过对每份投保单的审核，分析风险的大小作出正常承保、条件承保和拒保的决定。

事前承保选择包括对"人"的选择和对"物"的选择，即对投保人或被保险人的选择、对保险标的及其利益的选择。

（2）事后承保选择。

事后承保选择是在保险合同成立后，保险人对保险标的的风险超出承保标准的保险合同做出淘汰的选择。

事后承保选择具体措施包括：保险合同保险期满后，保险人不再续保；保险人如发现被保险人有明显误告或欺诈行为，则会中途中止承保或解除保险合同；按照保险合同规定的事项注销保险合同。①

（二）承保控制

1. 承保控制的含义

承保控制是指保险人对投保风险做出合理的承保选择后，对承保标的具体风险状况，运用保险技术手段，控制自身的责任和风险，以合适的承保条件予以承保。

---

① 例如，我国远洋船舶战争险条款规定，保险人有权在任务时候向被保险人发出注销战争险责任的通知，通知在发出后 7 天期满时生效。

2. 承保控制的对象及措施

承保控制的对象分为两类：一类是风险较大但保险人还是予以承保的保险标的；另一类是随着保险合同的成立而产生的新的风险——道德风险因素和心理风险因素。针对这两类对象的承保控制措施如图4-1所示。

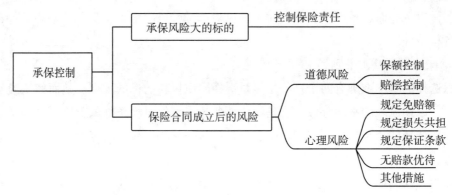

图 4-1　承保控制的对象及措施

（1）针对承保风险大的标的。

出于市场竞争、维持客户关系、增加保费收入等方面的考虑，保险公司有时会承保一些风险较大的标的。但是，为了避免风险过大，保险公司通常采取控制保险责任的方式来控制风险。具体来说，将保险责任分为基本责任、特约责任和除外责任，并通过制定相应的保险条款来明确所承担的赔偿责任，从而满足不同风险层次投保人的需求。

（2）针对道德风险。

道德风险是指被保险人或受益人故意促使风险事故的发生，以至于引起财产和人身的损失，如欺诈、纵火、投毒等。道德风险的存在直接影响到保险公司的利益，是承保控制的重点所在。

针对道德风险的承保控制措施主要包括：

①保额控制。保额控制即控制保险金额，避免保险金额过高。

②赔偿控制。赔偿控制即控制赔偿金额，特别是对于财产保险而言，损失补偿通常有三个限额：一是以保险金额为限；二是以实际损失为限；三是以保险利益为限。

（3）针对心理风险。

心理风险是指投保人或被保险人在参加保险后所产生的松懈心理，即不再小心防范所面临的风险。例如，投保火灾保险后，对可能的火灾隐患不闻不问，对消防器材不认真保养等。针对心理风险的承保控制措施主要包括：

①规定免赔额。免赔额特别是绝对免赔额的规定，其实是保险人要求与被保险人一起

共担风险的措施。通过规定免赔额的方法可以使被保险人重视风险事故的发生，积极进行防灾防损的工作。

②规定损失共担。损失共担是保险人和被保险人按照规定的比例，共同承担保险责任。对于那些容易产生心理风险因素或损失发生的概率比较高的险种，保险人通常把共保条款写入保险合同中。由于被保险人要承担一定比例的损失，因此抑制了被保险人产生心理风险因素的可能，而且也减少了保险人的赔偿责任。

③规定保证条款。保证条款，是指在保险合同中规定投保人或被保险人在保险期限内，对于某些规定的事项作为或不作为，保险人才承担保险责任。如，投保人在投保大型建筑物时，被要求安装烟雾感应器和自动喷水灭火装置；在汽车保险中，被保险人要妥善维护汽车，使其处于适宜驾驶的状态。保证条款的规定，不但有助于限制保险人所承担的赔偿责任，而且对被保险人产生心理风险因素也有抑制作用。

④无赔款优待。对于没有保险事故发生的保户，在续保时可以给予一定的优惠。例如，在我国的机动车辆保险中，对于上一年度没有发生赔款的被保险人，在续保时可以给予一定的费率优惠。

⑤其他措施。对于积极配合保险人做好防灾防损工作，各种管理制度健全且执行良好的单位，在投保时也可以给予一定的费率优惠。

第二节　人身保险业务承保管理

一、人身保险承保作业的流程

承保作业是指从投保申请开始到成品保单下发的整个过程。一个完整的人身承保作业流程主要包括：投保申请、受理初审、信息录入、核保、处理问题件、作出承保决定、单证管理等环节。

（一）投保申请

投保申请是指客户根据自己的需要，向保险公司提出购买保险产品的申请，其中包括按照保险公司的相关规定填写投保单及提交各种资料的过程。投保申请既是客户向保险公司提出保险申请的过程，也是公司为客户提供保险服务的开始。投保申请有如下注意事项：

（1）投保单是保险合同的重要组成部分，必须按照合同所列各项内容如实、详细、完整的填写，不得有漏项或不实填写，最后由投保人、被保险人亲自签名。

（2）必须按照公司的规定提交各种资料证明，所提供的资料要真实可靠有效，需投保人、被保险人签名的务必亲笔签名。

（二）受理初审

受理初审是指保险公司的新契约受理人员，对客户投资的投资申请和相关资料，按照规定进行审核。受理过程中最重要的是审核投保资料的真实性、准确性、完整性，是否符合公司的要求。此项工作对保证后续工作环节顺利进行至关重要。受理初审的主要内容包括：

（1）投保人的投保申请、委托银行转账授权书的填写是否全面、真实、清晰。

（2）投保人、被保险人提供的各种资料是否齐全、有效，填写是否正确。

（3）投保人、被保险人的身份证件是否真实有效。

（4）将不合格或资料不全的投保申请退回投保人，让其重新填写投保单或提供资料。

（三）信息录入

收到受理初审人员上传的投保单及相关资料后，录入员将投保信息录入保险公司系统。投保信息录入主要包括三个环节：

（1）资料扫描：将投保单及各种投保资料按照相关的规则排序并进行扫描操作。

（2）资料信息录入：录入人员将客户投保资料按照要求录入电脑系统，同时对问题件进行记录分流。

（3）资料信息复核：复核人员检验录入至电脑系统的投保资料，对发现的不同类型的问题按照相应的规则下发问题件，同时进行投保单的电脑自动核保，对问题件进行记录分流。

（四）核保

核保的主要方式有两种，自动核保①和人工核保。自动核保可以对大部分简单的、小保额的、客观的信息进行分类、审核，做出核保结论；但对于复杂的、高保额的、主观的信息不能准确判断。此时，系统通常会将相关信息转入人工核保流程，由核保人员进一步分析与判断是否可以承保以及以何种条件承保。人工核保的作用就是利用专业核保人员的综合分析，判读出机器无法确定的投保风险，提高了核保的精度。

无法通过自动核保，需要进行人工核保的几类典型情况如下：

1. 不符合健康告知标准

---

① 自动核保是指根据事先确定的核保规则，通过计算机自动化系统对投保单进行审核。

健康告知的既往史有可能在未来产生较大风险(例如高血压、高血脂、糖尿病人、甲状腺结节、乳腺结节、乙肝患者等),因此自动转入人工核保,由核保人员结合投保的险种、保额等做出核保决定。

2. 有理赔记录

有过保险理赔记录的,因为机器无法判断未来的影响,因此也会转入人工核保。核保人员会综合其住院病史、医疗记录以及投保险种等情况进行综合评议核保。

3. 身体超标异常

常见的例如体重过重或过轻、身高和体重比例异常等,也会转入人工核保。

4. 告知职业不符合自动核保标准

如果用户在投保时从事的是高危职业,例如专业攀岩运动员、潜水员等一些特殊职业,则不在自动核保范围。

5. 告知不符合特别设定标准

有些保险对于投保人或被保险人的经济状况、生活习惯有特别要求,如果告知不符合,也会转入人工核保流程。例如,投保额度过高而收入过低,投保人有抽烟、喝酒的习惯等。

转入人工核保后,核保人员将审核投保单并收集相关资料,根据投保规则及以往投保记录,下发相应的体检及生存调查通知。然后,根据投保资料信息,综合评估风险,做出核保决定。

(五)处理问题件

问题件是指投保单填写不规范、保险费不符、违反投保规则、有告知异常或按投保规则需体检、进行生存调查的投保件。处理流程包括:对问题件进行整理、登记、匹配、处理、回销、修改,对新生成的问题件打印、下发并进行追踪,对逾期未回销的问题件进行撤件处理,新契约的退费、承保前撤件的处理工作。

(六)作出承保决定

经核保后,保险公司可能作出的承保决定通常有以下几类:

(1)标准体承保:被保险人的身体完全健康,并且在职业和个人道德方面也没有缺陷,保险公司按照标准或正常费率来承保。

(2)次标准体承保:死亡率相对于标准死亡率超出一定比率,危险较高不能按标准费率承保,但可用附加特别条件来承保。经常采取的承保方式有:加费、特别约定、削减保额和缩短保险期间。

(3)延期承保:对危险程度不明确或不确定,无法进行准确合理的风险评估的被保险人，或危险程度过大且超过了可采用附加条件承保的次标准体危险程度，但是通过治疗等干预措施短期内有可能好转的被保险人，采取暂时不予承保，即延期承保的方式。

（4）拒绝承保：投保人或被保人因某些原因无法通过保险公司的核保条件，保险公司不予承保，称之为拒保。拒保的原因很多，但究其根本是承保风险太大。常见的拒保原因主要有：不符合投保年龄、身体健康状况不好、职业风险高、财务状况异常。

（七）单证管理

承保人作出承保决定后，由签单员缮制保险单。接着，由复核员按签单要求对投保单、保险单、批单以及其他各种单证进行复核。复核无误后，向保户收取保费并送交保单。最后，将投保单、保险单和批单副本、相关单证和资料清分存档。

二、人身保险业务承保的信息来源

保险公司的承保过程就是一个风险评估的过程，核保人员需要通过得到的资料、信息进行分析、判断、筛选、去伪存真，最终得到一个科学合理的承保结论。在人身保险业务承保的实务中，保险公司主要从以下渠道获得承保信息：

（一）投保单

投保单又称"投保书""要保书"，是投保人向保险人申请订立保险合同的书面要约。投保单由保险人事先准备，投保人必须依其所列项目一一如实填写。

投保单的主要内容包括：

（1）投保人资料：姓名、性别、出生日期、婚姻状况、国籍、证件类型与证件号码、工作单位、职业和职业代码、常住地址和家庭地址、电话、电子邮箱等。

（2）被保险人资料：姓名、与投保人的关系、国籍、性别、出生日期、身高与体重、婚姻状况、证件类型与证件号码、工作单位、职业和职业代码、常住地址和家庭地址、电话等。

（3）受益人资料：姓名、性别、出生日期、证件类型与证件号码、与被保险人的关系、受益顺序、受益份额、联系方式等。

（4）投保事项：险种的名称、保险金额、保险期间、交费期间、保险费的数额、交费频率、交费方式、交费账户等。

（5）告知事项：投保人、被保险人的健康告知、财务告知、其他告知、补充说明等。

（6）确认与声明：投保人和被保险人（监护人）的声明、签名、投保申请日期。

(二)补充告知书

在投保单之外,有的客户会就某些问题进行补充告知或更详细的告知。这些内容往往是投保人、被保险人经提醒后而告知的,也有一些是业务员根据了解的客户健康状况而补充的。因此,核保时必须谨慎地考虑这些告知内容,否则将不得以投保人、被保险人未尽如实告知义务来对保险索赔进行抗辩。

(三)调查问卷

虽然投保单中包含的内容广泛,但所涉及的具体情况并不详细,所以需要借助各类调查问卷来对投保情况进行更深入的了解,以便进行正确的风险评估。调查问卷通常有疾病问卷、职业问卷、特殊嗜好问卷、财务收入问卷等。

(四)体检报告

体检报告是体检医生根据核保人员的要求,对被保险人体检结果真实、客观的记录和报告。并不是所有被保险人都需要体检,需要被保险人体检的情形主要有以下三种:一是被保险人的累计保额超过规定限额。每家保险公司的免体检限额有所不同,与其风险控制策略有关。免体检限额一般随年龄增大而减小。二是当客户健康告知状况异常(如有超重、高血压病史等),保险公司可能要求客户进行体检。三是对保险金额在免体检限额以下、且健康告知正常的客户,进行抽样体检。

体检报告一般分为两部分:健康告知事项和体检医师的体检结果记录。健康告知事项部分有体检医师询问被保险人,被保险人签字确认,健康告知事项部分将作为保险合同的组成部分。体检医师的体检结果记录部分及其他相关体检报告,如血检、尿检及其他实验室检查,并非保险合同的一部分,被保险人无须签名,体检医师及保险公司有义务对其内容保密。

(五)病历及病史资料

当客户告知有特定疾病,或告知近期有常规体检史,核保员可能会索要病史资料;另外,根据各公司核保要求,当保额达到较高额度,或被保险人超过一定年龄,核保员也会要求客户提供常规体检报告或病历记录。对于近期有常规体检史者,由于存在因在体检中发现异常而投保的可能,一般要求其提供详细的体检资料。

病历资料是被保险人在医院就医的记录档案,其中详尽记录了被保险人的发病时间、原因、症状、经过、检查结果、诊断和治疗方法、治疗转归等情况,也比较完整地记录了既往史和家族史的有关资料,其全面、客观、真实,所以是医学核保重要的信息来源。

(六)财务报告或证明

在承保过程中,需要根据客户的财务状况来分析其投保险种、保险金额、受益人指定的合理性和匹配性。此外,还要保证投保人有充足的财力支付保险费,避免保单失效。

对于高保额件,通常要求客户提供财务证明。客户如果是受薪人士,需提供薪金收入证明,如个人所得税税单、工资单、聘书或聘用合同等。如果客户是企业法定代表人、所有者或经营者,需提供的能证明其企业经营状况和个人财务状况的文件,如个人所得税税单、标明注册资本的营业执照、股份证明或股权协议、验资证明、最近2~3年经审计的年度及投保当期财务报表(资产负债表、损益表、现金流量表)、其他企业经营活动文件等。此外,财务证明还包括:银行存款证明(存期不低于一年的定期存款且已存入时间应不少于6个月)、股票及债券证明、房地产证明、购车证明等客户本人名下的个人资产及信用证明(配偶及未成年子女名下的证明也属有效文件)以及其他可证明客户财务状况的客观文件或资料均可作为有效的财务核保资料。

(七)生存调查报告

生存调查又称契约调查,是指在承保过程中,由专业契约服务人员通过面晤客户来核实投保合同的各项资料,并协助核保人员搜集相关资料,承保决定提供依据的活动。

生存调查报告的主要内容包括:信息的取得途径和方法;信息的可靠性及是否进行了查证;调查的时间、地点、参加人员;受访者的基本资料;投保人、被保险人的具体职业、个人情况、收入及资产情况、住所情况、健康状况;生存调查中发现的投保过程异常(例如,告知与实际情况不符);调查过程中收集到的其他核保资料;综合评估后给出的生存调查意见。

(八)业务员报告书

保险营销员、保险代理人等保险业务员与投保险人、被保险人直接接触,对被保险人的健康状况、家庭情况、身体缺陷等有真实的了解,通过直接观察,可以发现被保险人明显的健康状况不良的外在表现,如发育不良、听力障碍、肢体残疾、呼吸困难等。

业务员报告书的主要内容有:业务员与投保人的关系、认识时长、投保经过;投保目的、投保人和被保险人的职业、学历、收入、住宅、交通工具等情况;从外观看被保险人是否有病态或生理缺陷;业务员是否认为客户进行了如实告知;需要补充告知的内容等。

(九)历史记录与同业记录

投保人、被保险人既往的投保、保全、理赔记录可以帮助核保人员更全面地收集信息，更准确地作出承保结论。如果客户在其他保险公司有承保、理赔记录或正在投保，则要分析其险种及保额的合理性，同时还要关注其他公司的承保结论、体检结果、理赔记录等。

三、人身保险业务承保的影响因素

影响人身保险业务承保的主要因素可分为四类，即健康因素、财务因素、个人因素和心理因素。

（一）健康因素

被保险人身体健康状况的影响因素非常多，主要包括年龄、性别、体格、现病症、既往病史、家族史等。

1. 年龄

年龄是影响死亡率、疾病发生率的首要因素。因此，人身保险业务对被保险人的投保年龄通常都有年龄限制。从生命表（见表 4-1）和重大疾病经验发生率图（见图 4-2）中可以看出：10 岁以前，年龄越小，死亡率、疾病发生率越高；10 岁左右，死亡率、疾病发生率是最低的；而 10 岁以后，死亡率、疾病发生率又开始逐年增加，尤其是超过 40 岁后，死亡率、疾病发生率直线上升。对于年轻的被保险人（10~39 岁），核保时更多地关注意外风险；而对于 40 岁以上的被保险人，核保时更多关注健康风险。

表 4-1　　　　　　　　中国人身保险业经验生命表（2010—2013）（部分）①

年龄	非养老类业务一表		非养老类业务二表		养老类业务表	
	男（CL1）	女（CL2）	男（CL3）	女（CL4）	男（CL5）	女（CL6）
0	0.000867	0.000620	0.000620	0.000455	0.000566	0.000453
5	0.000251	0.000170	0.000200	0.000131	0.000141	0.000084
10	0.000269	0.000145	0.000187	0.000103	0.000146	0.000074
15	0.000402	0.000221	0.000280	0.000128	0.000208	0.000095
20	0.000508	0.000269	0.000361	0.000163	0.000248	0.000120
25	0.000615	0.000294	0.000448	0.000200	0.000297	0.000144
30	0.000797	0.000340	0.000595	0.000247	0.000407	0.000175

———————

① 由于篇幅，本表仅截取了《中国人身保险业经验生命表（2010—2013）》的一部分，即 0 岁、5 岁、10 岁、15 岁……105 岁。

续表

年龄	非养老类业务一表		非养老类业务二表		养老类业务表	
	男（CL1）	女（CL2）	男（CL3）	女（CL4）	男（CL5）	女（CL6）
35	0.001111	0.000454	0.000850	0.000346	0.000592	0.000253
40	0.001651	0.000692	0.001270	0.000542	0.000878	0.000410
45	0.002693	0.001137	0.001929	0.000857	0.001364	0.000640
50	0.004249	0.001859	0.002908	0.001321	0.002148	0.000950
55	0.006302	0.002853	0.004297	0.002027	0.003221	0.001450
60	0.009161	0.004414	0.006258	0.003088	0.004660	0.002315
65	0.015379	0.008045	0.009039	0.005016	0.006988	0.003835
70	0.027495	0.015643	0.014192	0.009007	0.010888	0.006660
75	0.048921	0.030137	0.029490	0.018134	0.020539	0.012332
80	0.082220	0.055385	0.061403	0.038718	0.044492	0.026770
85	0.131817	0.097754	0.105786	0.069596	0.082223	0.051616
90	0.203765	0.158572	0.163239	0.109567	0.134870	0.086003
95	0.309160	0.234026	0.248299	0.158777	0.214499	0.132540
100	0.446544	0.345975	0.369561	0.230215	0.328401	0.200836
105	1.000000	1.000000	1.000000	1.000000	1.000000	1.000000

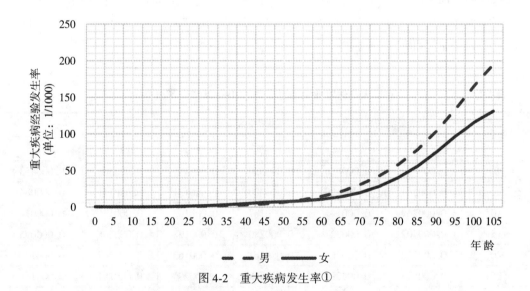

图 4-2　重大疾病发生率①

———————————

①　本图根据《中国人身保险业重大疾病经验发生率表（2020）》中 25 病种（2007 版定义）经验发生率表（CI2）绘制。

2. 性别

由生命表(见表 4-1)和重大疾病经验发生率图(见图 4-2)中也可以看出,性别也是影响死亡率和疾病发生率的重要因素。一般来说,女性的预期寿命高于男生。除了妊娠期间之外,女性在其他时期的死亡率均低于同年龄男性。因此,男性与女性的保险费率因险种而有所差异。例如,在养老类保险中,由于女性的预期寿命较长,其费率同于同年龄男性;在寿险或重大疾病保险中,由于男性死亡率或疾病发生率高,费率高于同年龄女性。

3. 体格

体格即体型,通常用身高和体重之间的比例关系来衡量。体格取决于体形、年龄、饮食、身高、摄入的热量以及遗传因素、心理因素、内分泌功能等。体格指数(BMI)是国际公认的体格评价指标,它等于体重除以身高的平方,其计算表达式为:$BMI = kg/m^2$。例如,某人的身高为 1.70 米,体重为 65 千克,则 BMI 为 22.49。中国成人正常的 BMI 应在 18.5 与 23.9 之间,如果小于 18.5 为偏瘦,如果大于等于 24 为超重,大于等于 28 为肥胖。

4. 现病症及既往症

现病症是指投保时存在的身体器官上的病症。现病症包括投保时所患的疾病,还包括体检时所发现的身体不良机能状态和症状表现。对于急性或严重现病症患者,原则上不予以承保;对于超过标准风险的现病症患者,核保员可对其进行风险评估后再作出承保决策。

既往症指的是被保险人在投保之前,身体上已经发生的疾病、外伤史或者有健康上的异常。人身保险产品通常会在健康告知中列出可能影响保险公司承保决定的既往症。投保人、被保险人通过健康告知中"目前或过往罹患疾病、症状、健康检查结果异常"的相关询问内容,如实告知被保险人的健康状况。如不满足健康告知,可以提交相关体检报告、病历等资料进行核保。

5. 家族史

家族史指被保险人家庭成员的年龄、健康状况,有无家族遗传疾病。家庭成员一般仅限于被保险人的双亲、兄弟姐妹,有时也包括祖父母或孙子女,但不包括被保险人的配偶。家庭史的评估,旨在了解被保险人是否具有某些遗传性疾病的潜在基因,或是因其先天性体质、环境因素、生活方式等的影响,而对某些特定性疾病有很高的致病率。

(二)财务因素

财务核保对于确立保险申请者的保险需求,避免道德风险及维持保单的持续率有非常重要的意义。财务核保是指保险人根据被保险人以及投保人的收入水平和既有的财产状况考察投保人是否有过度投保,是否有保费缴纳能力,从而防范道德风险和逆选择发生的过程。财务核保所需评估的因素主要包括：

1. 保险利益

保险利益是指投保人或被保险人对保险标的具有的法律上承认的利益。虽然我国《保险法》只要求人身保险的投保人在保险合同订立地，对被保险人应当具有保险利益。但是在承保实务操作中，一般保险公司均要求受益人与被保险人之间也存在保险利益。

2. 收入及财务状况

不良的财务状况或不合理的保险需求，会导致保险事故发生率增加或保险合同中断影响保险公司经营成本增加。因此，保险公司会要求投保人或被保险人达到最低水平的年收入才能购买某些保险产品。在对投保人或被保险人收入进行判断时，通常只考虑经常性收入。此外，还应考虑投保人或被保险人是否有债务存在。

3. 保险金额

保险金额应与投保人的经济能力相适应，保险金额过高容易发生道德风险。通常情况下，保险人会根据投保人、被保险人的情况规定最高限额。一般来说，总的保险金额应为被保险人平均年收入的 10~20 倍，年缴保险费不应超过投保人年收入的 20%。表 4-2 列出了中国内地人寿保险常用的各年龄段投保金额和年收入的倍数参考。①

表 4-2　　　　中国内地人寿保险公司各年龄段寿险投保金额和年收入的倍数参考

年龄段	年收入倍数
35 岁以下	×20
36~40 岁	×15
41~45 岁	×12
46~50 岁	×10
51~55 岁	×8
56~60 岁	×5
61~69 岁	×3
70 岁以上	个案

4. 既往投保

分析既往投保情况的目的在于：了解投保人及被保险人的投保目的和保险意识；

---

① 中国保险行业协会. 人身保险核保[M]. 北京：中国财政经济出版社，2016：42.

了解投保人的经济承受能力；了解保单持续缴费的情况和理赔的情况等。既往投保分析的内容主要包括：第一，被保险人既往的理赔情况；第二，投保人和被保险人家庭成员的保障情况，既往投保的险种和数量；第三，投保产品是否为同一销售人员，该销售人员既往的业务水平和工作认真可靠情况如何；第四，被保险人既往投保是否在同一家公司，是否为多家公司投保；第五，投保的期间和间隔。通常情况下，距离首次投保的时间越长，投保保额平均的道德风险越低；短期高额投保往往显示有较高的道德风险。

(三)个人因素

个人因素分析主要是了解投保人、被保险人的基本信息，例如职业、生活习惯、居住环境等。

1. 职业

职业是从业人员为获取主要生活来源所从事的社会性工作的类别。职业及工作性质不同，发生意外事故及患某些疾病的概率也有所不同，而意外和疾病是影响人的死亡率的最重要的因素。因此，对被保险人职业风险的评估在承保过程中也极其重要。中国保险行业协会于 2016 年正式发布了《商业保险职业分类与代码》，将现有职业进行划分成 20 个大类、262 个中类和 1844 个小类。各保险公司在此基础上，对现有的 1844 个小类，进行了风险划分，分成了 1~6 类风险(也有分成 7 类的)：一类职业基本为室内办公人员(例如：办公人员、公务员、程序员等)；二类职业通常是其工作性质需要外勤或有轻微体力的劳动人员(例如：如记者、推销员、业务员、清洁工人等)；三类职业属于包含一些机械操作的人员(例如：出租车司机、工程师、普通工人等)；四类职业具备一定危险性(例如：交警、城管、电梯维修人员、快递员等)；五类职业的风险系数较高(例如：农、林、牧、渔、水利业生产人员，刑警、采矿工等)；六类职业属于职业分类中风险系数最高的(例如：消防员、爆破工、高空作业人员、水手、生产运输设备操作人员及有关人员等)。一些高风险职业还会有 R 或 S 标记，风险系数会更高。1~4 类职业能正常承保；5~6 类职业的核保非常严格，加费承保或者拒保的可能性会更大；对于特别高风险的职业(7 类、S 类等)会拒保。

2. 嗜好

嗜好通常指被保险人的烟酒嗜好。某些险种在厘定费率时，采取吸烟和非吸烟两种费率，不吸烟者的费率更低。此外，在被保险人有体重过高、糖尿病、高脂血症、高血压病、冠心病、脑血管病、末梢动脉疾病或慢性呼吸系统疾病时，若还伴有吸烟习惯，则要增加相应的风险评点。对于饮酒，一般依据被保险人饮酒的量、种类、度数、是否对酒精产生了依赖性、是否对健康产生了危害等进行风险评估。如果达到了一定的日饮酒量(男性每天酒精摄入量100ml，女性每天50ml以上），即使无其他异常，也要考虑对被保险人进行加费承保。

3. 业余爱好

被保险人的某些业余爱好或追求新奇运动或刺激会明显增加伤残、死亡的发生率，如爱好登山、滑雪的人会比一般人更容易发生意外伤害。如果被保险人比较频繁地参加一些风险较高的业余爱好，核保时可以考虑附加免责特约进行除外承保。

4. 药物/毒品滥用

药物滥用是指非医疗目的使用具有依赖特性的药物，使用者对此类药物产生依赖（瘾癖）。对于药物滥用，核保时的要点包括：被保险人有无药物滥用；为何种药物滥用，所用药物是否会增加被保险人的死亡率或使其受到严重伤害；结合被保险人的健康或医疗状况，该药物是否会影响被保险人的预期寿命。对于被保险人自己有意使用毒品，有长期大量使用史，或不能戒断史，或身体状况、精神状况、家族状况不良，或有过恶性事故者，应拒绝承保。

5. 国外旅游和居住

对于出国旅游或居住的投保申请，可要求被保险人填写相关问卷，进一步了解前往原因、具体目的地、停留时间、住宿条件等。如果是去工作，还要了解具体工作性质及工作场所。对于一些低风险国家或地区，保险公司通常会按标准体予以承保；对一些有风险的国家或地区，采取加费承保；对风险较高的国家或地区，则不予承保。

（四）心理因素

心理因素主要包括投保人的投保心理以及被保险人的心理是否健康。

1. 投保者的投保心理

投保心理即投保动机，指的是投保人希望通过保险转嫁何种风险、实现何种目的。投保动机可以从投保人、被保险人、受益人之间的保险利益关系中有所发现，并可结合被保险人的年龄、职业性质、健康告知、财务状况与投保险种、保险金额、缴费方式等大致有所了解。个人保障、家庭保障、投资理财都属于常见的、合理的投保动机。对于不纯正的投保动机或投保动机不明确者，核保时应慎重对待。

2. 被保险人的心理健康

在核保实务操作中，判断一个人的心理状况是极为困难的。但是，人的心理状况确实是一个影响人类健康与寿命的重要因素，而且随着社会的发展，心理因素在人们的生活中所起的作用越来越显著。核保人员应根据自己的经验、知识和能力，尽可能地对被保险人的心理健康状况进行分析，尽量使承保结论准确、合理。

第三节　财产保险业务承保管理

财产保险承保管理涉及的险种众多、内容复杂，各险种的承保实务操作存在一定差异。本书选取财产保险业务中的机动车辆保险、企业财产保险、责任保险进行讲解与分析。

一、机动车辆保险的承保管理

机动车辆保险是承保机动车辆因遭受自然灾害和意外事故造成车辆本身的损失，以及车辆在使用过程中造成第三者人身伤亡或财产损失而应由被保险人依法承担赔偿责任的保险。我国的机动车辆保险分为机动车交通事故责任强制保险（简称"交强险"）和机动车商业保险，机动车商业保险又包括机动车损失保险、机动车第三者责任保险、机动车车上人员责任保险等主险和十余种附加险。

（一）机动车辆保险承保流程

车险承保流程图如图 4-3 所示，流程说明如下：

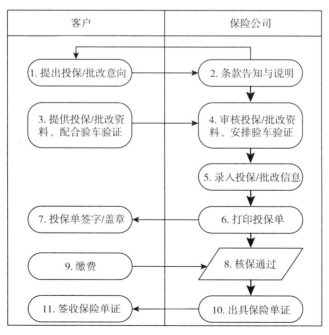

图 4-3　车险承保流程图

（1）提出投保/批改意向：由客户提出投保或批改意向。

（2）条款告知与说明：保险公司工作人员向客户作条款解释说明，明确告知客户保险责任与免除责任以及客户提出的问题。

（3）提供投保/批改资料，配合验车验证：客户根据不同的投保/批改情形，相应提供资料，并配合保险公司验车验证。客户投保时所需要提供的单证或资料如表4-3所示。

表4-3   车险投保资料

序号	单证或资料名称	适用情形	具体要求
1	投保单	新保、转保、续保	必须提供
2	购车发票或二手车购车合同	新保、转保、续保	投保损失险类必须提供
3	车辆合格证	新保	新车或未上牌车险
4	行驶证机动车登记证书	转保	已上牌车辆
5	投保人有效身份证件	新保、转保	个人提供身份证、单位提供组织机构代码证
6	车主证件	新保、转保、续保	参照当地行业协会要求
7	驾驶证	新保、转保、续保	商业险指定驾驶人时需提供
8	配合验车	新保、转保、续保	由保险公司工作人员验车
9	车船税已完税减免税凭证	新保、转保、续保	投保交强险时须提供，已有车船税平台地区除外
10	新增设备物品发票及清单	新保、转保、续保	投保新增设备时提供
11	其他资料（如车辆来历证明）	新保、转保、续保	上述情形未尽事项（拍卖合同、赠予协议等）

（4）审核投保/批改资料，安排验车验证：保险公司工作人员审核客户提供的投保/批改资料，并视情况安排验车验证。除以下三种情形可免验车外，其他情况投保商业险时需验车：

①单保责任险：是指只投保商业第三者责任险、车上人员责任险及其附加险。

②按期续保：是指本年度保单保险期间起期与上年度保单保险期间止期相连，且本年度承保的损失险类（包括车辆损失险、全车盗抢险及其附加险）险别上年均有承保。其他公司转保的按期续保业务，必须提供上期保险有效凭证（保单或保险证原件），能通过客户自主信息平台查询或车辆行业信息平台查询到上年承保情况的，视为已取得有效凭证。

③新购置车辆：是指车辆的购置日期距保险期间起期不可以超过7天。超过7天的，

不视为新购置车辆。

（5）录入投保/批改信息：保险公司录单员根据客户提供的资料和信息录入业务系统。

（6）打印投保单：录单员打印投保单。

（7）投保单或批改申请书签字/盖章：客户对投保或批改信息进行核实，确认无误的，投保人须在投保单或批改申请书上签字（个人）或盖章（单位）。

（8）核保通过：即保险公司对投保/批改信息进行审核同意承保或批改。

（9）缴费：审核通过的投保单或批改申请书（涉及加费批改）须由客户缴费后，方可生成有效保单。

（10）出具保险单证：保险公司对客户已缴费的投保单或批改申请书打印单证，然后清分并交予客户。

（11）签收保险单证：客户签收保险公司出具的保险单证。

（二）机动车辆保险的核保要素

机动车辆保险核保要素主要有：车辆自身因素、驾驶人员因素、社会环境因素和地理环境因素。

1. 车辆自身因素

车辆的安全性与车辆自身的用料、车身工艺、车辆安全配置、年限及使用性质等因素有密切关系，核保时要考虑以下要素：

（1）车辆类型。不同车辆类型运载能力、行驶速度、车辆性能不同，其风险也各不相同。目前，我国车险承保的车辆类型主要分为 5 种：客车、货车、专用车①、摩托车、拖拉机。

（2）车辆使用性质。保险公司通常将车辆使用性质为 8 大类：家庭自用、非营业企业、非营业个人、营业货运、营业出租租赁、营业公路客运、营业城市公交、非营业党政机关、事业团体。家庭自用和非营业的车辆风险相对较小。

（3）车辆产地。进口车由于价值较高，风险集中，个案损失额度往往高于国产车。

（4）排气量。排气量体现的是汽车的动力性能，排气量越大，汽车的性能越好，驾驶中提速和速度就越快，但意味着风险越大。

（5）车龄。车龄是指从最初新车购置之日起至投保之日止期间的年限。车龄越长，车辆的磨损与老化程度越高，从而导致车况越差，发生事故的风险也就越高。

（6）车辆的安全系统。汽车的安全系统，可分为撞时或撞车后的被动安全系统和能预

---

① 专用车主要指具有专门用途的车辆，如油罐车、气罐车、液罐车、冷藏车、起重车、装卸车、工程车、监测车、邮电车、消防车、清洁车、医疗车、救护车等。

知危险、回避危险的主动安全系统两个种类。其中，安全带、安全气囊、保险杠等是被动安全系统的代表，而常见的主动安全系统有 ABS（防抱死刹车系统）、TCS（牵引力控制系统）、EBD（电子制动力分配系统）、ESP（电子稳定系统）等。车辆的安全系统越完备，风险越小。

2. 驾驶人员因素

根据交通事故统计，交通事故的原因分三大类，即驾驶员、行人和车辆。因驾驶员产生的事故约占95%，行人约占5%，属于车辆保养不善的只占0.5%以下。驾驶人员的风险因素主要包括：

（1）驾驶员的年龄。汽车事故在不同年龄的驾驶员中发生概率存在一定的统计规律。按照年龄分组表明，24岁以下年龄组的青年人，年轻气盛，性情不稳定，往往喜欢高速驾车，因而发生交通事故的概率较高，而且容易导致恶性交通事故；54岁以上年龄组的老年人，驾车速度相对较慢，但因反应相对较为迟钝，也很容易发生交通事故，但导致死亡事故的比例相对较小，一般均为小事故；24~54岁年龄组的中青年人，除了生理条件具有一定优势外，一般具有一定的驾驶经验，分析和判断能力较强，同时具有稳健的心态和较强的责任感，因此，驾车相对安全，风险相对较低。

（2）驾驶员的性别。整体情况而言，男性驾驶员的重大事故肇事概率要比女性高。这主要是因为男性的性别特征决定了其更具有冒险性，驾车整体速度快。同时，在饮酒肇事事故中男性的比例也明显高于女性。

（3）驾驶员的驾龄。通常来说，驾龄越长意味着驾驶员的驾车经验越丰富，车险事故风险越低。

（4）驾驶员的肇事记录。违章、肇事记录多的驾驶员，事故发生的概率大大增加。

3. 地理环境因素

由于车辆是流动的标的，因此地理环境对车辆保险具有较大的影响，主要因素有气候、地形、地貌、路面状况等。

4. 社会环境因素

影响车辆风险的社会环境因素可分为法制环境因素和经济环境因素。（1）法制环境对于汽车风险的影响主要有两个方面：一是驾驶员与行人的法制观念。法制环境良好的地区，驾驶员和行人能够自觉遵守有关法律法规，是从根本上避免和降低交通事故的关键所在；二是法制环境良好的地区，一旦发生交通事故，对于事故得处理在法律和程序上均具有较高的确定性和透明度，从而使保险人与被保险人得利益都得到充分的保障。相反，法制环境较差的地区，保险人和被保险人的合法利益容易受到损害。（2）经济环境越好的地区，汽车风险越小。

(三)机动车辆保险的承保条件

机动车辆保险的承保条件应与其承保风险相匹配。

1. 保险条款

通常基本险所承保的风险均为标的所面临的主要风险。如果标的经过风险评估是可以承保的，则基本险条款即是允许承保的。对附加险的承保需要注意防范逆选择风险，尤其对一些高风险客户应尽量避免为其承保高风险的附加险。

2. 保险金额及责任限额

当前我国机动车辆损失保险的保险金额按投保时被保险机动车的实际价值确定。投保时被保险机动车的实际价值由投保人与保险人根据投保时的新车购置价减去折旧金额后的价格协商确定或其他市场公允价值协商确定。[①] 对于责任险的赔偿限额应注意进行适当限制，特别是对于一些大货车、大客车等，尽量减少巨额赔款的发生。

3. 特别约定

对于特别约定的审核应注意以下几点：一是投保人是否通过增加特别约定的方式拓展了保险人的保险责任；二是特别约定的内容是否合法；三是特别约定是否语句通顺，没有歧义，否则出险后保险人与被保险人之间容易产生争议。

4. 免赔额(率)

通过对出险率高的车辆不可加保不计免赔特约条款。

5. 费率

机动车辆保险基准费率表和费率系数表对被保险车辆的基本费率、费率优惠的享受条件等都有详细的规定。核保员通过对投保信息的审查来判断投保车辆的费率。

二、企业财产保险的承保管理

企业财产保险以企业的固定资产和流动资产为保险标的，以企业存放在固定地点的财产为对象的保险业务。财产基本险、财产综合险、财产一切险是企业财产保险最主要和最常用的险种。

(一)企业财产保险的承保策略

为了防范风险、提高承保质量，保险公司通常会制定企业财产保险承保指引，指明鼓

---

① 中国保险行业协会 . 中国保险行业协会机动车商业保险示范条款(2020 年版)[EB/OL].
http：//www.iachina.cn/art/2020/9/4/art_24_104621.html，2020-09-04.

励承保业务、一般性承保业务、谨慎承保业务和禁止承保业务的范围。

1. 鼓励承保业务

鼓励承保业务是指那些历年赔偿情况良好，风险发生率低的盈利性业务。这类业务的承保对象通常为行业等级为一至三级，建筑类型为防火建筑和不可燃建筑，过往三年企业财产保险平均损失记录在30%以下，所处位置的各种自然灾害威胁较低的各类企业。例如：楼宇类；食品、饮料、副食品企业；轻工机械、家用电器等企业。

2. 一般性承保业务

一般性承保业务是指有一定风险，但保费规模可观、企业各方面管理规范、风险管控意识强的业务。虽然某些标的本身行业风险较高、盈利空间有限，但是由于其可观的保费规模，市场竞争仍颇为激烈。对于这类业务，应强化风险查勘和风险选择的作用，在风险和条件相匹配的前提下，可予以承保。例如：保额超过一定额度的常规电子设备制造业（不包括PCB制造业、半导体制造业和液晶显示屏制造业）、存放在国家储备库内的农作物仓储物等。

3. 谨慎承保业务

谨慎承保业务的标的为承保效益较差、承保条件较为严格的标的。例如：造纸及纸制品生产企业、木材加工企业、塑料制品生产企业、塑料制品生产企业、纺织企业、易燃易爆化学物品生产企业等。

4. 禁止承保业务

禁止承保业务主要包括：被国家有关部门评为火灾重大隐患禁止营业的单位或企业；被国家行政当局认定存在危房、危桥等危险建筑物的单位或企业；有恶意拖欠保费记录的单位或企业；满期赔付率高于一定比例的业务；管理混乱、存在严重逆选择或道德风险的单位或企业。

(二) 企业财产保险的承保流程

1. 了解客户的保险需求

保险公司业务人员通过与客户沟通，了解客户的需求，向客户介绍企业财产保险产品。根据客户的需求，帮助客户选择适合的险种。

2. 审核投保资料

企业财产保险承保所需客户提供的资料主要包括：投保单、风险问询表、财产清单（包括厂房、生产设备、办公设备、流动资产等）、资产负债表、营业执照、机构代码证、消防验收证明、规划图、房产证及租约、银行抵押资料等。审核上述投保资料时应重点关注投保人对保险标的是否具有保险利益、保险财产地址、企业营业性质、企业的财务状况。

3. 风险查勘

核保人员须根据投保资料对标的承保可能性进行预判。如果属于保险公司禁止承保或无法承保的项目，则不安排风险查勘；如果属于承保政策规定的鼓励或一般承保类且只保固定资产的标的，并且能根据项目资料判断清楚风险，则可以不须要风险查勘。除此之外，均需要对投保企业进行实地查勘并撰写风险查勘报告。

4. 确定承保条件

承保条件主要包括保险金额、承保标的、承保费率、保险期限、免赔额、保险单的附加条款和特别约定等。

5. 签发保单

出单人员接到最终核保意见后，依照有关规定按核保结果签发保险单。

(三) 企业财产保险的承保要素

1. 保险标的分类

财产基本险、财产综合险、财产一切险的保险标的分为可保财产、特约保险财产和不保财产。

（1）可保财产。

在财产基本险、财产综合险和财产一切险的保险条款中，对于可保财产的表述一致，内容如下：

"本保险合同载明地址内的下列财产可作为保险标的：

(一)属于被保险人所有或与他人共有而由被保险人负责的财产；

(二)由被保险人经营管理或替他人保管的财产；

(三)其他具有法律上承认的与被保险人有经济利害关系的财产。"

具体而言，按会计科目分类，可保财产包括固定资产、在建工程、流动资产、其他财产和账外财产等；按企业财产项目类别，可保财产可分为房屋、建筑物、机器设备、工具及生产用品、原材料、半成品、在产品、产成品、包装物、低值易耗品、仓储物等类别。

（2）特约保险财产。

特约保险财产是需经保险双方特别约定，并在保险单中载明名称和金额，方可承保的财产。在财产基本险、财产综合险和财产一切险的保险条款中，关于特约保险财产的表述如下：

"本保险合同载明地址内的下列财产未经保险合同双方特别约定并在保险合同中载明保险价值的，不属于本保险合同的保险标的：

(一)金银、珠宝、钻石、玉器、首饰、古币、古玩、古书、古画、邮票、字画、艺术品、稀有金属等珍贵财物；

（二）堤堰、水闸、铁路、道路、涵洞、隧道、桥梁、码头；

（三）矿井（坑）内的设备和物资；

（四）便携式通信装置、便携式计算机设备、便携式照相摄像器材以及其他便携式装置、设备；

（五）尚未交付使用或验收的工程。"

（3）不保财产。

不保财产是指保险人不予承保的财产。在财产基本险、财产综合险和财产一切险的保险条款中，关于不保财产的表述如下：

"下列财产不属于本保险合同的保险标的：

（一）土地、矿藏、水资源及其他自然资源；

（二）矿井、矿坑；

（三）货币、票证、有价证券以及有现金价值的磁卡、集成电路（IC）卡等卡类；

（四）文件、账册、图表、技术资料、计算机软件、计算机数据资料等无法鉴定价值的财产；

（五）枪支弹药；

（六）违章建筑、危险建筑、非法占用的财产；

（七）领取公共行驶执照的机动车辆；

（八）动物、植物、农作物。"

第（一）（二）项所列财产属于社会公共资源，其本身的数量或价值不易估算。

第（三）项所列财产的风险和损失难以掌握，不在通用财产险条款项下承保，可以通过其他更为专业的产品进行承保。

第（四）项所列财产的价值主要在于其所载有的信息，这些信息的价值难以鉴定，不予承保。但是，这些标的发生损失后其载体材料以及复制的费用是可以确定的，可通过加贴相应扩展条款来为这些标的的物质材料损失以及复制的费用提供保障。

第（五）（六）项所列财产与政府的法规、法令相抵触，不可作为保险标的。

第（七）（八）项所列财产风险性质特殊，应由其他保险进行承保，如机动车辆保险、农业保险等。

2. 保险金额与保险价值的确定

保险价值是指保险标的在损失发生时的实际价值。保险价值是确定保险金额和损失赔偿计算的基础。在企业财产保险中，保险标的的保险价值有多种确定方式，可以为出险时的重置价值、出险时的账面余额、出险时的市场价值或者其他价值。保险人可与投保人协商，对不同的标的选择不同的保险价值确定方式，并在保险合同中载明。

保险金额是保险人承担赔偿责任的最高限额，也是计算保险费的依据。保险金额由投保人参照保险价值自行确定，并在保险合同中载明。目前，国内常用的保险金额确定方式有：按账面价值（或账面价值加成）投保、按重置价值投保、按申报价值（估报价值）投保等。

通过保险金额与保险价值的比较，可以判断是否为足额保险。保险金额超过保险价值的，为超额保险，超过的部分无效；保险金额低于保险价值的，为不足额保险，保险人按照保险金额与保险价值的比例承担赔偿责任。因此，保险公司业务人员应给予投保人以相应的建议，对超额保险或不足额保险的后果予以提醒。

3. 危险单位的划分

"危险单位"是一次保险事故可能造成的最大损失范围。危险单位划分是评估可能最大损失（Possible Maximum Loss）的基础。保险公司应当在承保风险时就确认危险单位划分并记录在案。通过危险单位划分确定最大损失范围后，保险公司对该范围内保险财产遭遇保险事故可能损失的程度进行进一步的估测，便可得出可能最大损失的金额。以此为据，保险公司可以确定自身在特定项目上的自留风险比例，并安排所需的各项再保险保障。危险单位划分的标准是坐落于同一地点的两（多）项保险财产彼此安全区隔，发生于其中一项财产的保险事故不会同时影响另一项保险财产。

自 2006 年起，我国保险监管机构推出了系列危险单位划分方法指引，包括《财产保险危险单位划分方法指引第 1 号：基本原则和基本方法》《财产保险危险单位划分方法指引第 2 号：水力发电企业》《财产保险危险单位划分方法指引第 3 号：火力发电企业》《财产保险危险单位划分方法指引第 4 号：航天风险》《财产保险危险单位划分方法指引第 5 号：公路及桥梁》《财产保险危险单位划分方法指引第 6 号：地铁隧道工程》《财产保险危险单位划分方法指引第 7 号：石油天然气上游企业》《财产保险危险单位划分方法指引第 8 号：石化企业》《财产保险危险单位划分方法指引第 9 号：半导体制造企业》《财产保险危险单位划分方法指引第 10 号：港口工程》《财产保险危险单位划分方法指引第 11 号：商业楼宇》《财产保险危险单位划分方法指引第 12 号：核电站运营期》。这些危险单位划分方法指引从危险单位划分的范围、危险单位等相关术语定义、关键风险和风险分类等几方面对财产保险危险单位的划分进行了详细规定。

4. 保险费率的厘定

在企业财产保险的经营中，保险人按照被保险财产的种类，分别制定级差费率。一般而言，影响企业财产保险级差费率的主要因素有房屋的建筑结构、占用性质、危险种类、安全设施、防火设备等。目前，企业财产保险的费率就是在考虑上述因素的基础上制定的，并分为基本险费率和附加险费率两部分。基本险、附加险费率又具体分为工业险费率、仓储险费率和普通险费率三大类，每类均按占用性质的不同确定级差费率。附加险费率指企业财产保险附加险（特约保险）的费率，一般由各地根据调查资料统计的损失率为基础进行厘定。此外，企业财产保险的短期费率，适用于保险期限不满 1 年的业务。对统保单位或防灾设施良好的投保人，保险人还可以采用优惠费率。

5. 免赔额(率)的确定

免赔额主要依据承保项目的损失频率和损失程度来确定，免赔率则一般表述为保险金额的一定百分比或损失金额的一定百分比。对于损失频率高而损失程度不大的项目，一般设定免赔额；对于损失频率不高，一旦发生损失则可能引起较大损失的项目则建议设定较高的免赔率。

三、责任保险的承保管理

责任保险是指以被保险人对第三者依法应负的赔偿责任为保险标的的保险。

(一)责任保险的承保边界

责任保险应当承保被保险人给第三者造成损害依法应负的赔偿责任。保险公司应当准确把握责任保险定义，厘清相关概念及权利义务关系，严格界定保险责任，不得通过责任保险承保以下风险或损失：被保险人故意制造事故导致的赔偿责任；刑事罚金、行政罚款；履约信用风险；确定的损失；投机风险；银保监会规定的其他风险或损失。[①]

(二)责任保险的承保流程

1. 投保标的风险评价

责任保险中投保标的是被保险人对第三方的赔偿责任，是相对抽象的风险。因此，承保过程中对标的风险评价基本依靠被保险人提供的有关文件、资料和风险问卷等信息进行风险评价。对于风险状况比较普通的保险标的，核保人可以通过投保人、经纪人等提供的书面投保单、投保问询单等资料做出标的风险评价。对于风险状况特殊的保险标的，保险人通常还需要委派专业人士对标的做出现场风险查勘和评估。

2. 确定风险保障需求

投保人对风险保障的需求是指保险具体要求和条件，包括赔偿限额、免赔额、保险主条款、附加条款等具体条件。这些条件有时候由投保人提出，有时候由保险经纪人推荐。保险条件的最终确定往往是投保人与保险人的互动过程，需要保险双方根据风险情况、市场情况、监管要求等多种因素进行协商议定，通常要经历由投保人要约到保险人反要约，

---

① 银保监会. 中国银保监会办公厅关于印发责任保险业务监管办法的通知[EB/OL]. http://www. cbirc. gov. cn/cn/view/pages/ItemDetail. html？docId＝952577&itemId＝928&generaltype＝0，2020-12-25.

再到双方协商一致，最后由保险人承诺(即同意承保)的过程。

3. 明确承保条件

责任保险的承保条件主要包括责任限额、免赔额、保险费率、保险期限、附加条款、特别约定等。

4. 签发保单

保险人应当及时向投保人签发保险单，并在保险单中载明当事人双方约定的合同内容。

(三)责任保险的承保要素

1. 赔偿限额

责任保险承保的是被保险人的责任，而不是固定价值的标的，赔偿责任因损害事故的大小而异，无法准确预测，所以责任保险中没有保险金额的规定。取而代之的是，确定赔偿限额为保险人承担的最高限额，超过限额的索赔仍由被保险人自行承担。一般来说，责任保险通常规定以下赔偿限额：

(1)每人赔偿限额：一次责任事故发生可能会造成人员伤亡和财产损失，由于生命健康的不可估价性，所以对责任事故中受到人身伤害赔偿都要设定一个限额。

(2)每次事故财产赔偿限额/特定风险赔偿限额：为了控制一次责任事故可能导致的保险赔偿能具有一定的可控性，针对具体情况的不同，可以就特定的风险进行赔偿限额的设定，其中最常见的就是设定每次事故财产赔偿限额。其他还包括针对特定风险而设定的限额，例如：产品责任险中设定的区域性赔偿限额，景区责任险中设定的游乐设施意外责任赔偿限额等。

(3)每次事故赔偿限额：一般来说，每张保单要设定一个每次事故赔偿限额，即使保单已经有了累计赔偿限额，设定每次事故赔偿限额可以降低保险人每次事故的风险。

(4)累计赔偿限额：每张保单设定每次事故赔偿限额时，一般也会为整个保险期限设定一个累计赔偿限额，以控制保险人的累积风险。累计赔偿限额一般大于每次赔偿限额，有些情况也可以与每次赔偿限额相同。

2. 免赔额

除了赔偿限额外，责任保险中通常都有免赔额条款，以促使被保险人谨慎行事，防止事故发生，减少小额零星的赔偿费用。责任险的免赔额通常是绝对免赔额，即免赔额内的赔偿由被保险人承担，无论受害人的财产是否完全灭失、受害人是否死亡；免赔额通常以具体数额确定，但也可以明确为赔偿限额或赔偿金额的一定比例。保险人在处理各类责任保险索赔时，应当履行赔偿限额内的赔偿义务，并扣除免赔额，即保险人支付的赔偿金等于索赔额减去免赔额。

3. 法律费用

法律费用(如律师费、诉讼费等)可以包含于保单约定的赔偿限额之,也可以独立于赔偿限额以外。但该费用要根据所约定的赔偿限额规定一个上限,例如赔偿限额的 10% 或 20%。

4. 承保方式

期内索赔式与期内发生式是我国责任保险领域两种主要的承保方式。两者不同的索赔机制特点,令其在不同风险业务中发挥不同的作用。

(1)期内索赔式。

期内索赔式是指在保险索赔中,不论造成第三者人身伤亡或财产损失的事件或被保险人的过错行为在何时发生,只要受到侵害的第三者在保险期限内向被保险人第一次提出有效索赔即构成保险事故,保险人就要依照保险合同承担赔偿责任。毫无疑问,采用期内索赔式承保,保险人判断是否应履行保险赔偿责任的重点是:保险事故中受损害的第三者是否在有效保险期限内向被保险人提出索赔。而对于保险事故本身,可以发生在保险期限内,也可以发生在保险期限之前。

期内索赔式的优点在于事故赔偿责任标准增加了追溯期的判定因素,且保费较低,而且选择在同一家保险公司连续投保,追溯期更长,甚至可以达到与期内发生式一样的保障效果。

(2)期内发生式。

期内发生式是指以保险事故发生的时间为承保基础,保险人负责赔偿发生在保单有效期内应由被保险人负责的损失,保险人不考虑责任事故发现的时间或提出索赔的时间。相较期内索赔式,期内发生式判断是否应履行保险赔偿责任的重点,在于保险事故本身发生的时间是否处于有效保险期限之内。

期内发生式的优点在于承保任何发生在保单期限内的承保范围内的事故,而不论事故的发现及索赔的提出是在什么时候,适宜风险因素较为隐性、复杂,事故理赔判定时间较长的风险业务。

5. 司法管辖权

责任保险保单有两处需要设置“司法管辖权”:其一,保单内容发生争议时的司法管辖,通常为中国;其二,赔案裁定的司法管辖。保单明细表中的司法管辖权指后者,影响费率等承保条件的也是后者。一些出口产品的产品责任保险、部分涉外宾馆酒店和办公楼宇的公众责任保险要求采用世界司法管辖,需要在定价时予以充分考虑。

6. 保险费率

保险费率是保险人确定承保条件的重要因素,一般需考虑以下因素:实际风险状况(被保险人的资质、经营规模、行业、地域等);公司对某险种(种类)业务的经营策略;

同类业务(险种)的赔付状况和市场价格水平；一揽子保险项目的平衡报价策略；业务来源渠道(经纪人、代理人或是直接业务)；地区性或区域性市场的特点。

第四节 承保管理案例

一、人身保险之医务核保案例

(一)案例介绍

被保险人为42岁已婚男性，某贸易公司经理，2023年3月1日为自己投保重疾险，保险金额为50万元，受益人为其妻子。既往无投保史。

投保单告知：无异常健康告知，无吸烟饮酒史，家族史无异常。

体检报告：被保险人超重(168cm/86kg，BMI-30)，血压(140/90mmHg)，尿常规无异常，心电图正常，ALT55u/l，AST30u/l，GGT80u/l，CHOL6.54mmol/l，TG2.86mmol/l，GLU5.5mmol/l，B超提示脂肪肝。

(二)核保分析

首先可以肯定的是本例投保申请不会直接通过，主要风险评估有两点：

1. 肥胖与肝功能异常、高血脂、脂肪肝等有什么联系

半数以上的肥胖者有不同程度的脂肪肝和高脂血症，脂肪肝可引起肝功能损害(图4-4)。被保险人在体检中显示肝功能轻度异常、血胆固醇和甘油三酯异常、B超显示脂肪肝。

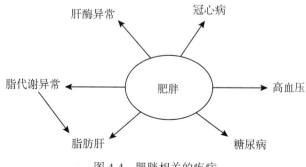

图4-4 肥胖相关的疾病

2. 被保险人出现心血管疾病等并发症的风险程度如何？

现代医学证实，体格超重者更容易罹患心血管疾病、糖尿病等，且多数死于心脑血管疾病、肾脏疾病、糖尿病及肝硬化。本案被保险人体检中虽未发现心血管系统损伤的证据，但其发生冠心病、脑血管意外的危险性依然存在并可能提前发生。

(三) 核保结论

核保人员考虑被保险人超重、肝功能轻度异常、血胆固醇和甘油三酯异常、脂肪肝，同时存在冠心病、脑血管意外的风险，决定按次标准体加费评点 75 进行承保。

二、人身保险之财务核保案例

(一) 案例介绍

被保险人 27 岁未婚男性，某电脑销售公司总经理，自己告知年收入 50 万元。2023 年 1 月 10 日申请投保终身寿险，保险金额 200 万元，受益人为其父母。

体检结果：各项检查结果均正常。

生调报告：被保险人高中毕业，3 年前在电脑城租赁了一张柜台从事电脑配件的批发及零售，雇有一名销售人员。其名下资产有一辆长安小面包车，提供了营业执照复印件和盖有公司公章的个人收入证明，被保险人称其投保的目的主要是为了彰显其身份。

(二) 核保分析

被保险人经营的公司项目单一，易受市场行情影响，收入的波动性较大。该公司规模小，实力弱，被保险人名为总经理，实为个体经营户。公司主要从事电脑配件产品销售，技术含量低，未来发展的潜力不大。同时，被保险人自己提供的收入证明可信度较低。被保险人也未能提供其他具有财务证明力的资料，如有价值的房产、汽车等。根据对同类公司的了解及被保险人所在经营场所的观察，推测被保险人实际年收入在 20 万元以内。

(三) 核保结论

在审核高额保单时，除分析被保险人财务情况之外，核保员还需要分析被保险人的投保动机、个人素质、职业前景等综合因素。本案结合被保险人年龄及收入，被保险人最高可投保金额为 200 万元。但是，被保险人投保动机不是很恰当，个人发展前景预期不高，故将保额降低至 100 万元予以承保。

三、企业财产保险承保案例

(一)企业概况

××百货大楼股份有限公司始建于1950年，是某市最早的国有商业企业，于1996年成功上市。公司涉足百货、超市、电器等经营领域，开设各类商场、门店280家，从业人员逾9万人。2022年，公司实现营业收入350亿元，完成利润6.5亿元，总资产120亿元。

(二)风险分析

保险人聘请第三方公估公司对被保险人多家门店的固定资产、流动资产进行了现场的风险巡查，主要针对其火灾、水灾、风灾、雷击风险进行了现场排查。公估公司的总体评价是：被保险人各项安全措施比较完善，但商场内部分消防栓门无法顺利打开，商场内存货存放较为密集，有一定的安全隐患，主要风险为火灾和水灾。

结合被保险人的实际情况，给出以下风险防范建议：第一，加大安全投入，逐步消除安全隐患；第二，及时疏通排水沟，保持排水口畅通；第三，仓库采取严格禁火制度，合理摆放存货；第四，清除摆放在消防栓及灭火器周围的杂物。

(三)承保方案

险种：企业财产一切险

保险期限：2023年4月1日零时起至2024年3月31日24时止，共计365天。

保险金额：固定资产RMB7560000000元；金银珠宝：RMB1335000000元。

总保险金额：RMB8895000000元。

免赔额：每次事故免赔额500元或损失金额的5%，两者以高者为准。

(四)再保险安排

因保险标的坐落地址不同，划分为20个危险单位，分别出单，每一危险单位的净自留比例在55%至80%。

四、公众责任保险承保案例

(一)企业概况

某省电力公司，统一经营公司所属或接受委托经营的发电厂及其境内电量购售业务；

操办电力建设项目；从事与电力工业有关的规划、设计、研究、咨询、试验、修造，电力器材经销；经营与本企业生产、科研相关的产品及技术的进出口业务，电力人才交流、信息服务，电力专用通信、信息网络及设施的经营、技术改造、工程建设，承修、承试电力设施，电动汽车充电换电服务等。①

(二)风险分析

1. 地区特点

该省所在地区平原辽阔，四季分明，降水较多，自然灾害较少，电网资产良好，人身伤亡标准较高，费率表中该省地区特点为标准费率。

2. 被保险人管理水平

该省公司供电企业设备的维修保养良好，安全管理制度齐全，人员素质较高，安全供电意识强，供电责任风险管理水平较高，该项费率系数可适当予以下调。

3. 权属类型

该省供电公司属于普通网省公司，配电网络占比较大，其对应的供电责任风险较大。

(三)承保方案

赔偿限额：每次及累计 10 亿元人民币

保险费率：9.41%

保险费：941 万元人民币

免赔额：每次事故财产损失免赔 500 元，每人免赔 0 元

保险期限：2016 年 3 月 20 日零时至 2017 年 3 月 19 日 24 时

付费方式：投保人在 2016 年 3 月 20 日前将保险费付至承保人账户。

适用条款：适用原保监会审核并备案的《电网供电责任险》条款。当标准条款与扩展条款和特别约定内容相悖时，以扩展条款和特别约定为准；当扩展条款与特别约定内容相悖时，以特别约定为准。

司法管辖：本保险单受中华人民共和国司法管辖。

【本章小结】

1. 承保是指保险人对投保人所提出投保申请经过审核同意接受的行为。核保是承保工作中最主要的环节，是指在投保人向保险人申请投保的前提下，由保险人对该申请进行

---

① 中国保险行业协会. 责任保险行业承保指引汇编[M]. 北京：中国金融出版社，2016：81.

审核，对风险进行评判与分类，从而决定是否接受承保、以何种条件承保的过程。

2. 承保管理以承保业务为管理对象，对签订保险合同的有关双方的权利与义务进行审核、监督和控制，以避免风险集中，提高承保业务质量，保证保险人经营稳定。承保管理的重要意义在于维持保险的公平性、防范逆选择和道德风险、维护保险经营的安全性。

3. 承保管理的原则主要包括：实现长期的承保利润、提供优质的专业服务、谨慎运用公司的承保能力、实施规范化管理。

4. 承保选择与承保控制是承保管理的核心内容。承保选择是指保险公司通过分析、审核、确定保险标的的风险状况，决定承保条件的过程。承保控制是指保险人对投保风险做出合理的承保选择后，对承保标的具体风险状况，运用保险技术手段，控制自身的责任和风险，以合适的承保条件予以承保。

5. 人身承保作业流程主要有投保申请、受理初审、信息录入、核保、处理问题件、作出承保决定、单证管理等环节。

6. 影响人身保险业务承保的主要因素有健康因素、财务因素、个人因素和心理因素。

7. 机动车辆保险承保要素主要包括：车辆自身因素、驾驶人员因素、社会环境因素和地理环境因素。机动车辆保险的承保条件应与所承保的标的风险相匹配。

8. 企业财产保险的承保要素主要包括：保险标的分类保险金额与保险价值的确定、危险单位的划分、保险费率的厘定、免赔额(率)的确定。

9. 责任保险的承保要素主要包括：赔偿限额、免赔额、法律费用、承保方式、司法管辖权、保险费率。

10. 本章通过4个案例分别讲述了人身保险医务核保、人身保险财务核保、企业财产保险承保案例、公众责任保险承保的要点。

【本章思考题】

1. 什么是承保？什么是核保？两者之间有何区别？
2. 承保管理对保险公司经营管理有哪些意义？
3. 承保管理的职能有哪些？
4. 简述事前承保选择与事后承保选择的主要内容。
5. 针对道德风险、心理风险，分别应采取哪些承保控制措施？
6. 人身保险承保作业流程包括哪些环节？
7. 人身保险的承保决定有哪些类别？
8. 简述人身保险业务承保的影响因素。
9. 简述机动车辆保险、企业财产保险、责任保险的核保要素。

10. 责任保险承保方式中期内索赔式与期内发生式的区别是什么？

【本章参考文献】

[1]付菊，李玉菲. 财产保险核保核赔[M]. 北京：中国金融出版社，2013.

[2]王稳，范娟娟. 健康保险经营与管理[M]. 北京：中国财政经济出版社，2018.

[3]吴海波，陶四海. 健康保险核保与理赔[M]. 北京：科学出版社，2015.

[4]中国保险行业协会. 财产保险承保实务[M]. 北京：中国财政经济出版社，2020.

[5]中国保险行业协会. 人身保险核保[M]. 北京：中国财政法经济出版社，2015.

[6]中国保险行业协会. 责任保险行业承保指引汇编[M]. 北京：中国财政经济出版社，2020.

第五章　保险公司的理赔管理

【本章知识结构导图】

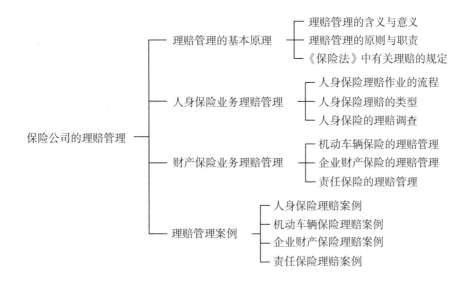

第一节　理赔管理的基本原理

一、理赔管理的含义与意义

(一)理赔、核赔与理赔管理的含义

保险理赔即处理赔案,是保险人在保险标的发生风险事故后对被保险人提出的索赔请求进行处理的行为。理赔是保险公司执行保险合同,履行保险义务,承担保险责任,发挥保险补偿功能的具体体现。一方面,理赔工作做得好,被保人的损失才可能得到应有的补偿,保险的职能作用才可能发挥,社会再生产的顺利运行和人民生活的正常安定才可能得到保障,保险公司的信誉才可能提高;另一方面,通过保险理赔,可以检验承保业务的质

量，暴露防灾防损工作中的薄弱环节，便于公司进一步掌握灾害事故发生的规律，总结和吸取经验教训，进一步改进和提高公司的经营管理工作。

核赔是指保险公司专业理赔人员对保险赔案进行审核，确认赔案是否应该赔、应该怎样赔或应该怎样拒赔的业务行为。核赔作为理赔的关键环节，是保险公司控制业务风险的重要关口。有效的核赔可以发现和防止查勘、定损、理算等环节的错误，识别和防范道德风险，从而使保险公司正确履行合同义务，准确合理支付保险赔款，维护保险人和被保险人双方的权益。同时，核赔也是对承保风险进行监督和检验，对理赔全过程进行指导、监督、管理、评价的手段之一，专业、规范、标准的核赔有利于提高保险公司管理水平。

保险理赔工作技术性强、专业化程度高，对理赔过程中所有要素的组织、计划、控制、调配需要通过管理来实现。因此，理赔管理是保险公司经营管理的基本内容，是为兑现保险合同的承诺而进行的计划、组织和控制的管理过程，是体现保险功能和价值的重要环节。

(二) 理赔管理的意义

理赔管理关系到广大客户的切身利益和保险公司的稳健经营，合理的理赔规则、快捷有效的理赔流程和客户的理赔体验等理赔管理工作水平的高低，直接影响保险公司的信誉和声望。对保险公司而言，加强理赔管理管理具有重要意义。

1. 有利于促进保险经济补偿功能的发挥

投保人通过签订保险合同转移风险，而理赔工作是保险人履行保险合同，提供风险保障，发挥经济补偿功能的具体体现。理赔使得被保险人所享受的保险利益得到实现，是体现保险合同契约精神的重要环节，只有保险的理赔工作有成效，才能使保险的职能得以有效发挥。

2. 有利于防止保险欺诈

对保险理赔进行全方位、多角度的管理，是保险公司控制经营风险、减少骗保等保险欺诈现象，保证保险公司经营活动顺利进行的必然要求。对保险理赔进行严格管理和有效地监控，分析理赔业务开展的依据、过程、结果、总结等，有利于发现和甄别投保人的逆向选择和道德风险行为，有效地界定所发生的风险事故是否为承保范围内的风险责任并确定责任的大小，从而能有效地避免保险欺诈行为的发生，减少骗赔的可能。

3. 有利于提升承保质量

通过保险理赔，能够发现保险标的的风险状况，也是对承保风险的检查和监督。通过理赔，能够发现承保条件和费率存在的缺陷，有利于根据风险状况进行风险管理，规范经营行为、改善承保品质、提高承保质量，进而提高保险公司整体风险控制水平，保证公司的有效运营。

4. 有利于增加保险公司的经济效益

理赔管理水平的高低，不仅关系保险公司当前的经济效益，还直接影响保险公司长期的经济效益和发展能力。如果理赔工作不力，一方面导致该赔付的不赔付或少赔付，势必引起客户的不满或投诉，使保险公司的声誉受损；另一方面，不该赔付的却赔付了或者多赔付，会导致保险公司资金大量流失，经营成本大幅度上升，削弱保险公司的盈利能力和竞争能力。

二、理赔管理的原则与职责

（一）理赔管理的原则

理赔直接关系到保险公司及被保险人的切身利益，理赔管理应当遵循以下基本原则：

1. 重合同、守信用

保险金的赔付是保险公司履行保险合同义务和实现经济保障职能的具体体现。在处理各种保险理赔案件时，要严格按照保险合同和有关法律法规执行，笃守信用，切实维护保险合同双方当事人的合法权益。

2. 实事求是

对每一个理赔案件的处理，应坚持以事实为依据，不掺杂任何个人主观臆断，做到既不惜赔，也不滥赔。面对复杂的理赔案件，理赔人员需要站在客观公正的立场上，摆正公司与客户的利益关系，时刻维护公平原则，积极维护诚实客户的权益。

3. 及时、主动、准确、合理

理赔必须注重时效性，即保险事故发生后，理赔人员应主动迅速地展开理赔工作，在合理的期限内尽快审定索赔材料是否完备、事故是否属于保险责任等，准确计算赔款，及时向被保险人或受益人支付赔款，避免积压和拖延赔案。要在准确的基础上，力求及时合理，使保户满意。

（二）理赔管理的职责

理赔管理的职责主要包括：

（1）理赔案件的审核与处理；

（2）年终理赔业务统计分析；

（3）各种代查勘案件的调查工作；

（4）理赔人员的培训与管理；

（5）向核保、精算及业务拓展等部门反馈信息，提出建议和意见；

(6)理赔资料的整理与归档;

(7)重大疑难案件审定小组负责讨论审定理赔部门提交的重大、疑难案件和拒付案件、协议赔付案件,并对小组作出的理赔决定负责。

三、《保险法》中有关理赔的规定

为规范保险公司理赔管理工作,保障保险人和被保险人双方的利益,我国制定了相应的法律法规和政策指引,以确保保险公司开展理赔业务时有法可依。《保险法》是保险理赔最重要的法律依据,其相关规定如下:

(一)索赔材料

《保险法》第二十二条规定:"保险事故发生后,按照保险合同请求保险人赔偿或者给付保险金时,投保人、被保险人或者受益人应当向保险人提供其所能提供的与确认保险事故的性质、原因、损失程度等有关的证明和资料。保险人按照合同的约定,认为有关的证明和资料不完整的,应当及时一次性通知投保人、被保险人或者受益人补充提供。"

(二)理赔处理的时限

《保险法》第二十三条规定:"保险人收到被保险人或者受益人的赔偿或者给付保险金的请求后,应当及时作出核定;情形复杂的,应当在三十日内作出核定,但合同另有约定的除外。保险人应当将核定结果通知被保险人或者受益人;对属于保险责任的,在与被保险人或者受益人达成赔偿或者给付保险金的协议后十日内,履行赔偿或者给付保险金义务。保险合同对赔偿或者给付保险金的期限有约定的,保险人应当按照约定履行赔偿或者给付保险金义务。保险人未及时履行前款规定义务的,除支付保险金外,应当赔偿被保险人或者受益人因此受到的损失。任何单位和个人不得非法干预保险人履行赔偿或者给付保险金的义务,也不得限制被保险人或者受益人取得保险金的权利。"

《保险法》第二十四条规定:"保险人依照本法第二十三条的规定作出核定后,对不属于保险责任的,应当自作出核定之日起三日内向被保险人或者受益人发出拒绝赔偿或者拒绝给付保险金通知书,并说明理由。"

《保险法》第二十五条规定:"保险人自收到赔偿或者给付保险金的请求和有关证明、资料之日起六十日内,对其赔偿或者给付保险金的数额不能确定的,应当根据已有证明和资料可以确定的数额先予支付;保险人最终确定赔偿或者给付保险金的数额后,应当支付相应的差额。"

(三) 索赔的时效

《保险法》第二十六条规定："人寿保险以外的其他保险的被保险人或者受益人,向保险人请求赔偿或者给付保险金的诉讼时效期间为二年,自其知道或者应当知道保险事故发生之日起计算。人寿保险的被保险人或者受益人向保险人请求给付保险金的诉讼时效期间为五年,自其知道或者应当知道保险事故发生之日起计算。"

(四) 保险公司不承担赔付责任的情形

1. 一般规定

《保险法》第二十七条规定："未发生保险事故,被保险人或者受益人谎称发生了保险事故,向保险人提出赔偿或者给付保险金请求的,保险人有权解除合同,并不退还保险费。投保人、被保险人故意制造保险事故的,保险人有权解除合同,不承担赔偿或者给付保险金的责任;除本法第四十三条规定外,不退还保险费。保险事故发生后,投保人、被保险人或者受益人以伪造、变造的有关证明、资料或者其他证据,编造虚假的事故原因或者夸大损失程度的,保险人对其虚报的部分不承担赔偿或者给付保险金的责任。投保人、被保险人或者受益人有前三款规定行为之一,致使保险人支付保险金或者支出费用的,应当退回或者赔偿。"

2. 人身保险合同

《保险法》第四十三条规定："投保人故意造成被保险人死亡、伤残或者疾病的,保险人不承担给付保险金的责任。投保人已交足二年以上保险费的,保险人应当按照合同约定向其他权利人退还保险单的现金价值。受益人故意造成被保险人死亡、伤残、疾病的,或者故意杀害被保险人未遂的,该受益人丧失受益权。"

《保险法》第四十四条规定："以被保险人死亡为给付保险金条件的合同,自合同成立或者合同效力恢复之日起二年内,被保险人自杀的,保险人不承担给付保险金的责任,但被保险人自杀时为无民事行为能力人的除外。保险人依照前款规定不承担给付保险金责任的,应当按照合同约定退还保险单的现金价值。"

《保险法》第四十五条规定："因被保险人故意犯罪或者抗拒依法采取的刑事强制措施导致其伤残或者死亡的,保险人不承担给付保险金的责任。投保人已交足二年以上保险费的,保险人应当按照合同约定退还保险单的现金价值。"

3. 财产保险合同

《保险法》第四十八条规定："保险事故发生时,被保险人对保险标的不具有保险利益的,不得向保险人请求赔偿保险金。"

《保险法》第四十九条规定："保险标的转让的,保险标的的受让人承继被保险人的权利和义务。保险标的转让的，被保险人或者受让人应当及时通知保险人，但货物运输保险合同和另有约定的合同除外。因保险标的转让导致危险程度显著增加的，保险人自收到前款规定的通知之日起三十日内，可以按照合同约定增加保险费或者解除合同。保险人解除合同的，应当将已收取的保险费，按照合同约定扣除自保险责任开始之日起至合同解除之日止应收的部分后，退还投保人。被保险人、受让人未履行本条第二款规定的通知义务的，因转让导致保险标的危险程度显著增加而发生的保险事故，保险人不承担赔偿保险金的责任。"

《保险法》第五十二条规定："在合同有效期内，保险标的的危险程度显著增加的，被保险人应当按照合同约定及时通知保险人，保险人可以按照合同约定增加保险费或者解除合同。保险人解除合同的，应当将已收取的保险费，按照合同约定扣除自保险责任开始之日起至合同解除之日止应收的部分后，退还投保人。被保险人未履行前款规定的通知义务的，因保险标的的危险程度显著增加而发生的保险事故，保险人不承担赔偿保险金的责任。"

(五)责任保险的赔偿

《保险法》第六十五条规定："保险人对责任保险的被保险人给第三者造成的损害，可以依照法律的规定或者合同的约定，直接向该第三者赔偿保险金。责任保险的被保险人给第三者造成损害，被保险人对第三者应负的赔偿责任确定的，根据被保险人的请求，保险人应当直接向该第三者赔偿保险金。被保险人怠于请求的，第三者有权就其应获赔偿部分直接向保险人请求赔偿保险金。责任保险的被保险人给第三者造成损害，被保险人未向该第三者赔偿的，保险人不得向被保险人赔偿保险金。责任保险是指以被保险人对第三者依法应负的赔偿责任为保险标的的保险。"

第二节　人身保险业务理赔管理

一、人身保险理赔作业的流程

在整个人身保险理赔的过程中，需要经过一系列工作环节和处理流程。随险种和保险事故的不同，人身保险的理赔流程存在差异，但通常包括报案受理、初步审核、立案、理赔审核、保险金给付等环节(见图 5-1)。为了使理赔能够以高效、高质的进行，保险公司对各个环节制定了相应的规则。

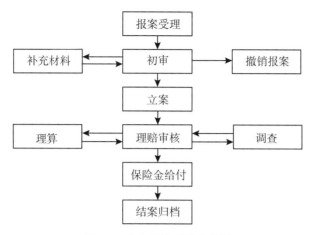

图 5-1　人身保险理赔流程图

(一) 报案受理

报案是指在被保险人发生保险事故后，知情人将事故情况通知保险公司的行为。

1. 报案人及报案方式

报案人的身份没有具体的限制，投保人、被保险人、受益人、被保险人的亲属或朋友、保险公司的业务员或者其他知情人都可以是报案人。但是，报案是投保人、被保险人及受益人的法定义务。

报案可以通过电话报案、到保险公司报案、由保险营销员向保险公司转达保险事故、网上报案等多种方式。

2. 报案要素

保险公司接到客户的报案后，应该按照固定的程序对保险事故进行登记，及时填写"出险登记"，对报案信息进行记录。报案要素主要包括：出险人信息(出险人的姓名、性别、年龄、身份证号等)，报案人信息(报案人的姓名、联系电话、报案人与出险人的关系等)，出险事故信息(出险时间、出险地点、出险经过、出险人目前的情况等)。

(二) 初审

保险公司理赔人员根据保险金申请人提供的索赔资料，对赔案进行初步审核，以决定是否接受保险金申请人的理赔申请。初审的主要任务是查看保单状态的有效性，并根据保险合同和条款的约定，审核索赔资料是否完整、有效，审核的要点包括：

1. 保单的审核

审核保单是否有效、保单缴费是否正常、有无垫缴保费、有无保单变更等。

2. 出险人的审核

审核出险人是否是保险合同的被保险人或投保人，出险人身份证件信息是否与保单记载的信息一致。

3. 申请人的审核

审核申请人是否具有保险金受益资格，是否是保单指定的受益人或者是依法享有保险金请求权的人。

4. 保险事故的审核

审核保险事故是否发生在保险合同有效期内，索赔事由是否在保险合同规定的保险责任范围内。

(三) 立案

经初步审核，对于索赔资料完整、有效，且被保险人在保险合同有效期内发生了保险合同约定的保险事故，理赔人员可受理理赔申请，并予立案。

对于不符合立案条件的案件，应在出险通知书和报案记录上注明"因××不予立案"，并向申请人做出书面通知和必要的解释。有下列情形的，通常不予立案：事故发生不在保险期间；已过索赔时效；保险金申请人资格不符合规定；索赔资料缺失；明显不属保险责任范围。

(四) 理赔审核

理赔审核是指保险公司理赔人员根据保险金申请人提供的索赔材料，对赔案进行审核，做出理赔结论并确定赔付金额的过程。理赔审核是理赔流程中最为关键的环节。

1. 理赔审核的要点

理赔审核的要点包括：审核保险合同的有效性；核实出险人是否是保险合同中载明的被保险人、投保人；判断申请理赔的出险事故是否为保险责任范围内的事故；审核保险金申请人的资格；审核理赔申请材料的完整性、真实性；判断是否需要进行理赔调查；判断是否需要咨询核保、保全、法务部门；判断是否需要通知再保险人。

2. 理赔审核结论

对理赔案件进行审核后，理赔人员做出理赔审核结论，主要包括：正常赔付、协议赔付、拒绝赔付，并根据客户投保的具体情况及调查结果决定是否解除合同。

3. 理算

理算是指理赔人员计算、核定理赔给付金额，通常按照保险合同中条款的约定进行。但是针对一些特殊情况，要扣除或退还相应的保险费用，例如：

(1)如果存在自动垫缴保费的情况，给付的人身保险金的数额应该是扣除了垫缴保费的本金和利息的金额。

（2）如果是在人身保险合同的宽限期内发生保险事故，给付的人身保险金的数额应该是扣除了应缴保费后的金额。

（3）当发生保险事故的时候，保单存在抵押贷款的情形时，保险金的给付金额应该是扣除了贷款本利和后的金额。

（4）当发生保险事故时，存在预付的理赔款项时，保险金的给付金额应该是扣除了预付赔款后的金额。

（5）当发生保险事故时，发现被保险人年龄存在误报，从而导致实缴保费少于应缴保费数额的，理赔只能调整给付金额，按照一定的比率给付保险金；对于超过应缴保费的部分，也应该按照实际情况计算，给予退还。

（6）对于存在多次保险事故发生的情况，其实际的保险金给付金额可以分次予以给付，但合计总额不能超过保险金额。

（五）保险金给付

理赔人员做出理赔结论并确定赔付金额后，理赔案件即进入了给付环节。保险公司应立即将理赔结论通知保险金申请人，并进行相应的给付工作。

（六）结案归档

理赔案件结案后，理赔人员应及时将案件的全部资料交给专业人员进行归档管理，以便于日后查找、查询。

二、人身保险理赔的类型

通常意义上，人身保险理赔包括身故、残疾、重大疾病保险、医疗保险、失能保险及护理保险等的赔付，但不包括满期给付和生存给付。[①]

（一）身故理赔

身故理赔是以被保险人死亡为保险事故，保险人依据合同约定，审核认定保险责任并给付一定的保险金额。身故类型可以分为疾病身故、意外身故、自杀身故和宣告死亡。身故理赔的审核要点包括：

1. 出险人身份

---

① 在实务中，满期给付和生存给付属于保险保全的业务范围。

审核人员可通过审核死亡证明、户口注销证明、医疗资料信息核对确认出险人身份。如果通过上述方式无法确认，还可通过走访、现场查勘或鉴定等方式确认出险人身份。

2. 事故发生时间

审核人员可通过审核各种事故证明材料(如医学死亡证明、交通事故责任认定书等)确认事故发生时间，还可通过走访、现场查勘或鉴定等方式确认。

3. 事故性质

审核人员可通过审核意外事故证明、死亡证明等确认事故发生原因，确认事故发生原因是否属于保险责任。

4. 确认保险金给付对象

身故保险金的领取人为保险合同约定的身故受益人，审核人员可通过保险合同确认保险金给付对象。没有指定身故受益人，或指定的身故受益人先于被保险人死亡且又未指定其他身故受益人，或身故受益人依法丧失受益权、放弃受益权又没有其他受益人的，身故保险金作为被保险人的遗产由其合法继承人继承。

5. 投保经历

审核人员应根据案件的不同特点，审核投保险人、被保险人是否短期集中投保高额保险，排除保险欺诈可能性。

(二)残疾理赔

残疾是指永久丧失全部或部分劳动能力或身体器官机能。2014年1月全国金融标准化技术委员会保险分技术委员会制定了《人身保险伤残评定标准及代码》(JR/T0083—2013)，由原保监会发布。残疾理赔的审核要点包括：

1. 出险人身份

审核人员可通过审核身份证明材料、医疗资料信息、伤残鉴定书确认出险人身份。如果通过上述方式无法确认，还可通过走访、现场查勘或鉴定等方式确认出险人身份。

2. 事故发生时间

审核人员可通过审核各种事故证明材料(如医疗资料、伤残鉴定书等)确认事故发生时间，还可通过走访、现场查勘或鉴定等方式确认。

3. 事故性质

审核人员可通过审核医疗资料、意外事故证明、伤残鉴定书等确认事故发生原因，确认事故发生原因是否属于保险责任。

4. 逆选择和道德风险

审核人员应重点关注是否存在保险诈骗的可能。对于投保人、被保险人短期在多家公司集中投保高额意外保险的情况应进行深度调查，核实是否存在被保险人自伤、自残或受益人故意行为的情况。

5. 伤残鉴定材料的真实性

审核人员应高度关注伤残鉴定材料的真实性，要核实鉴定机构是否具有省级司法部门颁发的司法鉴定资格。

(三)重大疾病保险理赔

重大疾病保险理赔，是指由以特定重大疾病(如恶性肿瘤、心肌梗死、脑出血等)为保险对象，当被保人患有上述疾病时，由保险公司根据保险合同约定审核认定保险责任并支付保险金。重大疾病保险理赔的审核要点包括：

1. 出险人身份

审核人员可通过审核身份证明材料、医疗资料信息核对确认出险人身份。如果通过上述方式无法确认，还可通过走访、鉴定等方式确认出险人身份。

2. 事故发生时间

重大疾病保险理赔目前包括保险合同约定的疾病、达到约定的疾病状态或实施了约定手术。疾病类以各种检查结果日期为准，手术类以手术实施日为准，疾病状态类以保险条款规定的为准。重大疾病保险条款通常设置等待期，审核人员应重点关注重大疾病确认时间是否在等待期内。

3. 事故性质

审核人员根据医疗材料，判断被保险人所患疾病是否属于条款约定的重大疾病，应充分考虑保险医学和临床医学的区别，严格遵守条款约定的重大疾病标准。

4. 逆选择和道德风险

重大疾病保险容易产生逆选择和道德风险。审核人员应关注被保险人投保动机、保险金额、出险时间、多家公司投保等情况。对于短期无法形成的慢性病，要进行深度理赔调查，核实是否存在既往病史、投保时未如实告知事故。

5. 重大疾病证明材料的真实性

审核人员应高度关注重大疾病证明材料的真实性，防止被保险人伪造、变造证明材料。若证明材料的真实性存疑，可以要求被保险人重新进行检查。

(四)医疗保险理赔

医疗保险理赔是指被保险人因疾病或意外事故发生医疗费用支出后，保险公司依据保险合同约定进行审核并支付保险金的行为。医疗保险理赔的审核要点包括：

1. 出险人身份

审核人员可通过审核身份证明材料、医疗资料信息核对确认出险人身份。如果通过上述方式无法确认，还可通过走访、鉴定等方式确认出险人身份。

2. 事故发生时间

审核人员可通过审核医疗资料确认事故发生时间。此外，审核人员要关注保险条款约定的等待期。如果被保险人因疾病出险，则需要审核是否在等待期出险；意外出险没有等待期。

3. 事故性质

审核人员根据医疗材料，判断被保险人所患疾病是否属于条款约定的保险责任。

4. 逆选择和道德风险

审核人员应关注被保险人是否开具与本次疾病诊断无关的药品或进行无关的检查，是否存在不合理住院。

(五) 失能保险理赔

失能保险又称失能收入损失保险，是指以保险合同约定的疾病或者意外伤害导致工作能力丧失为给付保险金条件，为被保险人在一定时期内收入减少或者中断提供保障的保险。失能保险理赔的审核要点包括：

1. 出险人身份

审核人员可通过审核身份证明材料、医疗资料信息、失能证明书确认出险人身份。如果通过上述方式无法确认，还可通过走访、鉴定等方式确认出险人身份。

2. 事故发生时间

审核人员可通过审核医疗资料、失能证明书等确认事故发生时间。此外，审核人员要关注事故的发生造成失能到被保险人领取保险金的时间，即条款规定的免责期间。

3. 事故性质

审核人员可通过审核医疗资料、意外事故证明、失能证明书等确认事故发生原因，确认事故发生原因是否属于保险责任。审核人员还应根据失能证明材料确认被保险人是否达到条款约定的失能标准。

4. 健康状况

理赔人员不仅要对被保险人既往健康状况进行审核，还要对当前的健康状况进行审核，以防止被保险人可能因不愿意从事工作而以健康原因为借口来获取保险金。

5. 财务状况

失能保险的理赔金额是基于被保险人的收入来决定的，应以不超过被保险人投保前的实际收入为基准。

6. 给付期间

失能保险的给付是依据其失能的程度和保险合同的约定来进行的。可以是一次性给付

（如全残给付），也可以是定期给付。

（六）护理保险理赔

护理保险是指按照保险合同约定为被保险人日常生活能力障碍引发护理需要提供保障的保险。护理保险理赔的审核要点包括：

1. 出险人身份

审核人员可通过审核身份证明材料、医疗资料信息、鉴定诊断文件确认出险人身份。如果通过上述方式无法确认，还可通过走访、鉴定等方式确认出险人身份。

2. 事故发生时间

审核人员可通过审核医疗资料、鉴定诊断文件等确认事故发生时间。

3. 事故性质

审核人员可通过审核医疗资料、意外事故证明、鉴定诊断文件等确认事故发生原因，确认事故发生原因是否属于保险责任。审核人员还应根据鉴定诊断文件确认被保险人是否达到条款约定的护理标准。

4. 健康状况

理赔人员不仅要对被保险人既往健康状况进行审核，还要对当前的健康状况进行审核。

5. 给付期间

护理保险的给付期限有 1 年、数年和终身等不同的选择，还会规定 20 天、30 天、60 天、90 天、100 天等多种免责期，因此审核时要关注给付期间和免责期。

三、人身保险的理赔调查

（一）理赔调查的目的

理赔调查是指保险公司根据已有资料尚不能做出准确的理赔结论，需要进一步明确发生的事故是否属于保险责任而向事故的相关知情人、联系人或处理人进行核实取证的工作。

人身保险理赔调查的目的是了解造成保险事故的原因、过程及其真实性，排除逆选择和道德风险，以支持理赔人员作出正确的理赔决定。

（二）需要理赔调查的情形

并非所有的理赔案件都需要理赔调查，需提起理赔调查的常见情形有：

(1)短期内出险，例如：长期保险合同订立后在两年之内出险、刚过观察期或等待期的重大疾病保险索赔。

(2)需立即进行现场取证或固定证据的，例如：交通事故、高空坠落、不明原因死亡等。

(3)案件事实不清、证据不足或提供的证明材料存在涂改、伪造等虚假嫌疑。

(4)发现有属于投保前已患疾病的。

(5)所患疾病发生的医疗费用存在明显不合理性的。

(6)投保单记载的职业与出险时的职业有很大差异的。

(7)报案时间过迟，且无法合理解释的。

(8)存在保险欺诈、恶意投保可能或有保险责任免除可能的。

(三)理赔调查方法

1. 现场查勘

前往事故证明单位、事故发生地或其他保险公司核实取证。现场查勘注意事项：（1）掌握第一现场资料，了解保险事故的真相；（2）准确查实是否属于保险责任，明确保险事故；（3）除了解事故情况外，必须了解是否属于"责任免除"和"如实告知"；（4）调查报告必须客观公正、真实，调查结案后应于次日完成调查报告。（5）调查时不得谈及该案是否赔付或保险公司调查重点及范围。

2. 询问调查

通过谈话或问话的方式了解情况。常见询问可分为正式询问和非正式询问；根据询问人身份的出现情况，分为正面询问和侧面询问；在形式上，有走访询问、电话询问等。询问调查过程中，调查人员应及时制作"询问笔录"和"访问笔录"

3. 委托调查

委托专门机构进行调查或鉴定。调查中需要解决案件中专业性问题（如需对伤残、死亡、医疗等进行鉴定），应当及时聘请专门机构进行鉴定。

第三节 财产保险业务理赔管理

与财产保险承保管理相对应，本书选取财产保险业务中的机动车辆保险、企业财产保险、责任保险进行理赔管理的讲解与分析。

一、机动车辆保险的理赔管理

机动车辆保险的理赔流程如图 5-2 所示，主要包括以下环节：

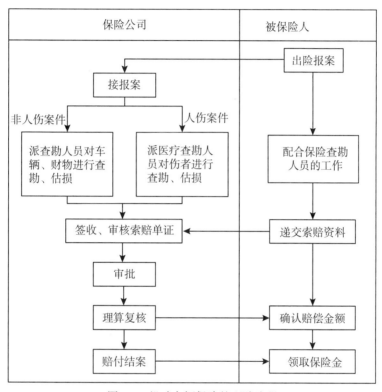

图 5-2　机动车辆保险的理赔流程

(一) 接报案

(1)出险后，客户向保险公司理赔部门报案(一般保险公司要求事发 48 小时内报案)。

(2)内勤接报案后，要求客户将出险情况立即填写《业务出险登记表》(电话、传真等报案由内勤代填)。

(3)内勤根据客户提供的保险凭证或保险单号立即查阅保单副本并抄单以及复印保单、保单副本和附表。

(4)查阅保费收费情况并由财务人员在保费收据(业务及统计联)复印件上确认签章(特约付款须附上协议书或约定)。

(5)确认保险标的在保险有效期限内或出险前特约交费，要求客户填写《出险立案查询表》,予以立案(如电话、传真等报案,由检验人员负责要求客户填写),并按报案顺序编写立案号。

(6)发放索赔单证。经立案后向被保险人发放有关索赔单证,并告知索赔手续和方法(电话、传真等报案,由检验人员负责)。

(7)通知检验人员,报告损失情况及出险地点。

(二)查勘定损

(1)检验人员在接保险公司内勤通知后1个工作日内完成现场查勘和检验工作(受损标的在外地的检验,可委托当地保险公司在3个工作日内完成)。

(2)要求客户提供有关单证。

(3)指导客户填列有关索赔单证。

(三)签收、审核索赔单证

(1)内勤人员审核客户交来的赔案索赔单证,对手续不完备的,向客户说明需补交的单证后退回客户,对单证齐全的赔案应在"出险报告(索赔)书"上签收。

(2)将索赔单证及备存的资料整理后交核赔人员。

(四)审批

(1)权限内的赔案交主管理赔的经理审批。

(2)超权限的逐级上报。

(五)理算复核

(1)核赔经办人接到内勤交来的资料后审核,单证手续齐全的在交接本上签收。

(2)所有赔案必须在3个工作日内理算完毕,交核赔负责人复核。

(六)赔付结案

复核无误后,保险公司向被保险人进行赔付,最后结清案件。

二、企业财产保险的理赔管理

(一)理赔流程

企业财产保险的理赔流程主要包括以下环节:

（1）客户出险报案、填据出险说明书。

（2）保险公司收集相关单据、核对有关内容。

（3）保险公司现场查勘。

（4）保险公司核定责任和损失。

（5）保险公司缮制查勘报告。

（6）保险公司理算损失、缮制理赔计算书。

（7）保险公司核赔。

（8）保险公司出具理赔通知书、客户签章确认。

（9）保险公司支付赔款。

（二）赔偿方式

企业财产保险合同约定的保险赔偿方式通常有两种：一是保险人向被保险人支付赔款；二是重置赔偿方式，即保险人承担费用使保险标的恢复原状或置换受损保险财产。

我国现行的《企业财产保险综合险条款》采取的是保险人向被保险人支付赔款的方式，而《企业财产一切险条款》则提供了两种赔偿方式可供选择。选择重置方式进行赔偿的原因主要有以下几种：第一，保险人难以就赔偿款和被保险人协商一致，而重置方式所需费用又比被保险人主张的赔偿款少得多。第二，保险人怀疑造成保险财产受损的真正原因，或怀疑被保险人的索赔金额过于巨大，但又没有充分的证据证明被保险人有故意或欺诈行为。第三，保险财产损失较轻，用重置方式赔偿受损财产比较快捷方便而且节约费用。

（三）赔偿金额的计算

由于企业财产保险属于不定值保险，保险标的发生保险责任范围内的损失时，保险人按照保险金额与保险价值的比例承担赔偿责任。企业财产保险的具体赔偿金额的计算方式如下：

1. 全部损失

受损财产的保险金额等于或高于保险价值时，其赔偿金额以不超过保险价值为限；保险金额低于保险价值时，按保险金额赔偿。

2. 部分损失

受损财产的保险金额等于或高于保险价值时，其赔偿金额按实际损失或受损财产恢复原状所支付的修复费用计算；保险金额低于保险价值时，其赔偿金额按保险金额与保险价值的比例计算，即赔偿金额＝实际损失或受损财产恢复原状所支付的修复费用×（保险金额/保险价值）。

(四) 施救费用的赔偿

发生保险事故时，被保险人所支付的必要、合理的施救费用的赔偿金额在保险标的损失之外另行计算，最高不超过保险金额。若受损保险标的按比例赔偿，则该项费用也按财产损失相同的比例赔偿。

(五) 残值

保险标的遭受损失后的残余部分，一般按照协议作价折归被保险人，作价折归被保险人的金额也按照合同中的约定，视保险金额与保险标的的保险价值的具体情况，按比例扣除。

三、责任保险的理赔管理

(一) 责任保险赔偿的构成要件

明确责任保险赔偿的构成要件是做好责任保险理赔工作的基础环节，责任保险赔偿必须同时满足以下条件：

1. 被保险人发生责任保险范围内的保险事故

这是保险人履行赔偿义务的基本条件。如果被保险人发生的事故不属于责任保险范围(即为除外原因、除外费用)，即使被保险人因主观过错或者根据法律规定无过错行为而产生法律上的民事损害赔偿责任，保险人也不承担赔偿责任。

2. 被保险人对受害人依法应承担损害赔偿责任

这是保险人履行赔偿义务的前提条件。保险人承担损害赔偿责任的原因有两种：一是被保险人主观上有过错，即由于被保险人主观过错导致受害者遭受物质上和精神上的损害；二是被保险人根据法律规定的无过错行为产生的损害赔偿责任，此类行为法律有明确的规定，凡属于法律明确规定的无过错行为的，被保险人必须承担赔偿责任。除此之外原因产生的损害赔偿责任都不在保险人的责任范围。

3. 受害人向致害人(被保险人)提出损害赔偿请求

这是保险人履行赔偿义务的必要条件。因为责任保险的标的是一种无形的民事损害赔偿责任，即被保险人对受害人的损害赔偿责任。如果被保险人有侵权行为，但是受害者基于某些原因并没有向致害者提出赔偿请求。那么根据财产保险的损失补偿原则，此时被保险人无损失，保险人也不必承担赔偿责任。

4. 保险人在责任保险赔偿限额内对被保险人的损失进行赔偿

这是保险人履行赔偿义务的限制条件。在责任保险中，由于其保险标的是法律责任，且保险事故的大小和频率无法确定，所以责任保险的保险标的没有"保险金额"的概念，只能由保险人和被保险人共同约定一次事故和累计事故的赔偿限额。赔偿限额是保险人履行赔偿义务的最高金额，保险人对赔偿限额内的损失予以补偿。

5. 保险人直接向受害者支付赔偿金应符合法律规定

这是保险人直接向受害者进行赔偿的法律条件。我国《保险法》第六十五条　第1、2款规定："保险人对责任保险的被保险人给第三者造成的损害，可以依照法律的规定或者合同的约定，直接向该第三者赔偿保险金。责任保险的被保险人给第三者造成损害，被保险人对第三者应负的赔偿责任确定的，根据被保险人的请求，保险人应当直接向该第三者赔偿保险金。被保险人怠于请求的，第三者有权就其应获赔偿部分直接向保险人请求赔偿保险金。"

(二)责任保险理赔的重要环节

1. 了解承保、出险情况和案件处理过程

(1)承保信息。对承保信息的准确掌握和了解是责任保险理赔工作的基础，承保信息主要来源于投保单、保险单、批单、保费收据等单证文件以及系统内的承保数据。承保信息的要素包括：承保方式、承保险别、被保险人信息、保险期限、追溯期和发现期的约定、责任限额、免赔额、保单特别约定等。

(2)出险信息。对出险信息的掌握主要来自报登记和出险索赔通知书，出险信息的要素包括：出险时间、出险地点、人员伤亡情况、财产损失估计、第三者对被保险人的索赔情况、是否采取施救和善后处理措施等。

(3)案件处理情况。主要通过查勘报告或调查(理赔)报告来了解案件的处理情况，其要素包括：是否进行事故调查、伤人案件医疗跟踪人员是否及时介入、是否邀请了有关部门或者专家来进行事故鉴定、案件是否经历了司法程序、受损害的第三方是否向被保险人提出索赔、是否向法院或仲裁机构起诉被保险人等。

2. 审核赔案单证

核赔人员在审核责任险案卷时，必须要注意各种案卷单证前后逻辑的一致性，对重要单证进行严格要求并审核其真实性。由于责任保险有以法制为基础、以民事赔偿责任为标的、事关第三者利益等特征，必要时还可以要求被保险人完善相应的法律手续，以避免后续产生法律纠纷。

3. 核定保险责任

在对责任险的保险责任进行审核时，必须注意以下几点：审核出险时间是否在保险期限内；事故地点是否发生在保险条款或保险单约定的范围内；核定事故原因是否属于保险责任。

4. 核定标的损失、赔偿项目及费用

责任保险的赔偿范围一般包括两个方面：第一，保险人负责赔偿被保险人因对第三者造成的人身伤害和财产损失而依法应承担的赔偿责任，但是保险人只对第三者财产的直接损失负责赔偿，对于间接损失一般不予负责。第三者人身伤害的赔偿范围一般包括丧葬费、残疾与医疗费用等。第二，对于因赔偿纠纷引起的诉讼、律师费用及其他事先经保险人同意支付的费用，保险人也予以承担，但最高赔偿责任不超过保单上所规定的每次事故的赔偿限额或累计赔偿限额。

5. 审核赔款计算

在审核责任保险赔款计算时，核赔人员须对业务系统数据与案件事实的完整性、一致性进行审核，并对业务系统数据真实性负责。

第四节 理赔管理案例

一、人身保险理赔案例

（一）案情简介

被保险人 2016 年投保重大疾病保险附加住院手术费用医疗保险。2020 年，被保险人因发现患子宫肌瘤在当地某三级甲等医院进行手术治疗，住院 10 天，花费 11000 元。经核实，被保险人没有既往病史。①

（二）案例分析

本案在进行理赔的过程中，需要注意以下几点：

1. 保单状态有无异常或批改

审核理赔案件时，应关注保险事故是否发生在保单有效期内。此外，还应注意待审核案件是否涉及宽限期、复效、保额增减、不承保事项等情形。

2. 是否存在既往病史或投保前疾病

被保险人发现患子宫肌瘤时，其保险合同已经生效 4 年，已超过保险合同条款约定的

---

① 本案例改编自：中国保险行业协会. 人身保险理赔［M］. 北京：中国财政经济出版社，2016：244-245.

90 天观察期。但是，在理赔审核中应注意：子宫肌瘤多为择期手术治疗，病史可能很长，需特别关注是否存在既往病史或投保前疾病；住院时，还有隐瞒病史的可能，必要时可进行调查。

3. 就诊医院是否符合保险合同的约定

住院医疗保险合同条款中通常会将"医院"定义为："具有系统性诊疗等程序或手术设备的经国家卫生行政部门认定的二级或以上综合性医院和专科医院，及保险公司指定或认可的经国家卫生行政部门核准开业的其他医院，但上述医院不包括观察室、联合病房和康复病房。"被保险人本次就诊的为三级甲等医院，符合保险合同的约定。

4. 医疗费用是否合理

医疗费用审核的关键在于是否存在与诊断不符的检查及治疗费用。子宫肌瘤费用包括以下三个方面：一是检查费用，一般一千元左右；二是床位费用，大部分患者都需要住院5~14 天，每天一百元左右，10 天即 1 千元左右；三是手术费用，手术费用有开腹手术、腹腔镜手术等多种，每种手术费用不同，费用大多为 3000~15000 元。

综上所述，本案中被保险人没有既往病史，住院时间及费用合理，正常赔付。

二、机动车辆保险理赔案例

(一) 案情简介

张先生的车辆在某保险公司投保了交强险和商业第三者责任险，商业第三者责任险的保险金额为 10 万元，未投保不计免赔特约条款。在某次事故中，张先生的车辆造成王某受伤，除交强险赔付的金额外，张先生还赔偿了王某各项损失共计 115000 元。在这次事故中，张先生承担事故的全部责任，按照保险合同的约定，免赔率为 20%。

(二) 案例分析

本案的焦点是车险理赔费用应该如何计算？

第一种计算方式为先计算免赔率(额)，则张先生应获得的赔偿是：实际赔偿金额 = 115000×(1-20%) = 92000 元，该金额未超过保险金额，应按该 92000 元赔偿。

第二种方式为最后计算免赔率(额)，则总损失 115000 元超过了保险金额，应按保险金额 100000 元计算，张先生应获得的赔偿是：实际赔偿金额 = 100000×(1 - 20%) = 80000 元。

上述两种计算方式中，哪种正确呢？在车险理算中，先按照保险合同的约定，计算被保险人应当获得的赔偿金额，然后在该金额中扣除免赔率(额)后，是保险公司实际应当赔偿的金额。因此，扣除免赔率（额）是保险理算的最后一个步骤，应当最后进行。在本案中，第二种计算方式是正确的，张先生实际应当获得的赔偿金额为 80000 元。

三、企业财产保险理赔案例

（一）案情回顾

2019 年 7 月 20 日 17 时 20 分左右，浙江某针纺有限公司定型车间导热油管突发漏油，高温导热油滴落在打卷车间内的布匹上，很快引燃布匹产生明火并迅速蔓延，消防部门经过 6 个小时施救扑灭明火，过火面积约 3000m²。火灾导致被保险人打卷车间和仓库布匹基本烧毁，厂房和机器设备不同程度受损。[①]

（二）理赔经过

保险公司接到被保险人报案后，及时与被保险人代表取得联系并赶往事故现场查勘。组织理赔人员对受损房屋、机器设备及施救出来的存货布匹进行查勘和清点，第一时间收集封存了记录库存台账的电脑硬盘和手工出货单，向生产厂长就事故发生情况、工厂生产管理情况做了询问笔录。之后走访中国轻纺城布料批发商，了解跟事故相关布料（全棉、仿棉和全涤不倒绒）的销售价格。对重复投保的建筑物厂房进行分摊比例等工作。通过前期高效有序现场查勘及调查，最终以赔付 790 万元结案。

（三）案件点评

本案的难点在于受损标的存货数量的确定。保险公司根据现场施救出来的布匹卷数、查勘询问笔录、库存台账（电脑硬盘数据和手工出货单）、残骸体积结合监控录像等证据还原现场存货布匹码放堆叠情况，减少争议分歧，最大程度地维护了公司和被保险人的利益。

四、责任保险理赔案例

（一）承保情况

某大型石化企业向 X 保险公司投保了环境污染责任保险，累计赔偿限额 1000 万元，

---

① 该案例来源自搜狐网：2020 年永诚财产险十大典型案例，https：//www.sohu.com/a/447214164_99914726，2021-01-28.

每次事故赔偿限额 500 万元。①

(二)事故经过

被保险人位于某加油站旁的苯管线发生泄漏，液苯流入附近排水沟渠，并随着流水顺流而下。后与不明火源沿线沟渠着火，不同程度地影响到附近四个村落居民的人身伤亡及财产安全。

(三)保险责任认定

事故发生在厂区外，但属于企业的经营区域，×保险公司确认事故属于突发性、意外事故，属于保险责任。

(四)损失理算及结论

事故发生后，当地政府部门及被保险人高度重视。一方面，积极采取有效措施，控制污染源，防止事态进一步扩大；另一方面，由当地环保、农业、畜牧、房地产、水利、物价、广电、协作局 8 个部门组成调查组，对事件造成的影响和损失情况进行了调查摸底核实。当地人民政府及被保险人根据调查组的调查核实报告，并经平等协商确定了损失情况：

(1)农业损失：45 万元

(2)畜牧损失：72 万元

(3)经营门店及超市损失：16 万元

(4)房屋及屋内设施损失：156 万元

(5)医疗费用 5 万元

(6)基础设施损失：35 万元

(7)其他损失(误工、抢修、鉴定检测等)60 万元

共计损失 389 万元。保险公司按保单约定赔付了 389 万元。

【本章小结】

1. 保险理赔即处理赔案，是保险人在保险标的发生风险事故后对被保险人提出的索赔请求进行处理的行为。核赔是指保险公司专业理赔人员对保险赔案进行审核，确认赔案

---

① 该案例选自：中国保险行业协会．责任保险行业承保指引汇编［M］．北京：中国金融出版社，2016：68-69.

是否应该赔、应该怎样赔或应该怎样拒赔的业务行为。核赔是理赔过程中的一个关键环节。

2. 理赔管理应当遵循以下基本原则：重合同、守信用；实事求是；及时、主动、准确、合理。

3. 随险种和保险事故的不同，人身保险的理赔流程存在差异，但通常包括报案受理、初步审核、立案、理赔审核、保险金给付等环节。

4. 人身保险理赔包括身故、残疾、重大疾病保险、医疗保险、失能保险及护理保险等的赔付，但不包括满期给付和生存给付。

5. 保险理赔调查的目的是了解造成保险事故的原因、过程及其真实性，排除逆选择和道德风险，以支持理赔人员作出正确的理赔决定。理赔调查方法主要有现场查勘、询问调查和委托调查。

6. 机动车辆保险的理赔流程主要包括以下环节：接报案、查勘定损、签收并审核索赔单证、审批、理算复核、赔付结案。

7. 企业财产保险合同约定的保险赔偿方式通常有两种：一是保险人向被保险人支付赔款；二是重置赔偿方式，即保险人承担费用使保险标的恢复原状或置换受损保险财产。

8. 责任保险赔偿的构成要件有 5 个：被保险人发生责任保险范围内的保险事故；被保险人对受害人依法应承担损害赔偿责任；受害人向致害人（被保险人）提出损害赔偿请求；保险人在责任保险赔偿限额内对被保险人的损失进行赔偿；保险人直接向受害者支付赔偿金应符合法律规定。

9. 本章通过 4 个案例分别讲述了人身保险理赔、机动车辆保险理赔、企业财产保险理赔、责任保险理赔的要点。

【本章思考题】

1. 保险理赔与核赔之间存在什么关系？

2. 保险公司理赔管理的职责有哪些？

3.《保险法》中是如何规定保险索赔时效的？

4. 人身保险理赔中，身故理赔与残疾理赔的审核要点有哪些不同之处？

5. 列举 5 种人身保险理赔中需要进行理赔调查的情形。

6. 理赔调查方法有哪些？

7. 机动车辆保险理赔时应注意哪些问题？

8. 企业财产保险常见的保险赔偿方式有哪些？

9. 企业财产保险的赔偿金额如何计算？

10. 简述责任保险赔偿的构成要件。

【本章参考文献】

[1]陈艳茜.保险人伤理赔实务[M].北京：中国财政经济出版社，2021.

[2]汤沛，邬志军.汽车保险与理赔[M].北京：机械工业出版社，2023.

[3]吴海波，陶四海.健康保险核保与理赔[M].北京：科学出版社，2015.

[4]中国保险行业协会.人身保险理赔[M].北京：中国财政经济出版社，2015.

[5]中国保险行业协会.人身保险理赔实务（中级）[M].北京：中国财政经济出版社，2020.

第六章　保险公司的投资管理

【本章知识结构导图】

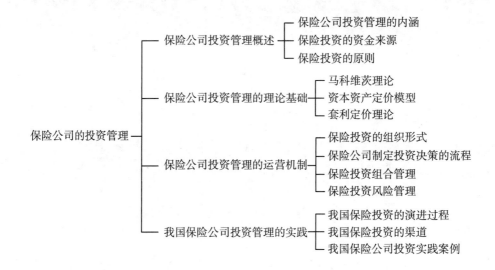

第一节　保险公司投资管理概述

一、保险公司投资管理的内涵

保险投资又称保险资金运用，是指保险公司在组织经济补偿和给付过程中，将积累的闲散资金合理运用，使资金增值的活动。保险资金运用是保险公司重要的利润来源，是保险公司防范风险的重要手段，也是保险公司扩大承保和偿付能力的重要保障。

保险公司投资管理，是指保险公司在运用保险资金的过程中，通过对投资活动进行分析、衡量，有效地安排投资的方向、比例，监测、控制投资风险，在保证安全性的前提下，用最低的投资成本获得最大收益的管理过程。

保险公司的投资管理对于保险公司的发展和国家经济的发展都具有重要意义和作用。

通过投资管理提高资产质量、增加投资收益、提高资金使用效率、增强风险控制，保险公司可以实现自身利益最大化，同时也为金融市场稳定和国家发展作出贡献。

二、保险投资的资金来源

从资金来源来看，保险公司的投资资金主要由自有资金和负债资金两大部分构成。

（一）自有资金

1. 资本金

拥有法定资本金是保险公司成立的一个必要条件，也是保险公司经营的一个前提。资本金是指保险公司成立时由股东认缴的股金或由政府拨款的金额以及个人拥有的实际资本。为了保证保险经营的稳定和保障被保险人的利益，各国保险法都对资本金做了明确规定，最低资本金的数额在不同的国家的要求并不一致。

美国纽约州根据保险人的组织形式规定最低资本金：人寿保险股份有限公司的最低资本金为 450 万美元，相互人寿保险公司的最低资本金为 15 万美元，财产与责任保险股份有限公司的资本金不得低于 405 万美元，财产与责任相互保险公司必须拥有 50 万美元以上的资本金。美国不仅规定了最低注册资本金，而且还要求寿险公司在经营过程中必须维持指定的最低资本数额。如美国纽约州规定，人寿保险公司股份有限公司最低资本金必须经常维持在 200 万美元，相互人寿保险公司则为 10 万美元。已经开业的寿险公司如果出现资金不足，低于最低资本金的要求，监督机构可以责令其增加资本以达到法律的要求。

我国《保险法》规定，设立保险公司，其注册资本的最低限额为人民币两亿元。国务院保险监督监管机构根据保险公司的业务范围、经营规模，可以调整其注册资本的最低限额，但不得低于人民币两亿元。保险公司的组织资本必须为实缴货币资本。

此外，各国保险法还要求保险企业用一定比例的资本金缴纳保证金，以在保险公司清算时用于清偿债务。我国《保险法》规定保险公司应当按照其注册资本总额的 20% 提取保证金，存入国务院保险监督管理机构指定的银行，除公司清算时用于清偿债务外，不得动用。

尽管不同的国家对于保险公司资本金的规定存在差异，但将资本金作为其中一种保险投资资金的来源，在各个国家的保险市场已经达成了共识。保险公司的资本金属于公司的所有者权益部分，是保险人的自有资金，一般情况下不需要承担偿付责任，但如果发生了特大自然灾害事故或者出现经营不善导致偿付能力不足时，才会动用资本金去填补亏损。从资本金的属性来看，它是保险公司的自有资金，是股东对保险公司的投资。根据我国

《公司法》的规定，股东一般不能撤回资金。因此资本金除去上缴保证金部分外，其余部分基本处于闲置的状态。资本金具有稳定性和长期性的特点，可以作为保险公司进行长期投资的资金来源。

2. 公积金

我国《保险法》明确规定，保险公司应当依法提取公积金。公积金是指保险公司为满足经营业务和发展需要而保留的盈余，它是资本公积金和盈余公积金的总称，是保险公司所有者权益的重要组成部分。

资本公积金一般包括三个部分，即捐赠公积金、资本溢价公积金和资本折算差额。捐赠公积金是指保险公司因接受现金或其他资产捐赠而增加的投资人权益；资本溢价公积金是指投资人缴付的出资额大于注册资本而产生的差额；资本折算差额是指保险公司实际收到外币投资时，由于汇率变动而发生的有关资产账户与实收资本账户的折合记账本位币差额。

盈余公积金由法定盈余公积金和任意盈余公积金两个部分构成，两者都是依法从历年税后利润中提取的，并且是保险公司偿付能力的重要组成部分。我国《保险公司财务制度》第五十八条第三款规定："保险公司应提取法定盈余公积金。法定盈余公积金按税后利润（减弥补亏损）的10%提取，法定盈余公积金累积达到注册资本的50%时，可不再提取。"按照规定提取法定盈余公积金后，可以按照公司章程或股东会议决议，提取相应的任意盈余公积金，其中包括保险总准备金。保险总准备金一般指应付特大风险损失的一项专项准备金，又称巨灾准备金。

与资本金一样，公积金也属于公司的所有者权益部分，是保险公司的自有资金，正常情况下处于闲置的状态。因此，公积金也具有稳定性和长期性的特点，可以用于长期投资。

(二) 负债资金

保险公司经营具有明显的负债性特点，即业务收入发生在先、赔付支出发生在后。根据大数法则的原理，保险公司承保大量的同类风险保单，通过管理和运作客户预先缴纳的保费所形成的保险资金，达到分散风险、分摊损失并获取利润的目的。但是，保险公司对客户的负债具有很大的不确定性，对于一份没有到期或者是没有终止的保险合同来说，无法确定在保险期间内是否会发生保险事故，即使知道已经发生了保险事故，也不一定能很快确定最终的理赔金额和结案时间。为了保证保险公司的正常经营，保护被保险人的利益，各国一般都以保险立法的形式规定保险公司必须提存保险准备金，以确保保险公司具备与其保险业务规模相应的偿付能力。保险公司根据不同的业务提取相应的责任准备金，这些责任准备金主要包括：

1. 非寿险未到期责任准备金

保险公司通常以每年的最后一天(12月30日)作为会计评估日,对保险业务进行评估核算并编制相应报表。由于保费的收取总是早于未来义务的履行,加之保险年度与会计核算年度不相匹配,保险事故可能发生在评估日和保单到期日之间的任一时刻,因此保险公司在评估日必须承担未来保险事故可能发生引起的责任,同时还应承担退保风险。根据会计核算的权责发生制原则,该段时间的保费不应作为利润直接入账,而应在评估日提取相应的准备金,以反映在评估时点保险公司所应承担的责任,该部分准备金称为"保费责任准备金",也成为"未到期责任准备金"。

2. 赔款准备金

对于已经发生保险事故的有效保单,在未结案之前,保险公司就需要准备向保单持有人履行赔付责任并承担赔付过程中所发生的费用,这些统称为"赔款准备金",包括未决赔款准备金和理赔费用准备金。

根据评估时点和已发生事故报告日之间的关系,可以将未决赔款准备金进一步划分为两种。当评估日在事故发生日和事故报告日之间时,保险公司在评估日并不知道事故已经发生,但保险公司肯定要对这种已发生,但由于报案延迟还未报案承担责任,为该种责任提取的准备金称为"已发生未报案未决赔款准备金";当评估日在事故报告日之后时,保险公司已经收到赔案报告,但由于赔案延迟,必须经过勘查并确定赔付金额之后才会进行赔偿,对于此类处于已报案但未完全赔付状态的赔案,保险公司必须计提相应的准备金,称为"已发生已报案未决赔款准备金"。

保险公司处理赔案的过程当中,会发生相关费用,为这些费用计提的准备金称为"理赔费用准备金"。根据费用的具体情况,可以将理赔费用准备金做进一步的细分。其中,直接发生于具体赔款的费用,称为直接理赔费用,如专家费、律师费、损失检验费等,需计提直接理赔费用准备金;不是直接发生于具体赔案的费用,称为间接理赔费用,需计提间接理赔费用准备金,如从事理赔的员工薪酬等。

由于财产风险的特殊性,财产保险所处理的风险是多种多样的,因此其承担风险发生的随机性也会随之变大,赔款准备金自然成为了财产保险资产负债表中的最大负债。

3. 寿险责任准备金

对以死亡为保障责任的保险,死亡率通常随年龄增长而上升,但在实际中保险费则是以趸缴、限期缴费的均衡保费和可变动保费的形式购买的;对以生存为保险责任的保险,生存金的支付则一般在时间上要晚于保险费缴费的时间。因此,在保单早期,投保人支付的保费会超过当前会计年度的保险成本;在保单后期,情况却正好相反。这些不是立即用于支付保险金和费用的剩余资金,必须由保险公司确认并为所有保单所有人的利益而保存起来,直至未来某天用于履行对客户的理赔或给付承诺。类似地,当投保人以趸缴保费形式购买保单时，该保费成为保单所有人对未来赔款和费用支出的唯一来源。因此，这一保费的大部分必须由保险公司持有并不断积累以备履行未来义务。这可以很好解释为什么在寿险公司的资产中，大部分对应的是准备金负债。随着寿险业务的不断扩大，责任准备金的规模也不断增大。据估计，寿险责任准备金的90%可用作长期投资。

4. 存入分保准备金

除了非寿险和寿险中常见的准备金外，存入分保准备金也可以作为保险投资的资金来源。存入分保准备金是指保险公司的再保险业务按照合同约定，由分保分出人扣存分保接受人分保费中的一部分，以应付未了责任的准备金。存入分保准备金通常根据分保业务账单按期扣存和返存，扣存期限一般为十二个月，至下年同期返还。

5. 储金

储金业务是指保险企业在办理保险业务时，不是直接向投保人收取保费，而是向投保人收取一定数额的到期应返还的资金，以储金产生的收益作为保险收入的业务，是一种返还型的保险形式。例如，家庭财产两全保险是一种定期三年、五年的长期性保险业务，具有补偿经济损失和保险期满还本的双重性质。投保时所缴纳固定的费用则称为储金，保险期满时，无论在保险期间内是否发生赔付，保险储金均返还投保人。由于储金业务可以拓展保险业务和扩大资金来源，所以财产保险公司正在大力发展该项业务。

6. 长期责任准备金

我国对长短期险种的分类是以险种的期限划分，保险期在一年期内的称为短期险种，超过一年期的称为长期险种。长期责任准备金是指财产保险公司对长期财产保险业务，如商品房抵押保险、汽车消费信贷保证保险、长期工程险等提取的准备金。由于长期财产保险业务按照业务年度而不是会计年度结算损益，所以对于长期工程险、再保险等按业务年度结算损益的业务，按业务年度营业收支差额提取；对长期工程险等以外的，不需要按照业务年度结算损益的长期财产险业务按精算结果提取责任准备金。

保险资金的负债性决定了保险公司不能把这些资金作为业务盈余在股东之间分配，也不能作为经营利润上缴所得税。保险人必须在金融市场上运用保险资金，使之构成融通资金的一个主要组成部分。保险资金通过不断增值，以履行未来的赔付责任。这些资金的负债性也决定了保险公司在投资时，要以安全性原则作为投资的首要原则。

三、保险投资的原则

由于保险经营的特殊性和保险投资资金的负债性、返还性，保险投资既要遵循一般性原则，也要遵循特殊性原则。

（一）一般性原则

1. 安全性原则

安全性是指保证保险投资资金的返还。由于保险经营是一种负债经营，所以保险公司在投资时，首先要保证资金的绝对安全，否则会影响到保险经济补偿职能的实现，影响参加保险的企业与个人的正常生活和运转，甚至影响到社会的稳定。因此，为了确保保险投资的安全和保险企业的偿付能力，保险公司在投资前必须加强对投资项目的可行性研究，同时在投资时注意分散风险。不过安全性原则是从投资的总体而言的，并非要求每个投资项目都绝对安全，因为投资风险是客观存在的，风险越大、收益越高，所以只要确保保险投资资金的总体安全，在投资总额中用一部分资金投入风险较大的项目，分散保险投资风险，也无损于保险投资的安全性原则。

值得一提的是，在人寿保险中，对普通保险业务，如终身保险、两全保险这些保障型的险种，由于保险资金的长期性和返还性的特点，再加上保险公司承担了保险经营中的所有风险，即死亡风险、费用风险和投资风险，因此保险公司在投资时必须以安全性作为保险投资的首要原则。但是对于投资型保险业务，如变额寿险、万能寿险，它们对保险投资条件约束也提出了不同的要求。由于保险人只承担死亡风险和费用风险，投资风险全部转嫁给保单持有人，因此投资型保险业务投资时更注重收益性而非安全性。

2. 收益性原则

收益性是指保险公司从事保险投资活动获取投资收益的能力。收益性原则就是指保险投资收益的最小期望值应大于相应资金投入银行所获得利益与相应的投资费用总和。投资收益是现代保险企业弥补承保业务亏损、增强自身偿付能力和市场竞争力的重要手段，尤其是人寿保险业务，其大部分是长期性的保单，保险企业厘定费率时假定的预定利率是以同期银行一年期存款利率为基础的。保险合同一旦成立，假定的预定利率就成了保险公司对投保人的一种长期利率保证，在保险事故发生或保险期满时保险人必须按预定利率水平以复利的方式进行保险金的给付。因此，保险投资的收益率只有超过保单的预定利率，才能保证将来的保险金给付，并获得相应的利润。但在具体实践中，投资收益和投资风险往往成正比，投资收益率越高，投资风险也就越大，这就要求保险公司从事保险投资时，在安全性原则和收益性原则之间选择最佳的组合，在总体上符合安全性的前提下，尽可能提高投资收益率。

3. 流动性原则

流动性原则是指在不损失资产价值的前提下投入资金的变现能力。由于保险的基本职能是经济补偿，而在保险期限内保险事故的发生具有随机性，为随时满足保险赔偿和给付的需要，保险投资必须具有较强的流动性。尤其是财产保险和短期性的人身意外伤害险，由于它们的保险期限短，自然灾害和意外事故发生的随机性大，对保险投资的流动性要求相对较高。

人寿保险承保的风险是被保险人的生、老、病、死这一自然规律，风险小而分散，并且保险核算是建立在科学精算的基础上。在正常情况下，保险公司每年的寿险业务收入和各项给付都有一定的规律，异常情况较少。因此，寿险资金的运用往往可以做中长期投资，而且对投资的流动性要求不像财产保险那么高。但是，人寿保险资金在投资时仍必须保持一定的流动性。

流动性原则与安全性原则一样，并非要求每一项投资项目都要有较强的流动性。保险人可以根据预先估计的现金流量对投资结构进行合理安排，将一部分资金投资于流动性较强的项目，一部分资金投资于流动性较低的项目，只要从总体上确保其具有一定的流动性即可。

保险投资的安全性、流动性和收益性三者之间存在着矛盾。安全性是收益性的基础，流动性是安全性的保证，收益性是安全性和流动性的最终目标。从总体上讲，安全性和流动性通常是成正比的，流动性越强，风险越小，安全性越好，反之亦然。流动性、安全性与收益性成反比，流动性强、安全性好的资产往往收益低，而流动性差、安全性不好的资产盈利能力强。因此，保险投资时一定要注意安全性、流动性和收益性的合理组合，在保证投资安全性和流动性的前提下，追求最大限度的收益。

(二) 特殊性原则

1. 对称性原则

对称性原则要求保险公司在业务经营中注意资金来源和资金运用的对称性。也就是说保险投资时使投资资产在期限、收益率和风险度方面与保险资金来源的相应要求匹配，以保证资金的流动性和收益性。例如资本金、法定公积金、总准备金一般可作长期投资，各种准备金按照各险种责任期限的长短分别加以投资运用。当然，对称性条件只要求资金来源和资金运用大体上一致，并不要求投资资产在偿还期、收益率、风险度方面与资金来源保持绝对的一一对应关系，否则会影响保险投资的灵活性，降低保险投资收益，事实上绝对的对称在业务操作上不可能做到。

2. 替代性原则

替代性原则首先要求保险公司在制定投资策略时根据自身资金来源、保单的性质和期限以及保险金的给付情况对投资目标定位；其次是充分利用各种投资形式在安全性、流动性和收益性方面的对立统一关系，寻求与保险公司业务相适应的资产结构形式；最后，在某一投资目标最大化的前提下，力求使其他目标能在既定的范围内朝最优的方向发展或者牺牲一个目标来换取另一目标的最优化。

3. 分散性原则

分散性原则要求保险投资策略多元化、投资结构多样化，尽量选择相关系数小的资产进行投资搭配，以降低整个保险投资资产组合的风险程度。分散性原则是安全性原则的直接要求。为了满足分散性原则的要求，首先，保险公司在投资客体上要实现多样化，在保险法允许的范围内采取多项投资，尽量分散投资风险；其次，在投资的地域上尽可能分散，对股票和债券的投资风险在国际金融市场上分散；再次，投资资产规模尽可能分散，投资于同一部门、行业的资金规模不能过大；最后，适度控制保险投资的结构和比例，即对投资于某种形式资产的最高比例限制和对某一项资产投资的最高比例限制。

4. 转移性原则

转移性原则是指保险投资时保险公司可以通过一定的形式将投资的风险转移给他方而降低自身的风险。最常用的风险转移方式有：一是转让，即通过契约性的安排让合约的另一方承担一定的风险，如通胀时期的浮动利率债券合约；二是担保，如保单质押贷款、第三方保证贷款、以银行或信用机构为担保的贷款以及以不动产或动产为抵押的贷款；三是再保险或购买风险证券化的保单，将风险转移给再保险人或资本市场的投资者；四是套期保值，保险公司通过持有一种资产来冲销所持有的另一种资产的风险，从而达到降低自身投资风险的目的。

5. 平衡性原则

平衡性原则要求保险公司投资的规模与资金来源规模大体平衡，并保证一定的流动性，既要防止在资金来源不足的情况下进行投机性的买空卖空交易，增加投资的风险性，又要避免累积大量资金不运作或少运作而承担过高的机会成本，无法满足将来保险金赔付的需要。

第二节　保险公司投资管理的理论基础

资产组合理论是保险公司投资管理的理论基础，其本质上是一种多元化投资的科学方法。资产组合理论根据不同资产的收益和风险，构建高效率投资组合。

资产组合理论分为马科维茨模型和夏普单因子模型。其中马科维茨模型以期望收益率表示不确定的未来收益，以方差表示投资风险。在一定的假设条件下，马科维茨模型得出了理性投资所需要选择的效率曲线，而夏普的单因子模型则区分为系统风险和非系统风险。在这两个模型的基础上，学者们进一步研究发展，产生了资本资产定价模型（CAPM）和套利定价模型（APT）。

一、马科维茨理论

(一)基本原理

现代资产组合理论由美国经济学教授马科维茨(Markowitz)提出，分散原理、相关系数和证券组合风险的关系是马科维茨证券组合理论的基本原理。

1. 分散原理

一般来说，投资者对投资活动最关注的问题是预期收益和预期风险的关系。投资者或证券组合管理者的主要意图是尽可能建立起一个有效组合。有效组合是指，在市场上为数众多的证券中，选择若干股票组合起来，以使得该证券组合在单位风险水平上收益最高，或者在单位收益水平上风险最小。

2. 相关系数与证券组合风险的关系

相关系数是反映两个随机变量之间共同变动程度的指标。对证券组合来说，相关系数可以反映一组证券中每两只或多只证券之间的期望收益作同方向或反方向运动的程度。

(二)假设条件

马科维茨的投资组合理论有以下假设条件：

(1)投资者的目的是使其预期效用最大化；

(2)投资者是风险厌恶者；

(3)证券市场是有效的，即市场上各种有价证券的风险与收益率的变动及其影响因素都为投资者掌握或者至少是可以获得的；

(4)投资者是理性的，即在任一给定风险程度下，投资者愿意选择预期收益高或预期收益一定，风险程度较低的有价证券；

(5)投资者不用概率分布的收益率来评估投资结果；

(6)在有限的时间范围内进行分析；

(7)摒除市场供求因素对证券价格和收益率产生的影响，即假设市场具有充分的供给弹性。

(三)主要观点

马科维茨理论研究核心的基础是风险与回报之间的基本关系。该理论认为，任何投资组合的风险都更依赖于组合投资之间的关系，而不是股票投资和其他资产本身的风险。

该理论的主要观点包括：第一，资产组合可以降低甚至消除市场非系统性风险，但市场系统性风险无法通过分散组合避免；第二，分散投资可以是在不同的股票上，也可以是在股票、债券、房地产等多个不同的市场，投资组合能降低非系统性风险，一个投资组合是由组成的各证券及其权重所确定，选择不相关的证券应是构建投资组合的目标；第三，并不是市场中的每位投资者都会选择分散投资的方式；第四，整个投资过程的重心是风险而不是回报，需要解决投资者如何衡量不同的投资风险以及如何合理组合资金以取得最大收益的问题。

(四)局限性

首先，根据马科维茨模型去计算证券的标准差和协方差，计算量很大且计算过程烦琐，产生一个组合要有一套高级而且复杂的计算机程序来操作。实际上许多执业的投资管理人并不理解其理论中所包含的数学概念，且认为投资及其管理只是一门艺术而不是科学。其次，利用复杂的数学方法由计算机操作来建立证券组合，需要输入若干统计资料。然而，问题的关键正在于输入资料的正确性。由于大多数收益的预期率是主观的，存在较大的误差，把它作为建立证券组合的输入数据，就可能使组合还未产生便已经有了不小的误差。最后，实际中还存在着大量的不可预测的意外事件。此外证券市场上的变化频繁，每当有变化，都必须对现有的组合中的全部证券进行重新评估和调整，以保持所需要的风险和收益之间的均衡关系，因此要求连续不断的大量数学计算工作予以保证，这在实际的投资实践中不但操作难度太大，还会造成巨大的资源浪费。

二、资本资产定价模型

(一)基本原理

马科维茨对个别资产的收益及风险给予了量化，但运用马科维茨模型选择资产组合需要进行大量繁复的计算。为了解决这一缺陷，美国学者威廉·夏普(William Sharpe)、林特尔(John Lintner)、特里诺(Jack Treynor)和莫辛(Jan Mossin)等人于1964年在资产组合理论和资本市场理论的基础上发展了资本资产定价模型(Capital Asset Pricing Model, CAPM)，使马科维茨模型的组合方差和协方差计算大为简化。

资本资产定价模型(CAPM)的基本原理是，投资组合的预期收益率应该与市场风险溢价(市场风险与无风险利率的差异)成正比，而不是与投资组合的总风险成正比。这个模型认为，市场风险是不可避免的，而投资者可以通过分散投资来降低特定公司或行业的风险。因此，CAPM使用市场风险溢价来衡量投资组合的风险，而不是使用投资组合的总风险。

CAPM 主要研究证券市场中资产的预期收益率与风险资产之间的关系,以及均衡价格是如何形成的。它是现代金融市场价格理论的支柱,广泛应用于投资决策和公司理财领域。

(二)假设前提

CAPM 是在一系列假设条件下推导出来的,这些假设条件对资本市场的环境、投资者的行为等进行约束,主要包括:

(1)市场是完全竞争市场,即资本市场上存在大量的投资者,与所有投资者的总财富相比,每个投资者的财富都是微不足道的,证券价格不会受到个别投资者行为的影响。

(2)资本市场上没有摩擦,市场上的资本和信息都可以自由流通,投资者不需要支付任何费用既可以获得所有的信息,市场上的买卖不存在任何交易费用,也不考虑税收。

(3)资本市场上存在无风险资产,其收益率已知,投资者可以按照无风险收益率自由地借贷任何金额的资本。

(4)所有投资者都以马科维茨资产组合理论作为指导进行投资决策,即每位投资者都是风险厌恶者,他们都是根据证券的期望收益率与标准差去评估证券,在标准差相同时,投资者会选择期望收益率大的投资组合,当期望收益率相同时,投资者会选择标准差小的投资组合。

(5)单一的投资期限,即所有的投资者都在相同的单一时期(资本市场上投资机会成本尚未发生变化的一段时间)中进行资产配置和投资。在单一时期期初,投资者计划并实施投资,在期末获得红利与资本收益。

(6)所有投资者对市场上各证券的期望收益率、标准差以及协方差都具有相同的预期,这也就是说,在拥有相同信息的情况下,所有的投资者都是使用相同的方法去分析证券的。

上述假设表明:第一,投资者是理性的,而且严格按照马科威茨模型的规则进行多样化的投资,并将从有效边界的某处选择投资组合;第二,资本市场是完全有效的市场,没有任何摩擦阻碍投资。基于这样的假设,CAPM 研究的重点在于探求风险资产收益与风险的数量关系,即为了补偿某一特定程度的风险,投资者应该获得多少的报酬率。

(三)主要观点

CAPM 给出了一个简洁明了的结论:只有一种原因会使投资者得到更高回报,那就是投资高风险的股票。也就是说投资者要想获得更高的报酬,必须承担更高的系统性风险;承担额外的非系统性风险将不会给投资者带来收益。其核心观点可以归纳为以下三点:

(1)所有投资者都将在两种资产中分配他们的财富,即以市场价值为比例持有无风险资产和包括所有以风险资产在内的市场投资组合。

（2）任何资产的风险都可以通过测定它给市场投资组合增加的风险来度量，而这一加入风险则是通过估算该资产的收益与市场投资组合收益的协方差来取得的。获得的协方差除以市场方差，进行标准化，就可以得到该资产的 β 值。

（3）任何资产的期望收益与其 β 值呈线性关系，即 β 值越大，期望收益越高。

（四）局限性

CAPM 模型逻辑严密且顺应情理，在金融理论界和实务界颇受欢迎，但该模型也不是尽善尽美的，它本身存在着一定的局限性。首先，资本资产定价模型有着很多的前提假设，这些假设只代表一种理想状态，在现实中很难满足。例如现实中不可能不存在交易成本与税收，无风险资产与市场投资组合可能不存在。其次，CAPM 中的 β 值难以确定。某些证券由于缺乏历史数据，其 β 值不易估计。此外，由于经济的不断发展变化，各种证券的 β 值也会产生相应的变化，因此，依靠历史数据估算出的 β 值对未来的指导作用也要打折扣。同时估计的 β 系数只代表过去的变动性，但投资人所关心的是该证券未来价格的变动性。

尽管 CAPM 不是一个完美的模型，但是其分析问题的角度是正确的。它提供了一个可以衡量风险大小的模型，来帮助投资者决定所得到的额外回报是否与当中的风险相匹配。此模型也暗合了马克思主义经典政治经济学，资产价格围绕资产价值波动，并具体细化为相关性。

三、套利定价理论

套利定价理论（Arbitrage Pricing Theory，APT）是斯蒂芬·罗斯（Stephen Ross）于 1976 年提出的。该理论是 CAPM 的拓展，由 APT 给出的定价模型与 CAPM 一样，都是均衡状态下的模型，不同的是 APT 的基础是多因素模型。

（一）套利的基本概念

套利定价模型建立在"套利"这一重要概念之上。套利也称"价差交易"，作为一种广泛使用的投资策略，套利指的是在买入或卖出某种电子交易合约的同时，卖出或买入相关的另一种合约。其最具代表性的是在以较高价格出售证券的同时以比较低的价格购进相同的证券。而套利交易是指利用相关市场或相关电子合同之间的价差变化，在相关市场或相关电子合同上进行交易方向相反的交易，以期望价差发生变化而获利的交易行为。

如果一个资产组合满足以下三点要求，我们就称之为套利组合：第一，初始投资为零；第二，投资组合的风险为零；第三，组合的收益率为正。当市场上存在这样的套利组合的时候，我们就说这个市场上存在套利机会。通过投资者的不断套利，使各种证券的期望收益率的大小与其风险的大小相对应，所有证券的需求等于供给，使市场达到均衡。

(二)基本假设

资本资产定价模型有很多的假设条件，而套利定价模型则使用较少的假设。其首要假设就是，每个投资者都会去利用在不增加风险的情况下能够增加组合收益率的机会，使用这种机会的具体做法是使用套利组合。除此以外，套利定价模型还必须满足三个基本假设：

(1)市场投资者具有一致的预期，他们都是风险厌恶者，并且是非满足的，都具有单调递增的效用函数。

(2)资本市场是完全竞争的，无摩擦的，即不存在交易成本所得税等额外费用。

(3)资本市场达到均衡时，市场上不存在套利机会，这种均衡也叫无套利均衡。假设存在套利机会的话，投资者都会利用它们，出售被高估的资产并购买被低估的投资组合，最终也会因此剥夺任何套利利润。

(三)主要观点

套利定价理论以收益率形成过程的多因子模型为基础，使用以多个变量来解释资产的预期报酬率。它用套利概念定义均衡，在给定资产收益率计算公式的条件下，根据套利原理推导出资产的价格和均衡关系式。

该理论的逻辑思路是：在完全竞争和有效的资本市场上，性质相同的商品不能以不同的价格出售。一旦市场失衡，就会有套利机会出现。所有投资者都会充分利用套利机会。当套利力量重建均衡、套利机会被消除时，就能够确定均衡价格。按照这种逻辑，套利是基于无风险的超额利润产生的。只要市场上存在无风险的超额利润，套利行为就会产生。

(四)APT 与 CAPM 的区别

APT 与 CAPM 都要解决期望收益和风险之间的关系，使期望收益和风险相匹配。APT 与 CAPM 的区别主要在以下方面：

1. 证券风险解释的因素不同

APT 中，证券的风险由多个因素共同来解释；CAPM 中，证券的风险只用某一证券相对于市场组合的 β 系数来解释。APT 能告诉投资者风险来自何处。

2. 投资者偏好的假设不同

APT 并没有对投资者的风险偏好做出规定，因此 APT 的适用性加强了。CAPM 假定了投资者对待风险的类型即属于风险厌恶者；

3. 市场组合的要求不同

APT 并不特别强调市场组合的作用，CAPM 则强调市场组合必须是一个有效的组合。

4. 均衡过程不同

APT 中资产均衡的得出是一个动态的过程，它是建立在一价定理的基础之上的，如果市场有套利机会，则发现套利机会的人会以无限大的头寸进入从而使得套利机会消失。一个完善的资本市场是不会存在任何的套利机会的。CAPM 则建立在马科维茨的有效组合基础之上，强调的是一定风险下的收益最大化或者是一定收益下的风险最小化，均衡的导出是一个静态的过程。如果偏离 CAPM，大量投资者会小幅调整自己的头寸，从而恢复均衡。

5. 市场均衡机制不同

APT 认为只要极少数人的套利行为便可以推动市场达到均衡；CAPM 则认为所有投资者的相同投资行为导致市场均衡的出现。

综上所述，马科维茨投资理论的主要贡献在于应用数学规划建立起一套模型，系统阐明了如何通过有效的分散来选择最优资产组合的理论和方法。CAPM 为资产选择开辟了一条路径，应用对数据的回归分析来决定每个股票的风险特性，把那些能够接受其风险和收益的股票结合到一个组合中去，这种做法大大简化了马科维茨模型的计算量。APT 则放松了假设条件的限制，具有更强的适用性。资产组合理论及其发展为保险投资的选择、风险的防范与化解、保险资产结构的优化提供了明确的思路、数理模式和应用技术。

第三节　保险公司投资管理的运营机制

一、保险投资的组织形式

原保监会规定，保险资金应当由法人机构统一管理和运用，分支机构不得从事保险资金运用业务。保险集团(控股)公司、保险公司根据投资管理能力和风险管理能力，可以自行投资或者委托保险资产管理机构进行投资。按照保险资金运用主体类型划分，一般可分为内部组织形式和外部组织形式。

(一) 内部组织形式

保险投资的内部组织形式是指保险公司在内部设立专门的投资部门或通过出资建立资产管理公司运作保险资金的形式。按内部组织机构设置的不同，内部组织形式一般可分为内设投资部的形式和专业化保险资产管理形式。

1. 内设投资部的组织形式

内设投资部的组织形式是指保险公司通过在内部设立专门的投资部门，负责运作保险资金。内设投资部的组织形式使保险公司能较好地平衡承保和投资业务，方便管理层从总体上把握公司的战略走向。但内设投资部的管理形式也会使投资决策易受到承保、理赔等部门的干预，从而可能发生投资目标偏移甚至投资失误。一般情况下，内设投资部的组织形式大多见于中小规模的保险公司。

2. 专业化资产管理的组织形式

专业化资产管理的组织形式是指保险公司通过设立的资产管理公司实现保险资金的专业化运用。在大资管时代①的背景下，资产管理公司与人寿保险子公司、财产保险子公司虽然被同一家公司控股，但其业务相互独立。在专业化控股的组织形式下，集团(控股)公司制定整体的资金运用战略，在人寿保险子公司、财产保险子公司和资产管理公司之间协调资金流动，使得保险资金统一进入资产管理公司，由资产管理公司制定和实施具体的投资方案。资产管理公司作为具备独立法人地位的受委托人接受委托，负责保险资金的具体投资运作。

专业化资产管理组织形式的优点在于，集团(控股)公司和资产管理公司同时拥有独立的风险管理体系，能够最大限度地抵御和化解风险既能够保证保险资金在运用过程中遵循既定的投资战略，又能充分发挥资产管理公司、人寿保险子公司、财产保险子公司各自的专业优势，提高资金运用效率，为集团(控股)公司创造最大化的收益。但专业化资产管理组织形式要求集团(控股)公司必须能够对相关的各子公司实行有效的控制，同时要求集团(控股)公司具有较高的资产负债管理水平。

(二)外部组织形式

保险投资的外部组织形式是指保险公司将可运用的保险资金委托给外部专业投资管理机构进行运作，通过委托协议的方式达到资金运用的目的。在外部管理的形式下，保险公司自身并不实际参与保险资金的投资运作，而是将资金运用的事项全部或部分地委托给外部专业机构，外部投资管理机构则通过协议向保险公司收取一定的管理费用。规模小的保险公司，在其发展初期资本实力较小，大多通过委托外部专业投资管理机构的方式来实现资金运用的目的。

---

① "大资管"是指资产管理行业综合发展的趋势。在我国资产管理行业发展初期，银行占据了绝对主导地位。但在 2012 年以后，随着监管的开放，基金、信托、证券、保险，纷纷拿到了资管行业的牌照，为大资管时代的到来奠定了基础。

外部机构管理资金运作方式的优势在于：保险公司可以专注于保险业务，而不需要设置专门团队来管理保险资金，节省了机构设置成本。此外，由于投资业务风险较大，保险公司的财务状况会受到保险监管机构的严格控制，而外部管理的方式能够避免不必要的合规风险。

外部机构管理资金运用的方式也面临许多问题。首先，保险公司必须承担委托代理风险，一旦外部投资管理机构出现投资失误、违规操作和非法挪用资产的行为，保险公司将面临巨大的财务风险。其次，外部投资管理机构往往会向保险公司收取巨额的投资管理费，这种费用成本有可能极大地侵蚀保险公司利润。

二、保险公司制定投资决策的流程

保险公司投资决策是在投资过程中通过科学的分析方法构建可行的投资方案并做出选择，使保险公司能够在既定的风险水平下获得最大的收益。保险投资决策的内容包括投资规模、投资结构和投资项目等。正确的投资决策不仅能把握保险投资业务的发展方向，也是提高投资效益的根本保证，因此投资决策是保险投资管理中的一项重要内容。投资决策也是有效发挥保险公司经济补偿职能的重要手段，与保险承保业务具有内在联系。

保险公司制定投资决策分为以下几个步骤：第一步，设定保险投资的战略目标以及投资的原则；第二步，对金融市场的信息进行收集、整理，并进行分析和预测；第三步，根据信息情况制定计划；第四步，对初步计划进行测试，模拟检验投资决策对利率的敏感性、动态偿付能力等；第五步，将计划投入实施，并监督和评价该投资决策的效果，之后对计划进行修订并作出再决策。

保险公司的投资与其他金融机构的投资相类似，同时保险业与金融市场的联系也越来越紧密。保险公司作为一种特殊的金融机构，其投资决策也有自身的特点，在实际的运作过程中，保险公司应该根据法律规定、环境特点以及自身的需求，制定合适的投资决策。

三、保险投资组合管理

(一)保险投资组合管理的一般程序

保险资金投资组合管理的一般程序主要包括以下几个环节：第一，保险资产配置，即把各种主要资产类型混合在一起，以便在最低风险条件下，使保险投资获得最高的收益；第二，在主要资产种类之间调整各类资产的权重，经常根据市场的变化改变各类型资产的权重；第三，同一资产类型之内的证券选择，也就是在同一类型的资产之中选择那些预期收益高于市场平均收益的证券。

根据投资学的理论，当决定一笔保险资金应投资于哪类金融资产以及选择什么特定的投资策略时关键是看负债的特性。如果负债特性是寿险类的，基本特点是期限长、稳定性好和可预测性，这些特征决定了它比较适宜进行中长期债券类的投资。

(二) 保险投资组合管理的战略与战术

在保险投资组合管理的具体实施过程中，又可以分为战略性资产配置方案和战术性资产调整技术。在资产配置过程中，为控制资产组合的整体风险、实现投资组合的目标，最重要的事项是战略性资产配置的管理过程。

战略性资产配置管理过程包括四个主要环节：第一，保险投资管理者需要确定投资组合中合适的资产种类；第二，管理者需要确定这些合适资产在持有期间的预期收益和风险；第三，完成具体投资项目收益与风险估计，并利用相关的鬼话模型进行最优分析；第四，是在可容忍的风险水平上选择能提供最优收益的投资组合。在正常情况下，战略性的资产配置结果就是保持相对稳定的资产种类和各类资产的正常权重。

战术型资产配置，就是尽量抓住各类资产的相对收益机会，并从中获利。战术型资产配置策略主要是经济周期策略、类别替换策略和投资品种选择策略。经济周期策略是指随着经济周期的变化，需要充分考虑通货膨胀、汇率和利率等一些能反映经济景气度的经济指标的变动情况；类别替换策略是指对各个投资品种前景进行客观估计之后，使投资组合中某类的权重高于或低于其在市场指数中的权重。类别替换策略确定之后就是投资品种如何选择以及合适选择的策略，该环节是保险投资组合的落脚点和具体操作阶段。

(三) 保险投资组合的投资比例

在保险资产组合过程中通常需要所持不同类别资产占保险公司一定时期内总资产的比例有一个明确的界定。具体地说，比例投资可以分为方式比例和主体比例。方式比例限定风险比较大的投资方式所占投资的比例，可有效控制有关高风险投资方式所带来的投资风险；主体比例也按投资方的风险情况分别对待，对于高风险的筹资主体和投资方式，其比例应低一些；对于较安全的投资方式但存在一些一定风险的筹资主体，其比例可以高一些。每一种筹资方式的风险大小不同，为了保证保险投资的盈利，同时控制高风险，应规定有关高风险投资方式所占的比例。为了控制每一筹资主体给保险公司所带来的风险，必须规定投资于每一筹资主体的比例。

主体比例可有效控制有关筹资主体所带来的投资风险。根据现阶段我国的情况，必须严格区分产寿险的资金投资。由于寿险是长期保险，许多寿险带有储蓄性，更强调安全性，对流动性的要求较低，因而宜选择安全性和盈利性较高的投资工具，如协议存款和项目投资等。非寿险是短期保险，流动性要求高，不宜过多投资于不动产，而应投资于基金、中短期债券、银行协议等存款等。同时，从风险控制看，寿险公司投资的比例在主体比例方面应严于非寿险，因为寿险期限长、带有储蓄性，控制主体比例便于保证保险公司的偿付能力，从而保护被保险人的合法权益。

除了政府对相关比例的限制外，保险公司也要根据自身的发展需要与对投资风险与收益情况的认识，对保险资金投资进行数量和比例上的限制，以保证保险资金组合管理的安全性和稳健性。

(四) 保险组合投资的时间与品种

进入投资市场的时间和选择合适的投资品种，对于投资风险管理是极为重要的。时机与品种选择错误通常存在三种情况：第一，如果选择错误的时间进入市场，并把资金投入错误的品种，那么，投资者将将面临损失；第二，在错误的时间进入市场，而投资的品种选择正确的话，投资者仍可能遭受损失；第三，进入市场的时间正确，那么即使投资的品种选择错误，也有可能是盈利的，而能够选择优质的投资品种，则盈利的可能性就更大。

投资过程的长短也会直接影响投资风险的管理。一般情况下，投资时间越长风险越大，反之，投资时间越短风险越小。然而，从投资这一角度来讲，短时间内要通过投资取得收益是很困难的。虽然投资时间长收益率未必就会高，但是，要从投资中获得正常收益却必然要花费一定的时间。

(五) 保险投资组合的风险控制

保险投资组合的风险管理主要有以下方法：第一，回避风险法。在对投资的外在时机或者内在时机没有把握时，可以暂时不进行投资以避免发生损失的可能性。当一些风险较高的投资市场在没有好的投资机会时，也可以向低风险低收益的投资市场投资，以等待好的机会。第二，延长或缩短时间法。投资者在选择投资组合时可能会出现失误，一旦资金投入市场后发现投资有所失误，投资者可以根据具体情况延长投资，以度过这段不利的时机，也可以缩短投资时间，尽早退出市场，等待合适的时机再次进入。第三，长短期投资组合法。投资者可以同时将资金投资于同一领域、不同期限的投资组合。投资时间上的长短组合，既有利于获取短期收益，又能进行长期投资，是一种比较好的投资方法。

具体投资过程中的不确定因素包含了广泛的内容，追求投资收益过程中的所蕴含的风险程度构成了保险投资组合管理的核心内容。金融品种价格的相对高低反映了不同金融品种的内在投资价值及相关领域的发展情况。证券收益率之间的相关性反映了金融市场中各投资品种的内在联系，而证券收益变动的不一致性也反映了各种投资品种间的不平衡性。其他的投资品种中也存在这种变动的相关性和不一致性。正是由于投资品种的相关性，以及这些投资品种所面临的风险的差异性，从而为保险资金投资组合管理提供了一个规避风险、获取收益的机会。根据资本资产定价理论，投资者将资金同时投入到收益、风险、期限都不相干的若干种资产，借助于资产的多样化，可以起到部分冲抵风险的效应，由分散单个资产风险进而掌握投资总风险。但是，不是所有的投资组合都可以起到分散风险的作用。在具体的投资实践中，要有策略地选择投资组合，并从保险投资的安全性、流动性、收益性原则出发，在遵循安全性原则的前提下以寻求更多的收益，同时应保持一定的流动性以应付日常开支和保险赔付。

四、保险投资风险管理

由于保险资金运用的重要性，对保险投资风险的管理来自政府和保险公司两个层面。

(一)政府对保险投资风险的监管

由于保险投资收益与保险公司的偿付能力直接相关，投资策略的失误不仅会影响保险公司的偿付能力，甚至会导致保险公司破产。因此，各国都对保险业的投资进行严格的监管。

1. 对保险投资范围的限制

为了保证保险投资的安全，各国的保险监督机关一般通过立法的形式，对保险投资范围进行严格的限制。

2018 年我国《保险资金运用管理办法》明确规定保险资金运用限于下列形式：(1)银行存款；(2)买卖债券、股票、证券投资基金份额等有价证券；(3)投资不动产；(4)投资股权；(5)国务院规定的其他资金运用形式。保险资金从事境外投资的，应当符合原中国保监会、中国人民银行和国家外汇管理局的相关规定。

保险集团(控股)公司、保险公司从事保险资金运用，严禁存在下列行为：(1)存款于非银行金融机构；(2)买卖被交易所实行"特别处理""警示存在终止上市风险的特别处理"的股票；(3)投资不具有稳定现金流回报预期或者资产增值价值、高污染等不符合国家产业政策项目的企业股权和不动产；(4)直接从事房地产开发建设；(5)从事创业风险投资；(6)将保险资金运用形成的投资资产用于向他人提供担保或发放贷款，个人保单质押贷款除外；(7)原中国保监会禁止的其他投资行为。

2. 对保险投资比例的限制

除了对投资范围有所限制外，保险监管机构还对投资结构和投资比例作了严格的限制。所谓投资结构是指在注重有价证券投资的同时，还要兼顾不动产、抵押贷款、保单质押贷款及其他投资方式。投资比例的限制包括投资于某种形式资产的最高比例限制和对某一项资产投资的最高比例限制两种。由于各国金融市场的投资工具不同，证券市场的发育程度不同，各国监管机构规定的最高比例也有所差异。

2014 年，原保监会发布了《关于加强和改进保险资金运用比例监管的规定》，针对保险公司配置大类资产制定保险资金运用上限比例。(1)投资权益类资产的账面余额，合计不高于本公司上季末总资产的 30%，且重大股权投资的账面余额，不高于本公司上季末净资产。账面余额不包括保险公司以自有资金投资的保险类企业股权。(2)投资不动产类资产的账面余额，合计不高于本公司上季末总资产的 30%。账面余额不包括保险公司购置的自用性不动产。保险公司购置自用性不动产的账面余额，不高于本公司上季末净资产的50%。(3)投资其他金融资产的账面余额，合计不高于本公司上季末总资产的 25%。(4)境外投资余额，合计不高于本公司上季末总资产的 15%。

2020 年 7 月，银保监会制定了《关于优化保险公司权益类资产配置监管有关事项的通知》，设置差异化的权益类投资监管比例。根据保险公司偿付能力充足率、资产负债管理能力及风险状况等指标，明确权益类资产监管比例，最高可到占上季末总资产的 45%。

3. 对投资资产与负债匹配关系的限制

对投资资产与负债的匹配关系的限制是保险投资监管的一个重要方面。资产匹配的最基本要求是构造一种资产结构，保证在任何时候资产的现金流入与负债的现金流出相对应，如果这种对应不能实现，就会产生资产与负债的匹配风险，资产负债匹配风险将导致保单偿付发生困难，或者资产预定收益受到影响。资产与负债的匹配一般是指投资资产与对投保人负债之间期限结构的配比关系。各国多以告示形式引导保险公司，尤其是寿险公司必须将投资资产与负债相匹配。有的国家则以法定形式要求投资资产与负债必须在期限上保持匹配关系。

4. 对金融衍生工具的使用限制

金融衍生工具是以实质金融产品为基础的金融工具，它既是一种规避风险的工具，又可作为一种投机的方法。鉴于它的高风险性，许多国家允许寿险公司参与金融衍生工具的交易，但必须以套期保值为前提，禁止进行套利等投机性交易。有些国家如日本、法国、瑞士，不允许寿险公司将责任准备金投资于衍生工具，即使是规避风险的套期保值，也是严格禁止的，而对于责任准备金之外的保险资金，如资本金、总准备金等，却允许投资于金融衍生工具。

(二)保险公司对投资风险的管理

保险公司对投资风险的管理主要从四个方面进行，即投资策略、资产分配、投资组合管理和资产管理。保险投资管理人的作用在于与保险产品开发专家共同确定所售保单的支付特点，制定投资策略，预测将要投资的现金流量，在尽量增加投资回报和降低投资风险的同时，确定与现金流量相匹配的资产配置。

1. 制定合理的投资策略

合理的投资策略是保险公司投资的方针蓝图，它为保险公司投资制定了远期战略目标，近期战术策略以及投资的种种限制。保险公司通过拟定保险公司投资组织结构和投资程序，保证保险公司在遵循相关法律法规的前提下获得最大收益。保险公司投资策略强调资产与负债的配比关系，策略制定得合理与否直接影响到保险公司的资产组合结构的比例和规模，影响到保险投资的风险控制和收益。

科学的投资策略可以有效地控制保险公司的投资风险。因此，保险公司必须积极创造条件将这些策略在保险投资中付诸实施。为了保证有效地实施，保险公司必须建立科学的管理制度，使精算、投资和会计核算这三个职能部门相互合作、相互制约。只有这样，投资策略才能比较客观地反映保险公司的需求、风险承受能力和预期投资收益。

保险公司在制定投资策略时，要充分了解保险公司所签订的各类保单的支付特点，制定不同的投资方式和投资策略。一般来说，投资策略所包括的准则有投资期限长短、信用风险承受能力、投资于某一项目的数额限制、设定每一类资产类别占总资产比例的百分比，然后再根据利率风险、信用风险、投资多样化等因素制定投资的整体策略。

保险公司在制定投资策略时，还要考虑保险投资目标，即保险投资的安全性、流动性和收益性。这三者的选择和顺序直接影响到保险公司的投资组合。保险投资必须在保证安全性和流动性的前提下追求最大限度的收益，通过协调三者之间的矛盾达到最佳组合。因此，保险公司应该根据宏观经济环境、本公司的资金实力和所处的发展阶段，选择最适合的投资目标组合顺序，寻求最佳的投资组合。

2. 资产分配

保险公司在确定了整体投资策略和对每种产品的投资策略后，选择合理的投资方式。保险投资方式通常有银行存款、政府债券、公司债券、金融债券、股票、房地产、抵押贷款等。保险公司要根据自身的投资目标以及目标的顺序、自身的经济实力、各险种的负债期限结构等，确定各种投资方式的比例，将资产进行合理分配。比较常见的美国寿险投资组合的资产分配方式为现金 5%、美国财政债券 5%、美国公共债券 40%、国际债券 10%、私募债券 25%、房地产 15%。

3. 投资组合管理

投资组合管理人通过审查资本市场上所提供的所有的投资品种，选择比较合理的投资资产组合，使得投资资产与保险公司的负债在期限结构、利率结构、收益率方面相互匹配。投资组合的目的是通过投资组合降低投资项目的非系统性风险。

4. 资产管理

投资组合管理人决定了做何种投资以后，具体去买入债券、股票或不动产的任务就落到了资产管理人或交易员身上。资产管理包括对购买和销售不同种类债券和房地产的分析和执行。只有严格按照保险投资管理的程序，加强科学管理，才能有效控制投资风险，提高投资收益。

第四节　我国保险公司投资管理的实践

一、我国保险投资的演进过程

自 1979 年我国保险业复业以来，保险投资经历 40 多年发展，由最初的缺规无序到如今的规范化发展，取得了令人瞩目的成绩，有力促进了保险行业乃至社会经济的发展。回顾我国保险资金运用的演进过程，大致可以分为以下几个阶段：

(一)缺规无序阶段(1980—1994 年)

1979 年保险业复业之后，第一部相关法律规章是 1985 年颁布的《保险企业管理暂行条例》，其中主要包括保险企业的设立、偿付能力和保险准备金、再保险等内容，但并未涉及保险资金运用。保险投资处于市场试错的阶段，缺乏统一的规范。从 1987 年开始，伴随着当时的经济过热，保险资金进入房地产、证券、信托，甚至借贷，秩序一度混乱，形成了大量的不良资产。

(二)严格限制阶段(1995—2003 年)

1995 年我国《保险法》颁布实施，取代了《保险企业管理暂行条例》，标志着对保险投资放任不管时代的彻底结束，《保险法》明确规定保险资金运用"限于在银行存款、买卖政府债券、金融债券"，有效遏制了乱投资现象，控制了风险。随着保费规模的迅速增长，庞大的保险资金与狭窄的投资渠道之间的矛盾日益显现。1996 年 5 月开始，我国先后 8 次下调银行存款利率，1 年期年利率由 10.98% 下降到 1.98%，多家保险公司出现利差损。为了缓解保险资金收益率过低的困境，我国逐步尝试放宽保险投资渠道，1998 年，允许保险资金同业拆借、购买央企 AA+级的公司债券；1999 年 10 月，国务院批准保险公司以其5%~15%的资金购买证券投资基金间接入市；2003 年，允许保险资金投资央行票据，随后允许保险公司投资于银行次级定期债务、银行次级债券、可转换公司债券，使用自有外汇资金、用人民币购买的外汇资金及上述资金境外投资形成的资产进行投资。总之，这一阶段的总体特征是保险资金运用仅限于接近于无风险的固定收益资产。

（三）逐步拓展阶段（2004—2016 年）

2004 年，原保监会、证监会联合发布并实施《保险机构投资者股票投资管理暂行办法》，允许保险资金直接投资股票市场，比例为公司上年末总资产规模的 5% 以内。2006—2008 年，保险资金可以间接投资基础设施项目和商业银行股权；2009 年颁布了新《保险法》大幅放宽保险资金投资渠道，规定保险资金可以投资未上市企业股权和不动产。2010 年《保险资金运用管理暂行办法》颁布实施，保险业首次建立起第三方托管机制，资金运用初成体系，逐步形成了包括资金运用形式、决策机制、风险控制及监督管理措施等在内的一套较为完整的监管体系。

2012 年下半年，以"大连投资改革会议"以及随后的"投资新政 13 条"的出台为标志，"放开前端、管住后端"的保险资金运用市场化改革大幕正式拉开，保险资金运用进入全面放开的阶段。2014 年，允许保险资金投资创业投资基金；2015 年，放开保险私募基金设立，包括成长基金、并购基金、新兴战略产业基金、夹层基金、不动产基金、创业投资基金和以上述基金为主要投资对象的母基金。至此，保险机构投资者成为金融业中投资领域最为广阔的金融机构之一，保险资金与资本市场全面互通。与此同时，全面开放互通也引起金融嵌套和跨监管套利苗头显现。2015 下半年起，险资频繁举牌股票市场。2015—2016 年间，A 股市场的 260 余次举牌公告中，保险机构举牌 80 余次，金额超 1700 亿元。2016 年，"险资举牌"成为中国金融市场的风暴眼，"万能险"成为热词，引发了一系列资本市场事件，暴露出保险资金运用存在的监管漏洞和问题。

（四）规范发展阶段（2017 年至今）

自 2017 年开始，保险监管部门开始进行大刀阔斧的监管改革及乱象整治，保险资金运用监管体系开启新一轮改革完善。这一阶段监管机构出台了大量的规章细则，逐步优化并建立起涵盖资产负债管理、大类资产比例、投资管理能力、品种投资规范、保险资产管理和产品监管等较为完善的监管体系，分类监管等先进理念也在监管体系中展开应用。

首先，建立了比例监管体系。对大类比例进行了严格的限制：要求权益类资产≤30%×上季度末总资产，不动产≤30%×上季度末总资产，其他金融资产≤25%×上季度末总资产，境外投资≤15%×上季度末总资产；确立了集中度监管比例、风险监测比例和内控比例。其次，对股票投资进行了分类，分为一般股票投资（低于 20%）、重大股票投资（达到或超过 20%）和上市公司收购（拥有控制权），实施差别监管。然后对保险公司的公司治理提出了明确要求，对公司治理运作中的主要风险点做出明确规定，根据持股比例、资质条件和对保险公司经营管理的影响将保险公司股东分为财务 I 类、财务 II 类、战略类、控制类等四类股东；将单一股东持股比例上限由 51% 降低至 1/3；加强资本真实性监管，投资人不得通过设立持股机构、转让股权预期收益权等方式变相规避自有资金监管规定；加大对股东的问责力度。最后，严格实施资产负债匹配管理，着力解决资产错配问题，用资产调整后的期限缺口来衡量"短钱长配"公司面临的现金流错配风险，用规模调整后的久期缺口来衡量"长钱短配"公司面临的再投资风险，用沉淀资金缺口率来衡量财产险公司规模不匹配的问题。

二、我国保险投资的渠道

我国保险投资的渠道主要分为金融资产和实物资产两大类。

(一)金融资产类

金融资产属于无形资产，是能通过市场交易为其所有者提供即期或远期现金流的金融工具的总称，保险公司选择金融资产类投资包括债权类投资和股权类投资两大类。

1. 债权类投资

债权类投资是指为取得债权所进行的投资，主要包括债券和贷款。债券有国债、金融债券和企业债券等，贷款有银行或信用机构担保的商业贷款、住房抵押贷款和保单质押贷款等。

(1)债券。

债券是一种金融契约，发行人是政府、与政府有关的公用事业单位、银行和信用较高的公司，发行人普遍具有资金实力雄厚和信用度高的特点，承诺按一定利率支付利息并按约定条件偿还本金的债权债务凭证。债券的本质是债的证明书，具有法律效力，债券购买者或投资者与发行者之间是一种债权债务关系，债券发行人即债务人，债券购买者即债权人。债券的发行需要一定的法定审批程序，受到法律保障；债券在约定的到期日将以券面金额偿还本金，在约定的付息日分次或一次支付固定利益的利息，不受发行后市场利率变动的影响，国家还制定有关法律对债券的还本付息加以保证，即使是浮动利率债券，一般也规定有一个最低利率，防止因市场利率下降幅度过大而使债券持有人受到损失。从上述两点可以得知，债券具有较强的安全性。债券同时也是一种流动性较强的证券，证券市场越发达，债券的流动性会变得更强。在我国经济生活中，债券的形式是多种多样的，根据发行主体划分，我国债券分为政府债券、金融债券和企业债券三种，它们的安全性、流动性和收益性存在明显的差异。

政府债券是政府为筹集资金而向出资者出具并承诺在一定时期支付利息和偿还本金的债务凭证，具体包括国家债券即中央政府债券、地方政府债券和政府担保债券等。政府债券具备以下特征：第一，安全性高，政府债券是政府发行的债券，由政府承担还本付息的责任，是国家信用的体现。在各类债券中，政府债券的信用等级是最高的，通常被称为金边债券，投资者购买政府债券，是一种较安全的投资选择。第二，流通性强。政府债券是一国政府的债券，它的发行量一般非常大，同时，由于政府债券的信用好，竞争力强，市场属性好，所以，许多国家政府债券的二级市场十分发达，一般不仅允许在证券交易所上市交易，还允许在场外市场进行买卖。发达的二级市场为政府债券的转让提供了方便，使其流通性大大增强。第三，收益稳定。投资者购买政府债券可以得到一定的利息。政府债券的付息由政府保证，其信用度最高，风险最小，对于投资者来说，投资政府债券的收益是比较稳定的。此外，因政府债券的本息大多数固定且有保障，所以交易价格一般不会出现大的波动，二级市场的交易双方均能得到相对稳定的收益。第四，免税待遇。政府债券是政府自己的债券，为了鼓励人们投资政府债券，大多数国家规定，对于购买政府债券所获得的收益，可以享受免税待遇。《中华人民共和国个人所得税法》规定，个人投资的公司债券利息、股息、红利所得应纳入个人所得税，但国债和国家发行的金融债券的利息收入可免纳个人所得税。因此，在政府与其他证券名义收益率相等的情况下，如果考虑税收因素，持有政府债券的投资者可以获得更多的实际投资收益。

金融债券是指银行及其他金融机构所发行的债券，金融债券期限一般为三至五年，属于中长期债券。由于银行等金融机构在一国经济中占有较特殊的地位，政府对它们的运营又有严格的监管，因此，金融债券的信用等级通常高于其他非金融机构债券，违约风险相对较小，具有较高的安全性。所以，金融债券的利率通常低于一般的企业债券，但高于风险更小的国债和银行储蓄存款利率。

企业债券又称公司债券，是指股份公司在一定时期内，为追加资本而发行的借款凭证。持有人虽无权参与股份公司的管理活动，但每年可根据票面的规定向公司收取固定的利息，且收息顺序要先于股东分红，股份公司破产清理时亦可优先收回本金。公司债券期限较长，一般在10年以上，债券一旦到期，股份公司必须偿还本金，赎回债券。公司债券发行者多为国内一流大公司和一些资信好的跨国公司。尽管如此，企业债券的信用度任不如政府债券和金融债券，因此其利率通常高于其他。保险公司投资时必须遵循安全性投资原则，需要根据发债企业的信用等级去评估该投资所需承担的风险大小，由于我国缺乏公正权威的信用评价机制，所有企业债券往往是风险较大的。

（2）贷款。

保险贷款是分为一般贷款和保单质押贷款。一般贷款是指保险公司作为非银行金融机构向需要资金的单位或个人提供融资，按约定期限收回本金及获得利息的一项投资活动。为确保保险公司的偿还能力，确保保险资金能安全返还，这种贷款一般须有担保。按担保形式可分为：不动产抵押贷款、有价证券抵押贷款、信用保证贷款。贷款的对象可以是国家、国际机构、政府有关机构、公共团体、企业、消费者等。在一般贷款中，抵押贷款是主要形式。

以不动产、有价证券和银团担保的抵押贷款是期限较长而且比较稳定的寿险投资业务，抵押贷款具有较高的收益率，特别适合人寿保险公司寿险资金的投资运用。信用贷款是以需要流动资金的企业为对象而发行的贷款，属于短期性的投资。信用贷款的风险主要是信用风险和道德风险，因此保险公司必须对申请贷款企业的资信和经营业绩进行认真核实和调查，以确保资金安全如期地返回。

保单质押贷款是指投保人将所持有的保单抵押给寿险公司，一般要求该保单具有现金价值才可以进行保单贷款，然后按照保单现金价值的一定比例获得资金。由于质押贷款过程中客户的保险保障不受影响，所以保单依然有效。这类贷款的一次可贷款金额取决于保单的有效年份、保单签发时被保人的年龄和死亡赔偿金额，并且这类贷给保单持有人的贷款利率往往低于市场利率。如果债务人不能如期偿还贷款，那么贷款本金及利息将从寿险保单的死亡赔偿中扣除，因此寿险公司无需承担任何风险，又可以获取贷款利息收入。在保单有效的情况下，客户在保单贷款期间可以持续享受保单约定的保险保障，与退保相比，投保人无需担心由于退保而失去保障，并可以免去退保费的损失，保单质押贷款作为寿险公司的服务项目，可以起到提高寿险公司知名度和竞争力的作用，无疑是寿险投资的可选择方式。

贷款是保险投资一种较好的投资方式，但我国保险公司发展保单质押贷款业务还受到各种因素的制约。第一，我国长期对金融服务市场实施严格的监管，导致金融机构在金融工具创新和应用方面缺乏动力和经验，即便是对某些现有的金融工具也缺乏进一步的深刻理解和判断，对保单贷款业务的优势和发展潜力缺乏进一步的重视和研究，对其所具有的金融创新功能和意义认识不足，是制约保单质押贷款业务发挥作用的首要因素。第二，我国保单质押最高贷款余额不能超过保单现金价值的一定比例，一般控制在 70%~80%，保单质押业务的期限较短，一般最多不超过 6 个月。保险公司提供的保单质押的利率相对固定，其利率按照原保监会规定的预定利率与同期银行贷款利率较高者再加上 2% 计算。与其他金融机构的贷款业务进行综合比较，保险公司因受到诸多限制导致保单贷款业务优惠力度并没有十分突出。第三，我国居民所持有的金融资产数量普遍较小，个人金融资产发展与运用历史较短，严格意义上的量体裁衣式的个人理财服务还处于刚刚起步阶段。从全国范围的角度来看，购买保险的人口比例已经很小，能够利用保单质押贷款作为理财渠道的更是寥寥无几。第四，相比较国外成熟的市场来说，我国保险代理人普遍存在后期相关服务水平不高的问题。一部分素质不高的保险代理人在销售保险时将夸大投保人的利益，签单之后对保单持有人的服务却急剧减少，或者由于业务水平有限，不能提供包括保单质押贷款业务在内的增值服务。国内部分保险公司对保单质押贷款业务没有足够的重视，缺乏相应的专业管理机构和队伍，具体操作细节也有待规范。第五，我国保险公司缺乏一定的精算基础，主要表现在费率厘定、相关风险衡量、科学提取准备金等问题的研究还需要进一步科学化。尽管在理论上，相对于保险公司其他的投资活动，保单质押贷款业务风险很小，但它对保险公司的现金流模式和保单现金价值的变动还有一些可能的潜在不利影响，需要结合各个保险公司自身的业务构成特点和资产负债管理活动具体操作细节做进一步的分析。国内大部分保险公司还不能对其承保和投资业务活动的成本风险收益进行细致的研究和给出精确的模型分析，缺乏经验和风险防范意识，对新型产品甚至原有业务的风险与收益的测算不准确。

2. 股权类投资

股权类投资主要是普通股股票，另外有优先股股票和可转换债券等。股票投资是一种高风险高收益的投资方式，保险资金在进入股市寻求高的回报时，必须坚持稳健的原则，因此一般不进行公司收购、兼并、重组、转让的投资操作，也不进行控股做庄、操纵市场或追涨杀跌的操作。

股票是股份公司所有权的一部分，也是发行的所有权凭证，是股份公司为筹集资金而发行给各个股东作为持股凭证并借以取得股息和红利的一种有价证券。股票可以分为普通股和优先股两种。普通股是享有普通权利、承担普通义务的股份，是公司股份的最基本形式。普通股的股东对公司的管理、收益享有平等权利，根据公司经营效益分红，因此具有较大的风险。优先股票与普通股票相对应，是指股东享有某些优先权利的股票，如优先分配公司盈利和剩余财产权。相对于普通股票而言，优先股票在其股东权利上附加了一些特殊条件，是特殊股票中最重要的一个品种。

股票投资的特点是收益高、流动性好，但是伴随高风险。股票收益来源于股息收入和资本利得，股息收入完全取决于公司的经营状况，资本利得则取决于未来股票价格的走向，而未来股票价格更受到公司经营状况及相关政治、经济、社会、心理等因素的影响，波动剧烈。优先股股息固定，股息率不随公司经营状况波动，其派息后于公司债券，而先于普通股，当公司破产清算时，其对公司剩余财产的请求权也后于公司债券而咸鱼普通股。因此，优先股的投资风险比债券大比普通股小，优先股的预期收益比债券高比普通股低。

保险资金投资于股票的优点是保险公司可以享有股票带来的盈余分配权、剩余财产分配请求权、股票配售等多项权利，相比其他一般投资工具，股票能够获得比较高的报酬，长期股票的平均年报酬率根据历史数据来看，为 10% ~ 15%。股票能够在股票市场随时套现出售，获得较好的买卖价值收益，股票投资的较强流动性可以为保险公司的紧急偿付提供方便。股票投资的典型缺点可以由一句行话清楚地表示：股市有风险，投资需谨慎。股票价格波动性大，导致获利不稳定，甚至会出现亏损和资金套牢的风险，因此为了保证保险投资的安全，各国对保险公司的股票投资均有严格的比例限制。

(二)实物资产类

实物资产投资最主要的是不动资产投资,此外还包括一些机器设备等。

保险公司的不动资产投资是指保险资金用于购买土地、建筑物或修理住宅、商业建筑等投资,通过这些手段获取稳定的租金收入,保证长期安全收益,起到抵御通货膨胀的作用。不动产投资具有以下优点:第一,投资回报具有多样性。不动产投资具有三种基本的回报类型,分别是投资项目的经营收益(如租金收入)、资产升值和价值收益。因此不动产投资能在不同程度上满足投资者追求投资回报和所投资资产安全性的要求。第二,在一些国家,投资不动产能够获得税收优惠,投资者可以通过折旧来减少部分税的支出,甚至不动产翻新改造的部分依然允许折旧。第三,不动产切实存在且不可移动,且它的所有权需要记录在案并且受到法律保护,因此可以作为贷款担保的抵押物。从投资效益看,虽然投资成本较高,但具有稳健上扬的潜力,是一种较好的长期投资方式。但是在经济发展欠稳定的国家,由于不动产市场的供求不稳定,投资者很难获得预测长期租金价格的有效信息而面临较大的市场风险。不动产投资的投资期限较长,投资占用资金量大,投资的流动性较差,这在一定程度上影响和限制了保险公司对不动产的投资。为此,各国政府对保险公司的不动产投资尤其是纯粹为盈利而进行的不动产投资加以严格的法律限制。

进入21世纪以来,寿险不动产投资逐步为寿险公司所重视。在进行不动产投资时,必须运用各种方式进行全面的市场调查,掌握相关项目的需求状况、价格趋势信息、开发供给信息、科技进步信息以及经济政策信息,并综合政治和社会等信息全面估测市场的变化趋势,从而确定买入不动产的类型、地点、数量、价格、时机等,然而虽然获利较多,但要承受土地购买、规划设计、建设施工中可能发生的种种风险,前期不仅要投入大量成本还要求有较高的经营管理水平。因此寿险不动产投资比例下降的主要原因,是金融市场的复苏使金融投资产品在流动性和收益性的优势超过了不动产。

保险投资工具除了债券、股票、不动产外,还有各类基金、同业拆借、黄金外汇、另类投资等。

三、我国保险公司投资实践案例

(一)保险公司债权投资计划实践

由于顶层机制设计及投资渠道的可行性,保险公司经常通过发行债权投资计划向具有价值的基建工程类项目融资。该类计划具有政府支持和信用背书,且以未来相关财政收入和项目收益为主要还款来源(类似于债券付息)。此外,大多数债权计划会基于基准利率设定每期的应还融资额或约定保底利率等有利于保险资金管理的融资条件。

以"太平资产——南水北调工程债权投资计划"为例。南水北调工程 2002 年正式获得国务院批准动工，南工程规划区涉及人口 4.38 亿人，调水规模 448 亿立方米。工程规划的东、中、西线干线总长度达 4350 公里。东、中线一期工程干线总长为 2899 公里，沿线六省市一级配套支渠约 2700 公里，实际总投资超过 2000 亿元。保险资金的参与方式为，由太平资产牵头，中国人寿、中国人保等 20 多家公司参与了三期"南水北调专项债权计划"，总计投资 550 亿元，其中，一、二、三期的募集金额分别为 50 亿元、100 亿元和 400 亿元，占已完成工程投资总额的 20% 左右，极大助力了大型工程建设，助力保险行业影响力的提高。

(二) 保险公司股权投资计划实践

在新形势下，以 PPP 模式(政企合作)为代表的股权类投资得到了政府的大力支持并逐渐兴起，成为保险公司参与中长期基础设施实体经济建设的重要途径。除了保险资金本身具有较长久期与大型基建类项目的期限匹配外，股权类投资计划还能有效提升保险公司参与项目的话语权，进一步和项目主体就有关利益进行协调。

以"保险资金参与北京地铁 16 号线 PPP 计划"为例。北京地铁 16 号线大致呈南北走向，线路北起海淀区北安河站，南至海淀区玉渊潭东门站，全长 31.9 千米，采用全地下敷设方式；共设地下车站 18 座；采用 8 节编组 A 型列车。16 号线项目总投资约 474 亿元，采用了 PPP 融资模型，将项目建设股权融资(A 类固定收益+B 类浮动收益)与运营相分离，项目投资方不参与实际经营管理，只享受较低的股权投资收益获得比较稳定的现金流。2015 年，中国再保险(集团)股份有限公司旗下的保险资产管理公司中再资产管理股份有限公司(简称"中再资产")投资 120 亿元，其中 50 亿元来自保险资金，剩余 70 亿元来源向社会募集的资产管理产品"中再-背景地铁十六号线股权投资计划"，期限 10 年。

(三) 保险公司参与精准扶贫实践

精准扶贫是指针对不同贫困区域环境、不同贫困农户状况，运用科学有效程序对扶贫对象实施精确识别、精确帮扶、精确管理的治贫方式。近年来，保险行业积极响应国家政策，践行社会责任，参与各类精准扶贫项目。

以"保险资金参与河北阜平精准扶贫工程"为例。阜平县隶属河北保定市，县辖 8 镇 5 乡和 1 个经济开发区。根据第七次人口普查数据，阜平县常住人口为 194004 人。2019 年，阜平县生产总值实现 449484 万元，全县人均生产总值为 20349 元。"人保-阜平"金融扶贫模式的主要特点可归纳为"生产支持保障+再生产资金融通"。在保障生产方面，人保积极推行各类政策性农业保险，此外还结合阜平当地农业中央特色和扶贫产业发展方向，针对牛羊、杂粮以及其他经济作物开发了 6 种县级财政补贴险种和 28 款扶贫保险产品，有效保障了农户收益。此外，公司还和政府签约推行保费各半、理赔对分的"联办共保"模式，并对结余资金进行有效管理；在金融支持方面，人保使用"政融企户保"模式，基于资金情况、扶贫登记等数据引入支农融资试点业务，为农谷提供滴灌式的项目融资、信贷支持和数据信息等综合金融服务，并在此基础上形成了一条完整的金融扶贫链。

【本章小结】

1. 保险投资又称保险资金运用，是指保险公司在组织经济补偿和给付过程中，将积累的闲散资金合理运用，使资金增值的活动。保险公司投资管理，是指保险公司在运用保险资金的过程中，通过对投资活动进行分析、衡量，有效地安排投资的方向、比例，监测、控制投资风险，在保证安全性的前提下，用最低的投资成本获得最大收益的管理过程。

2. 保险公司的投资资金主要由自有资金和负债资金两大部分构成。其中，自有资金主要包括资本金、公积金；负债资金主要包括各种责任准备金，如非寿险未到期责任准备金、赔款准备金、寿险责任准备金、存入分保准备金、储金、长期责任准备金。

3. 保险投资既要遵循一般性原则，也要遵循特殊性原则。一般性原则包括安全性原则、收益性原则和流动性原则。特殊性原则包括对称性原则、替代性原则、分散性原则、转移性原则和平衡性原则。

4. 资产组合理论是保险公司投资管理的理论基础。资产组合理论分为马科维茨模型和夏普单因子模型。在这两个模型的基础上，产生了资本资产定价模型（CAPM）和套利定价模型（APT）。

5. 保险投资的组织形式分为内部组织形式和外部组织形式。其中，内部组织形式一般可分为内设投资部的形式和专业化保险资产管理形式，外部组织形式是指保险公司将可运用的保险资金委托给外部专业投资管理机构进行运作。

6. 保险投资组合管理的重要内容包括：保险投资组合管理的一般程序、保险投资组合管理的战略与战术、保险投资组合的投资比例、保险组合投资的时间与品种、保险投资组合的风险控制。

7. 政府对保险投资风险的监管主要包括：对保险投资范围的限制，对保险投资比例的限制，对投资资产与负债匹配关系的限制，对金融衍生工具的使用限制。

8. 保险公司对投资风险的管理主要从四个方面进行，即制定合理的投资策略、资产分配、投资组合管理和资产管理。

9. 我国保险投资的渠道主要分为金融资产和实物资产两大类。金融资产投资以债权类投资和股权类投资为主，实物资产投资以不动资产投资为主。

【本章思考题】

1. 保险投资管理对保险公司经营管理有哪些意义？
2. 我国保险投资发展经历了哪几个阶段？
3. 保险投资的原则有哪些？
4. 保险投资的组织形式有哪些？
5. 简述现代资产组合理论如何在保险投资管理中的应用。
6. 我国保险公司应如何制定保险投资策略？
7. 保险监管机构应从哪些方面加强对保险公司投资风险的管理？
8. 保险公司应如何进行保险资金投资组合管理？
9. 保险投资的资金来源和投资渠道有哪些？
10. 举例说明我国保险公司投资管理的具体实践。

【本章参考文献】

[1] 陈文辉. 新常态下的中国保险资金运用研究 [M]. 北京：中国金融出版社，2017.

[2] 高慧. 保险资金运用：法律合规与风险控制 [M]. 北京：中国法制出版社，2019.

[3] 郭冬梅，郭三化. 保险投资学 [M]. 北京：中国财政经济出版社，2021.

[4] 中国保险行业协会. 险资运用新时代：国际模式与中国实践 [M]. 北京：中信出版社，2017.

[5] 中国保险资产管理业协会. 保险资金运用全面风险管理实务 [M]. 北京：经济科学出版社，2019.

[6] 朱南军. 保险资金运用风险管控研究 [M]. 北京：北京大学出版社，2014.

第七章　保险公司的偿付能力管理

【本章知识结构导图】

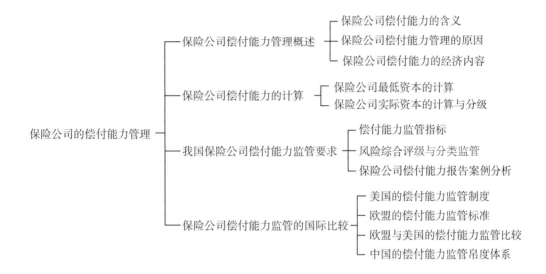

第一节　保险公司偿付能力管理概述

一、保险公司偿付能力的含义

偿付能力的概念最早出现于 1946 年的英国。目前，对于偿付能力的一般解释是，指某人(自然人或法人)支付其对他人的债务的能力，是衡量其财务实力大小的一个重要因素。而偿付能力不足表现为两种不同情形：一是实质性偿付能力不足或破产，即某人所有资产的公平估值低于其应支付的债务总额。一旦发生这种情形，当事人就须根据相关法律法规宣告破产，并进入破产清算程序。二是技术性偿付能力不足，即某人由于资产配置的流动性差，在需要的时候又无法将这些资产转变为足够的现金，而无法偿付当期应支付的债务。这种危机具有暂时性的特点，可以通过有效的补救方式来解决，但如果解决不了，则也要被迫行清算。

保险公司偿付能力是指保险公司履行保险合同约定的赔偿或给付责任的能力。它包括两个层次的含义：一是在一般情况下发生保险事故时，保险人所具有的完全承担赔偿或者给付保险金责任的能力；二是在特殊情况下发生超出正常年景的损失时，保险人所具有的承担赔偿或给付责任的能力。

二、保险公司偿付能力管理的原因

保险公司进行偿付能力管理是为了应对风险。国际保险监督官协会（IAIS）发布的《保险监管核心原则》中，强调了保险公司资本充足性的重要，并且要求每个国家应当在其立法和保险监管机构的监管实践中予以关注。2002 年 1 月，国际保险监督官协会又发布了关于保险公司资本充足性和偿付能力监管的若干原则。这些原则可适用于所有保险公司，与评估人身保险与财产保险公司的偿付能力有关。

保险公司正常经营会面临承保风险和市场风险以及各类风险，保险公司采取了相应的风险管理办法后，就形成了保险公司的资产负债表。或者说，资产负债表是保险公司采取风险管理策略之后的结果。例如，管理承保风险后就形成了资产负债表中的各种保险合同准备金，而投资资产的信用风险和价格风险经过管理后就形成了资产负债表中的投资资产组合。

保险公司采取上述措施后，还会面临风险吗？答案是肯定的。就负债而言，对于占比最高的保险合同负债，未来仍然存在实际赔付支出超出保险合同准备金（准确而言，应该是保险合同准备金的合理估计负债）的可能性，即保险公司最终的实际负债大于估计的负债。

保险公司吸收保费形成负债，再由负债进行投资，以保险公司的投资资产为例，未来可能出现投资资产价值增长率低于保险合同负债增长率（对于承诺客户账户价值收益率的保单，保险合同负债会按预定利率或大于等于保底收益率的增长率增长），甚至投资资产价值大幅缩水的情况，原因可能是投资失误，也可能是利率长期走低导致寿险公司出现严重的利差损，最为极端的情况则是外部经济环境剧烈变化，甚至发生系统性金融风险。

由此可以推出，如果出现实际负债超出表中负债，同时出现负债资金形成的投资资产价值增长率低于负债增长率（甚至投资资产负增长的情形），或者只是遇到其中某一种不利情形，都会使保险公司出现投资资产价值低于负债价值的情形，也就是说资不抵债的情况发生，保险公司出现偿付能力问题，很可能会影响未来偿付保单持有人的债务。

因此，为了保障保单持有人的利益，监管机构要求保险公司在资产和负债之间维持一个足够大的额度对冲风险。这个额度就是"偿付能力额度"，用于应对上述所说的不利情况。换言之，保险公司不能仅仅依赖保险负债融资形成的投资资产来应对未来保险合同债务，而是要有额外的资本投入来应对可能发生的上述风险暴露。这些额外的资本投入主要来自股东的资本投入。

三、保险公司偿付能力的经济内容

保险偿付能力的经济内容一般是指保险公司的偿付准备金。

保险公司经营的对象是风险，它所承担的是对未来的损失赔偿和给付责任。通常的保险费率是基于精算师对未来死亡率、损失率、利率和费用率的合理预期计算出来的。从理论上讲，如果保险费率厘定合理、保险基金管理得当、宏观环境不发生大的波动，纯保费能够满足赔付和给付的需要。但由于保险公司的业务经营过程实际上是风险的集中和损失的分散过程，在实践中损失发生的频率和损失的程度的波动性、费率厘定前基本假设的局限性以及统计资料的误差，往往使保险标的发生保险事故的实际损失率同期望值并不完全一致，有时甚至大大超出预定值。在这种情况下，保费收入就不足以保证应有的偿付能力，保险公司就要用保费以外的资金来支持偿付。因此，对于保险公司的偿付能力，就要考虑所承担的风险在发生超出正常年景下的赔付和给付能力。对于保险公司来说，这就要求必须在总资产与保险责任准备金构成的负债之间保持一个足够大的超额，以应付可能发生实际索赔大于索赔期望时的赔偿或给付责任。这个超出的一定额度就称为保险公司的偿付能力额度，即偿付准备金。

第二节　保险公司偿付能力的计算

保险公司偿付能力的大小通常以"偿付能力充足率"来衡量。偿付能力充足率是保险公司的实际资本与最低资本之比。

一、保险公司最低资本的计算

按照偿付能力监管规定，最低资本是指基于审慎监管目的，为使保险公司具有适当的财务资源，以应对各类"可量化为资本要求的风险"对偿付能力的不利影响，监管机构要求保险公司应当具有的资本数额。

(一)"偿二代"下的风险分类

在"偿二代"[①]中，保险公司的风险被分为两类：固有风险和控制风险。

----

① "偿二代"即中国第二代偿付能力监管体系(C-ROSS)。"偿二代"建设于2012年启动，2015年2月"偿二代"正式发布并进入实施过渡期，2016年1月1日起正式施行"偿二代"监管规则。

固有风险是指在现有的正常的保险行业物质技术条件和生产组织方式下，保险公司在经营和管理活动中必然存在的客观的偿付能力相关风险。控制风险是指因保险公司内部管理和控制不完善或无效，导致固有风险未被及时识别和控制的偿付能力相关风险。

固有风险又分为：可量化风险（承保风险、市场风险、信用风险）和难以量化风险（操作风险、战略风险、声誉风险、流动性风险）。在可量化风险中，承保风险是指由于损失发生、费用及退保相关假设的实际发生与预期发生偏离，导致保险公司遭受非预期损失的风险；市场风险，是指由于利率、权益价格、房地产价格、汇率等不利变动，导致保险公司遭受非预期损失的风险；信用风险，是指由于交易对手不能履行或不能按时履行其合同义务，或者交易对手信用状况的不利变动，导致保险公司遭受非预期损失的风险。保险公司面临的信用风险包括利差风险和交易对手违约风险。

（二）各类风险对应的最低资本

"偿二代"下的最低资本要求考虑了固有风险中的可量化风险、控制风险，还考虑了一些特殊情况导致的附加资本。最低资本的计算公式如下：

最低资本＝量化风险最低资本（$MC_{量化风险}$）＋控制风险最低资本（$MC_{控制风险}$）＋附加资本

保险公司最低资本由三部分组成：第一部分是量化风险最低资本，即承保风险、市场风险、信用风险对应的最低资本；第二部分是控制风险最低资本，即控制风险对应的最低资本（控制风险其实是考虑了保险公司对经营风险的管理程度）；第三部分是附加资本，包括逆周期附加资本、国内系统重要性保险机构的附加资本、全球系统重要性保险机构的附加资本以及其他附加资本。

对于难以量化的固有风险（操作风险、战略风险、声誉风险、流动性风险），"偿二代"将其纳入风险综合评级（用于分类监管）进行评估，利用评级结果对保险公司进行监管，不计入最低资本。

（三）量化风险最低资本的计算

1. 计算方法

"偿二代"规定，可量化风险包括承保风险、市场风险和信用风险，各类风险的最低资本均采用 VaR 法计算，大致含义就是，该风险导致的最大可能损失是多少，就要求计提多少最低资本。VaR 值是基于中国市场历史数据，得到各类资产（负债）的概率分布，然后采用 99.5% 或 99% 分位点数值得到。

"偿二代"对承保风险、市场风险和信用风险的最低资本的计算方法都给出了详细的规定，这里仅举一个市场风险的小例子进行说明。

《保险公司偿付能力监管规则第 7 号：市场风险最低资本》规定，除人身保险公司的利率风险最低资本外，市场风险最低资本采用综合因子法计算。各类资产(负债)的市场风险最低资本计算公式为：

$$MC_{(\text{市场风险})} = EX \times RF$$

其中：$MC_{(\text{市场风险})}$ 为市场风险的最低资本；

EX 为风险暴露，市场风险的风险暴露通常等于该项资产(或负债)的认可价值，认可价值通常就等于该资产(负债)的账面价值；

RF 为风险因子，$RF = RF_0 \times (1+K)$，RF_0 为基础风险因子；K 为特征因子，$K = k_1 + k_2 + \cdots + k_n$，$k_i$ 为基于特定风险或公司的特征系数，n 为特征系数的个数，$K \in [-0.25, 0.25]$。

2. 例题：股票资产的最低资本计算

假定某保险公司持有某上市公司股票(中小板块股票)，账面价值为 100 万元，购买后涨幅已经达 150%，该股票资产存在权益价格风险，该资产的市场风险最低资本是多少？

首先，计算风险暴露，价格风险暴露为资产认可价值(通常为账面价值)，假定该股票以公允价值计量的交易性金融资产或可供出售金融资产，其风险暴露就是股票的账面价值 100 万元。

接着，计算风险因子。根据《保险公司偿付能力监管规则第 7 号：市场风险最低资本》，中小股票的基础因子 $RF_0 = 0.41$(沪深主板股票为 0.31，创业板股票为 0.48)；特征系数只有一个 k_1，根据"股票涨跌幅，$x = ($上市股票账面价值$-$购买成本$) \div$购买成本确定"，当 $x \geqslant 1$ 时，$k_1 = 1$(当 $0 \leqslant x < 1$ 时，$k_1 = x^2$；当 $-1 \leqslant x < 0$ 时，$k_1 = -x^2$)，由于股票被购买后的涨幅已达 150%，因此，特征因子 $K = k_1 = 1$。

综上，该股票资产的市场风险最低资本 = 100 万元×0.41×(1+1) = 82 万元。

显然，最低资本数额主要取决于保险公司买入该股票后的涨跌幅。涨价越高，最低资本越高；跌幅越大，最低资本越低。但是，最低资本涨跌幅小于股票价格的涨跌幅。

3. 量化风险最低资本的汇总

计算总量化风险时，需要考虑各类风险之间的相关系数，按照相关系数矩阵进行汇总。同理，计算保险公司最低资本时，需要考虑承保风险、市场风险、信用风险之间的风险分散效应，按照相关系数矩阵①计算量化风险总的最低资本，最后，按照特定类别保险合同的损失吸收效应进行调整，得到最终的量化风险最低资本。量化风险整体最低资本的计算公式如下：

$$MC^* = \sqrt{MC_{\text{向量}} \times M_{\text{相关系数}} \times MC_{\text{向量}}} - LA$$

其中：MC^* 代表量化风险整体的最低资本；

---

① 相关系数矩阵在原保监会颁布的《保险公司偿付能力监管规则：最低资本》中已经给出。

MC$_{向量}$代表承保风险、市场风险和信用风险的最低资本行向量；

MC$_{相关系数}$代表相关系数矩阵；

LA 代表特定类别保险合同的损失吸收效应调整。

所谓"特定类别保险合同的损失吸收效应"，是指风险事件导致保险公司遭受非预期损失后，保险公司根据其管理层策略对具备风险共担特征的分红险和万能险业务的未来非保证利益现金流进行调整以吸收风险事件带来的财务损失，进而可以降低最低资本要求。

（四）控制风险最低资本的计算

1. 计算方法

控制风险是由监管机构去保险公司实地检查其风险控制的情况后，根据保险公司的实际情况进行客观评估得到的评分结果，100 分代表保险公司的风险控制做得最好；0 分代表风险控制做的最差。

检查内容是偿付能力风险管理的制度健全性和制度贯彻遵循的有效性；检查频率是 1 年 1 次，评估时间是每年的 4 月至 10 月，简称 SARMRA 评估。

控制风险的最低资本的计算公式为：

$$MC_{(控制风险)} = (-0.005S + 0.4) \times MC_{量化风险}$$

其中，S 为控制风险评估结果：0—100 分。

简单计算可知，控制风险最低资本在"量化风险最低资本（MC$_{量化风险}$）的 -10%（得分 100 时）至 40%（得分 0 时）"。也就是说，风险控制制度和落实工作做得最好，可以在量化风险最低资本基础上节约 10% 的最低资本；反之，做的最差，需要在量化风险最低资本的基础上增加 40% 的最低资本。

2. 例题：2021 年保险公司 SARMRA 评估

2021 年，银保监会对 43 家人身险公司开展了 SARMRA 评估[①]工作。评估结果显示，人身险公司得分最高的是恒安标准人寿，得分为 81.18，较上期增加 1.67 分，也是唯一一家得分超过 80 分的公司（见表 7-1）。三峡人寿的得分最低，为 58.8 分，且较上期下降。

表 7-1　　　　　　　　**2021 年我国人身保险公司 SARMRA 评估前 5 名**

排序	公司名称	2021 年	上期	变化
1	恒安标准	81.18	79.51	1.67

---

① "SARMRA"，全称"保险公司偿付能力风险管理能力评估"，是"偿二代"体系中第二支柱——"风险管理"定性监管中的重要监管工具，其评估分数高低直接影响用于计算偿付能力充足率的"最低资本"。

排序	公司名称	2021 年	上期	变化
2	利安人寿	79.46	79.29	0.17
3	招商信诺	79.42	77.81	1.61
4	汇丰人寿	78.96	76.74	2.22
5	吉祥人寿	78.44	75.72	2.72

资料来源：作者根据银保监会网站发布的相关新闻整理而得。

2021 年，银保监会还对 25 家财产保险公司进行了 SARMRA 评估。从评估结果来看（见表 7-2），财产保险公司中得分最高的是平安产险，得分为 85.06 较上期增加 0.96 分。此外，还有 3 家公司的得分高于 80 分，依次是太保财险、国寿财产和人保财险。其中，人保财险是唯一一家评分下降的公司，流动性风险管理评分下降的最多。

表 7-2   **2021 年我国财产保险公司 SARMRA 评估前 5 名**

排序	公司名称	2021 年	上期	变化
1	平安产险	85.06	84.10	0.96
2	太保财险	83.94	82.88	1.06
3	国寿财产	82.07	80.59	1.48
4	人保财险	80.40	81.65	−1.25
5	鑫安汽车	79.25	78.94	0.31

资料来源：作者根据银保监会网站发布的相关新闻整理而得。

总的来说，2021 年各公司评分都较上期有不同程度的提升，说明保险公司风险管理意识不断增强，风险管理架构和制度体系逐步健全，风险管理能力得到有效提升。此外，财产险公司在信用风险、操作风险、流动性风险管理方面的得分也有所提升。但是，人身险公司在信用风险、保险风险和声誉风险三个方面的平均分有所下降。

（五）附加资本的计算

附加资本的计算目前还没有准确模式，这里仅仅进行简单讨论。如前所述，附加资本包括逆周期附加资本、国内系统重要性保险机构的附加资本、全球系统重要性保险机构的附加资本以及其他附加资本。

逆周期附加资木需要相机抉择，由监管机构根据外部经济环境的具体情况确定。基本要求为：宏观经济形势越好，保险公司资产负债越庞大，偿付能力会扩张，但隐含潜在风险，需要计提更多的逆周期附加资本；反之，经济环境越是不好，保险公司的偿付能力会降低，监管机构可以放松对保险公司附加资本的要求。

2022年7月8日，央行、银保监会发布了《系统重要性保险公司评估办法(征求意见稿)》，明确我国系统重要性保险公司的评估范围、方法流程和门槛标准。目前国内系统性重要保险机构附加资本为量化风险最低资本总和的5%。

如果该保险机构是全球系统重要性保险机构(G-SII)(例如平安保险集团)，还需要增加全球系统重要性保险机构附加资本。G-SII是指在金融市场和保险市场中承担了关键功能，具有全球性特征的保险机构。这些机构一旦发生重大风险事件或经营失败，会对全球经济和金融体系造成系统性风险。2015年10月，全球金融标准制定与执行的核心机构——金融稳定理事会(FSB)批准并发布了由国际保险监督官协会(IAIS)负责制定的更高损失吸收能力要求(HLA)，即针对全球系统重要性保险机构(G-SII)的附加资本要求，以减少G-SII破产的可能性以及由此引发的对金融系统的影响。自2019年起，G-SII所持有的资源将不低于"基础资本要求BCR"与"HLA所规定的资本要求"之和。

2013年开始，中国平安保险集团连续入选G-SII名单，是当时发展中国家及新兴市场中唯一入选的保险机构。因此，平安保险集团除需要满足银保监会规定的偿二代监管要求外，还需要满足金融稳定理事会(FSB)的资本要求，其资本不得低于BCR与HLA所规定的资本要求之和。

(六) 消耗保险公司资本的风险

对于人身保险公司来说，消耗的资本按照从大到小的顺序依次是：市场风险、承保风险和信用风险。根据监管机构的"偿二代"测试结果和部分保险公司的实际情况，市场风险大概消耗了80%以上的最低资本，主要是利率风险的原因。而人身险公司面临的最大风险就是利差损。

对于财产保险公司来说，消耗的资本按照从大到小的顺序依次是：承保风险、信用风险和市场风险。根据监管机构的"偿二代"测试结果和部分保险公司的实际情况，承保风险大概消耗了60%的最低资本。因此，财产险公司的最大风险来源于承保风险。

从最低资本还反映出财产保险公司具有更强的风险保障属性，主要承担着分散风险和转移风险的任务；人身保险公司具有更多的金融属性，面临更多的市场风险。

二、保险公司实际资本的计算与分级

(一) 实际资本的含义

实际资本是指保险公司在持续经营或破产清算状态下可以吸收损失的财务资源，其计算公式为：

$$实际资本=认可资产-认可负债$$

从资产方面来看，保险公司资产分为认可资产和非认可资产。认可资产是指处置不受限制，并可用于履行对保单持有人赔付义务的资产；不符合前述条件的资产，为非认可资产。

从负债方面来看，保险公司的负债可分为认可负债和非认可负债。认可负债是指保险公司无论在持续经营状态还是破产清算状态下都需要偿还的债务，以及超过监管限额的资本工具；不符合前述条件的负债，为非认可负债。

(二) 认可资产

1. 认可资产的范围

认可资产是指可通过处置用于偿还保险合同债务的资产，包括：

(1)现金及流动性管理工具，现金包括库存现金、活期存款等，流动性管理工具包括货币市场基金、短期融资、买入返售证券、央行票据、商业银行票据和拆出资金等；

(2)投资资产，包括定期存款、协议存款、政府债券、金融债券、企业债券、资产证券化产品、信托资产、基础设施投资、权益投资、投资性房地产、衍生金融资产、其他投资资产等；

(3)长期股权投资，是指保险公司对被投资单位实施控制、重大影响的权益性投资，以及对其合营企业的权益性投资；

(4)再保险资产，包括应收分保准备金、应收分保账款和存出分保保证金等；

(5)应收及预付款项，包括应收保费、应收利息、保单质押贷款、应收股利、预付赔款、存出保证金、其他应收和暂付款项等；

(6)固定资产，包括自用房屋、机器设备、交通运输设备、在建工程、办公家具等；

(7)独立账户资产，是指投资连结保险等各投资账户中的投资资产；

(8)其他认可资产，包括递延所得税资产(由经营性亏损引起的递延所得税资产除外)、应急资本等。

2. 非认可资产的种类

非认可资产是指处置受到限制，无法用来偿还保险合同债务的资产。非认可资产主要包括：

(1)无形资产(土地使用权除外)；

(2)由经营性亏损引起的递延所得税资产；

(3)长期待摊费用；

(4)有迹象表明保险公司到期不能处置或者对其处置受到限制的资产，如被依法冻结的资产，由于交易对手出现财务危机、被接管、被宣告破产等事项而导致保险公司对其处置受到限制的资产，等等；

(5)银保监会规定的其他非认可资产。

3. 认可资产的认可价值

保险公司各项认可资产以账面价值作为认可价值，但有两个例外：

(1)保险公司对子公司的长期股权投资，应当按照权益法确定其认可价值。原来按成本法，账面价值=购入成本；现在按权益法，账面价值=购入成本+投资收益-投资亏损。

(2)寿险业务应收分保准备金应当按照《保险公司偿付能力监管规则第 3 号：寿险合同负债评估》计算的分保前寿险合同负债与分保后寿险合同负债之间的差额作为其认可价值。寿险公司应收分保准备金规模很小，按照《保险公司偿付能力监管规则第 3 号：寿险合同负债评估》重新计算后，可能略有降低，但影响不大。

(三)认可负债

1. 认可负债的范围

认可负债是指无论持续经营还是破产清算都要还的债务，其类别有：

(1)保险合同负债，包括未到期责任准备金和未决赔款责任准备金；

(2)金融负债，包括卖出回购证券、应付返售证券、保户储金及投资款、衍生金融负债等；

(3)应付及预收款项，包括应付保单红利、应付赔付款、预收保费、应付分保账款、应付手续费及佣金、应付职工薪酬、应交税费、存入分保保证金等；

(4)预计负债，指按照企业会计准则确认、计量的或有事项的有关负债；

(5)独立账户负债，包括保险公司对投资连结保险等提取的投资账户负债；

(6)资本性负债，指保险公司发行的资本工具按照原保监会有关规定不能计入资本的部分；

(7)其他认可负债，包括递延所得税负债、现金价值保证、所得税准备等。

2. 非认可负债的种类

保险公司的非认可负债主要包括以下类别：

（1）保险公司根据财政部有关规定对农业保险业务提取的大灾风险保费准备金；

（2）保险公司发行的符合核心资本或附属资本标准、用于补充实际资本且符合计入资本相关条件的长期债务，包括次级定期债务、资本补充债券、次级可转换债券等；

（3）银保监会规定的其他非认可负债。

3. 认可负债的认可价值

认可负债的认可价值按以下规则确定：

（1）按照账面价值确定。按账面价值确定认可价值的认可负债包括：保险公司非寿险业务的保险合同负债；人身保险公司经营的短期寿险合同、短期意外伤害合同、短期健康险合同的负债；寿险合同未决赔款准备金；保险公司的金融负债、应付及预收款项、预计负债、独立账户负债和递延所得税负债。

（2）长期人身险未到期责任准备金的认可价值根据《保险公司偿付能力监管规则第 3 号：寿险合同负债评估》确定，其认可价值＝最优估计准备金＋风险边际。长期人身险未到期责任准备金的账面价值＝合理估计负债＋风险边际＋剩余边际。由于认可价值比账面价值少了剩余边际，因而认可价值与账面价值差距很大。

（3）保险公司寿险业务的保险合同负债的认可价值与公司最低资本之和大于或等于公司全部寿险业务的现金价值时，不确认现金价值保证负债。保险公司寿险业务的保险合同负债的认可价值与公司最低资本之和小于公司全部寿险业务的现金价值时，应确认现金价值保证负债。现金价值保证负债的认可价值＝max（CV−PL−MC，0），其中：CV 是保险公司全部寿险业务的现金价值；PL 是保险公司全部寿险业务的保险合同负债的认可价值；MC 是保险公司的最低资本。

（4）保险公司发行的次级可转换债券以及没有赎回条款的次级定期债务和资本补充债券，剩余期限在 2 年以上（含两年）的，认可价值为 0；剩余期限在 2 年以内的，剩余期限越短，认可价值越高。如，剩余期限在 1 年以内的，以账面价值的 80% 作为认可价值。

（5）保险公司发行的具有赎回条款的次级定期债务和资本补充债券，剩余期限在 4 年以上（含 4 年）的，认可价值为 0；剩余期限低于 4 年的，剩余期限越短，账面价值越高。例如，剩余期限在 1 年以内的，以账面价值的 80% 作为其认可价值。

4. 认可负债与保险合同负债的区别

寿险合同负债由未到期责任准备金和未决赔款准备金组成。未决赔款准备金以财务报表账面价值为认可价值。但是，未到期责任准备金评估适用"偿二代"规则《保险公司偿付能力监管规则第 3 号：寿险合同负债评估》相关规定。

认可负债与财务报表寿险未到期准备金账面价值的主要区别是：认可负债不考虑剩余边际，即财务报表中的寿险未到期准备金＝合理估计负债＋风险边际＋剩余边际，偿二代的寿险未到期准备金＝最优估计准备金＋风险边际。其中，合理估计负债与最优估计准备金的计算思路和方法是相同的，但在利率假设、风险发生率假设等各种假设上可能存在不一致的情况。总休而言，寿险公司的认可负债大幅低于报表中的负债账面价值。

(四) 实际资本

1. 实际资本的数额

实际资本等于认可资产减去认可负债后的余额。认可资产和认可负债的价值需按照偿付能力监管规定进行评估，绝大多数认可资产和财险公司的负债都按账面价值评估，但长期人身险负债按照"最优估计准备金+风险边际"评估，低于账面价值。这使得寿险公司的认可负债低于负债的账面价值，进而，实际资本高于股东权益的账面价值。但财险公司的实际资本与股东权益比较接近。

保险公司的资本应当符合以下特征：(1)存在性，即保险公司的资本应当是实缴的资本；(2)永续性，即保险公司的资本应当没有到期日或具有监管机构规定的较长期限；(3)次级性，即保险公司资本在破产清算时的受偿顺序应当在保险合同负债和一般债务之后；(4)非强制性，即本金的返还和利息(股息)的支付不是保险公司的强制义务，或者在特定条件下可以返还或支付。

2. 实际资本分级

根据资本吸收损失的性质和能力，保险公司资本分为核心资本和附属资本。

核心资本是指在持续经营状态下和破产清算状态下均可以吸收损失的资本。核心资本分为核心一级资本和核心二级资本。

附属资本是指在破产清算状态下可以吸收损失的资本。附属资本分为附属一级资本和附属二级资本。破产清算时的受偿顺序列于保单持有人和一般债权人之后，先于核心资本。

按照《保险公司偿付能力监管规则第1号：实际资本》，四类资本(核心一级资本、核心二级资本、附属一级资本和附属二级资本)的特征如表7-3所示。

表 7-3　　　　　　　　　　　　　　保险公司四类资本的特征

资本类别	存在性	永续性	次级性	非强制性
核心一级资本	实缴	没有到期日，且发行时不应该造成该工具将被回购、赎回或取消的预期	能吸收经营损失和破产损失；破产清算时的受偿顺序排在最后；发行人或其关联方不得通过其他安排使其在法律或经济上享有优先受偿权	任何情况下本金返还和收益分配都不是保险公司的强制义务，且不分配收益不被视为违约

续表

资本类别	存在性	永续性	次级性	非强制性
核心二级资本	实缴	没有到期日或者期限不低于 10 年，发行 5 年后方可赎回并且不得含有利率跳绳机制及其他赎回激励	能吸收经营损失和破产损失；破产清算时的受偿顺序列于保单持有人和一般债权人之后，先于核心一级资本；发行人或其关联方，也不得通过其他安排使其在法律或经济上享有优先受偿权；有到期日的，应当含有减记或转股条款，当触发时间发生时，该资本工具能力及减记或者转为普通股	可以设定本息递延条款；发行人无法如约支付本息时，该资本工具的权益人无权向法院申请对保险公司实施破产
附属一级资本	实缴	期限不低于 5 年	能吸收破产损失；破产清算时的受偿顺序列于保单持有人和一般债权人之后，先于核心资本	可以设定本息递延条款；发行人无法如约支付本息时，该资本工具的权益人无权向法院申请对保险公司实施破产
附属二级资本	实缴或符合监管机构规定的形式	期限可以低于 5 年	能吸收破产损失；破产清算时的受偿顺序列于保单持有人和一般债权人之后，先于附属一级资本	可以不设定本息支付的约束条件

3. 核心一级资本的计算

保险公司应当以财务报表净资产为基础，分析以下项目对实际资本的影响方向，通过调增或调减净资产计算得到核心一级资本，其计算公式为：

核心资本＝净资产＋（子公司长期股权投资的权益法认可价值–其财务报表账面价值）＋农业保险大灾风险保费准备金＋（寿险业务应收分保准备金财务报表账面价值–其认可价值）＋各项非认可资产的账面价值＋（财务报表下寿险责任准备金账面价值–偿付能力报告下对应的保险合同负债认可价值）＋现金价值保证的认可价值＋保险公司发行的符合核心资本标准的负债类资本工具按规定可计入核心资本的金额。

4. 各级资本的相对额度确定

保险公司各级资本应当符合以下限额标准：（1）附属资本不得超过核心资本的 100%；（2）核心二级资本不得超过核心资本的 30%；（3）附属二级资本不得超过核心资本的 25%。

各级资本工具余额超过上述限额的，应当确认为资本性负债，以其超过限额的金额作为认可价值。

第三节　我国保险公司偿付能力监管要求

一、偿付能力监管指标

保险公司偿付能力监管指标包括核心偿付能力充足率和综合偿付能力充足率。在"偿二代"监管体系下，核心偿付能力充足率、综合偿付能力充足率分别保持 50% 和 100% 以上才可以满足监管要求。

核心偿付能力充足率、综合偿付能力充足率的计算公式如下：

核心偿付能力充足率＝核心资本/最低资本

综合偿付能力充足率＝实际资本/最低资本

实际资本＝认可资产－认可负债

最低资本＝量化风险最低资本＋控制风险最低资本＋附加资本

在保险公司偿付能力报告中还会披露核心偿付能力溢额和综合偿付能力溢额，计算公式分别为：

核心偿付能力溢额＝核心资本－最低资本

综合偿付能力溢额＝实际资本－最低资本

二、风险综合评级与分类监管

对于可量化风险和控制风险，"偿二代"采用偿付能力充足率考核保险公司的偿付能力；对于不可量化风险，监管机构采用风险综合评级和分类监管方式进行监管。

所谓风险综合评级与分类监管，是指监管机构每季度根据偿付能力充足率结果对保险公司操作风险、战略风险、声誉风险和流动性风险这些难以量化风险的评价结果，评价保险公司的综合偿付能力，对保险公司进行分类，并采取相应监管政策或监管措施。风险综合评级的频率是每季度一次。

分类监管评价采用加权平均法。其中，量化风险评分所占权重为 50%，难以量化风险评分所占权重为 50%。第一，监管机构会根据保险公司的核心偿付能力充足率和综合偿付能力充足率的水平和变化特征对保险公司的量化风险进行评分；第二，监管机构会根据风险的外部环境、分布特征、预期损失、历史经验数据、日常监管信息等多种因素对操作风险、战略风险、声誉风险和流动性风险等四类难以量化风险进行评分，采用加权平均法计算难以量化风险的综合得分。最终，保险公司被分成了 A、B、C、D 四类，并给出相应的分类监管措施，如表 7-4 所示。

表 7-4　　　　　　　　　　保险公司风险综合评级与分类监管

类别	分 类 依 据	监 管 措 施
A	偿付能力充足率达标，且操作风险、战略风险、声誉风险和流动性风险小	无
B	偿付能力充足率达标，且操作风险、战略风险、声誉风险和流动性风险较小	①风险提示；②监管谈话；③要求限期整改存在的问题；④进行专项现场检查；⑤要求提交和实施预防偿付能力充足不达标或完善风险管理的计划
C	偿付能力充足率不达标，或者偿付能力充足率虽然达标，但操作风险、战略风险、声誉风险和流动性风险中某一类或几类风险较大	在①~⑤基础上增加：⑥责令调整业务结构，限制业务和资产增长速度，限制增设分支机构，限制商业性广告；⑦限制业务范围，责令转让保险业务或者责令办理分出业务；⑧责令调整资产机构或交易对手，限制投资形式或比例；⑨责令增加资本金，限制向股东分红；⑩限制董事和高级管理人员的薪酬水平；等等
D	偿付能力充足率不达标，或者偿付能力充足率虽然达标，但操作风险、战略风险、声誉风险和流动性风险中某一类或几类风险严重	在①~⑩基础上，进一步根据情况采取整顿、责令停止部分或全部业务、接管等

三、保险公司偿付能力报告案例分析

（一）中国人寿偿付能力报告分析

按照我国保险监管规定，保险公司每季度披露偿付能力报告。表 7-5 显示了中国人寿 2021 年第四季度偿付能力主要指标。由表 7-5 可见，2021 年第四季度中国人寿的核心偿付能力充足率为 253.70%，综合偿付能力充足率为 262.41%，远高于监管要求的最低值 50% 和 100%。此外，其风险综合评级结果为 A 级。上述指标显示，中国人寿第四季度偿付能力状况达标，而且偿付能力非常强。风险综合评级为 A 表示其操作风险、战略风险、声誉风险和流动性风险较小。

表 7-5　　　　　　　中国人寿 2021 年第四季度偿付能力主要指标　　　单位：人民币万元

项目	本季度数	上季度数
核心偿付能力溢额	61841482.61	62927297.36
核心偿付能力	253.70%	257.51%
综合偿付能力溢额	65342713.67	66428063.89
综合偿付能力充足率	262.41%	266.28%
保险业务收入	6488981.19	11113781.49
净利润	425762.36	704482.21
净资产	47705646.07	46798429.58

资料来源：中国人寿官网。

　　表 7-6 显示了中国人寿 2021 年第四季度实际资本的计算及构成，可以看出：（1）中国人寿 2021 年第四季度的认可资产为 48275 亿元，同时点的总资产账面价值为 48910 亿元，说明认可资产的价值略低于总资产账面价值几乎相同。原因是：第一，如上所述，保险公司的非认可资产其实非常少，只包括无形资产（土地使用权除外）、由经营性亏损引起的递延所得税资产、长期待摊费用以及有迹象表明保险公司到期不能处置或者对其处置受到限制的资产；第二，保险公司各项认可资产以账面价值作为认可价值，只有两个例外，一是保险公司对子公司的长期股权投资应当按照权益法确定其认可价值；二是寿险业务应收分保准备金应当按照《保险公司偿付能力监管规则第 3 号：寿险合同负债评估》计算的分保前寿险合同负债与分保后寿险合同负债之间的差额作为其认可价值。（2）中国人寿 2021 年第四季度的认可负债为 37717 亿元，远远低于同时点的总负债账面价值 44044 亿元。（3）中国人寿 2021 年第四季度的实际资本 10557 亿元，远高于股东权益 4785 亿元。原因是上述的认可资产价值略低于总资产账面价值，但认可负债大幅低于总负债的账面价值。

表 7-6　　　　　　　　中国人寿 2021 年第四季度的实际资本　　　单位：人民币万元

项目	本季度数	上季度数
认可资产	482756292.17	467840868.96
认可负债	377179444.36	361462455.62
实际资本	105576847.81	106378413.34
核心一级资本	102075616.75	102877646.81

续表

项 目	本季度数	上季度数
核心二级资本	0	0
附属一级资本	3501231.06	3500766.53
附属二级资本	0	0

资料来源：中国人寿官网。

表 7-7 显示了中国人寿 2021 年第四季度最低资本的计算以及构成，可以看出：最低资本总额为 41253 亿元，市场风险消耗资本最多，其最低资本 39192 亿元，其他风险消耗的资本都很低。

表 7-7　　　　　　　　　中国人寿 2021 年第四季度的最低资本　　　　　　单位：人民币万元

项　　　目	本季度数	上季度数
量化风险最低资本	41253085.35	40962113.66
寿险业务保险风险最低资本	7450846.73	7578687.93
非寿险业务保险风险最低资本	826422.84	838339.49
市场风险最低资本	39192450.26	38938955.40
信用风险最低资本	6954790.31	6876950.65
量化风险分散效应	8457677.86	8461148.61
特定类别	4713746.95	4809671.19
控制风险最低资本	-1018951.21	-1011764.21
附加资本	0	0
逆周期附加资本	0	0
国内系统重要性保险机构的附加资本	0	0
全球系统重要性保险机构的附加资本	0	0
其他附加资本	0	0
最低资本	40234134.14	39950349.46

资料来源：中国人寿官网。

(二)平安产险偿付能力报告分析

表 7-8 显示了平安产险 2021 年第四季度偿付能力主要指标。2021 年末，平安产险的

核心偿付能力充足率为 248.56%，综合偿付能力充足率为 278.44%，远高于监管要求的最低值 50% 和 100%。此外，其风险综合评级为 A 级。

表 7-8	平安产险 2021 年第四季度偿付能力主要指标	单位：人民币万元
项目	本季度数	上季度数
核心偿付能力溢额	6710587	6858894
核心偿付能力	248.56	254.20
综合偿付能力溢额	278.44	284.55
综合偿付能力充足率	8060587	8208894
保险业务收入	7070013	6604328
净利润	355032	269036
净资产	11401565	11517772
最近一期的风险综合评级	A	

资料来源：平安产险官网。

表 7-9 显示了平安产险 2021 年第四季度实际资本的计算及构成，可以看出：(1) 平安产险 2021 年第四季度的认可资产为 4652 亿元，同时期的账面价值为 4701 亿元；(2) 平安产险的认可负债为 3394 亿元，略低与同时点的总负债账面价值 3558 亿元；(3) 平安产险的实际资本为 1258 亿元，略高于同时点的总负债账面价值 1141 亿元。

表 7-9	平安产险 2021 年第四季度的实际资本	单位：人民币万元
项目	本季度数	上季度数
认可资产	46519571	46638011
认可负债	33941857	33980976
实际资本	12577714	12657035
核心一级资本	11227714	11307035
核心二级资本	—	—
附属一级资本	1350000	1350000
附属二级资本	—	—

资料来源：平安产险官网。

平安产险 2021 年的 SARMARA 评分为 85.06 分。表 7-10 显示了平安产险 2021 年第四季度最低资本的计算及构成，可以看出：最低资本总额为451亿元，消耗资本的风险依次为保险风险303亿元、市场风险210亿元和信用风险95亿元。

表 7-10　　　　　　　平安产险 2021 年第四季度的最低资本　　　　　　单位：人民币万元

项目	本季度数	上季度数
量化风险最低资本	4634377	4541236
保险风险最低资本	3038542	2921342
市场风险最低资本	2103704	2034426
信用风险最低资本	957786	1085672
量化风险分散效应	1465656	1500204
控制风险最低资本	−117250	−93095
附加资本	—	—
逆周期附加资本	—	—
国内系统重要性保险机构的附加资本	—	—
全球系统重要性保险机构的附加资本	—	—
其他附加资本	—	—
最低资本	4517127	4448141

资料来源：平安产险官网。

第四节　保险公司偿付能力监管的国际比较

美国和欧洲是全球保险业最发达的地区，美国的保险偿付能力监管制度和欧盟的保险偿付能力监管标准（Solvency Ⅱ）具有广泛的影响力。"偿二代"的实施，构建了一套与美国、欧盟三足鼎立且具备中国特色的监管制度体系，提升了我国针对保险公司的监管能力及监管科学性、全面性。

一、美国的偿付能力监管制度

美国的偿付能力监管制度建设经历了三代监管体系。20 世纪 80—90 年代，美国先后爆发了责任保险危机和巨灾损失危机，各州监管制度不一致的弊端逐渐显露。之后，各州开始统一采用全国保险监督官协会（NAIC）指定的财务监管指标（这是第一代监管体系）。接着，在这些财务监管指标的基础上，NAIC 借鉴银行业的巴塞尔协议，建立了风险资本（Risk-Based Capital，RBC）制度，并于 1992 年开始实施（这是第二代监管体系）。2008 年国际金融危机爆发后，美国开始了偿付能力现代化变革（Solvency Modernization Initiative，SMI），对于原有的 RBC 制度进行完善，扩展其风险覆盖能力，SMI 是第三代监管体系。

具体而言，美国的偿付能力监管体系是由保险监管信息系统（Insurance Regulatory Information System，IRIS）、财务分析追踪系统（Financial Analysis and Solvency Tracking System，FAST）、风险资本要求法（Risk-based Capital，RBC）、动态现金流测试（Cash Flow Test，CFT）等四个部分构成的，其中风险资本要求法（RBC）是具体的偿付能力额度计算标准。

（一）保险监管信息系统（IRIS）

保险监管信息系统是美国保险监督官协会（NAIC）建立的一套用以分析保险公司经营状况的指标体系。NAIC 通过该指标体系发现需要重点监控的保险公司。该指标体系包括12 个指标：资本和盈余净变化率（以及资本和盈余变化率）、净收入比总收入、佣金和管理费用与保费和储金收入比、投资收益的充分性、非认可资本比认可资本、总不动产和总抵押贷款比现金和投资资产、对关联机构的总投资比资本和盈余、盈余减少、保费变化率、产品组合变化率、资产组合变化率、准备金比率变化率。NAIC 根据每年的实际情况确定每一比率的正常区间。若指标值落在正常区间内，就意味着该公司通过 IRIS 监测；若有 4 个或 4 个以上的指标超出正常范围，或盈余调剂比率指标显著增加或减少，或对某一分支机构的投资大于公司的总盈余，则意味着没有该公司通过 IRIS 监测。NAIC 还将用一些数量和质量指标以进一步分析保险公司的财务报表数据。若某一公司的 IRIS 结果显示异常，则意味着要受到所在州保险监督官的调查。

（二）财务分析追踪系统（FAST）

财务分析系统是 NAIC 建立的一套监测保险公司偿付能力的财务指标体系。NAIC 规定：凡在 17 个州以上营业，并且保费毛收入超过 5000 万美元的寿险和健康险保险公司，以及年保费收入超过 3000 万美元的财险和责任险公司，都必须接受 FAST 系统的分析。

FAST 系统中包括 25 个指标，该系统的基本依据为保险公司在前三年的年度报告和季度财务报告。NAIC 为每个指标的不同范围赋予不同的分值，保险公司将每个指标的得分相加则得到该公司的 FAST 得分。NAIC 规定了 FAST 得分的正常区域，如果通过 FAST 分析得出了异常的数值，NAIC 会要求进一步了解该公司的财务状况以及该州保险监管部门对该公司采取的监管措施。如果 NAIC 认为该州的监管措施恰当，那么 NAIC 或是结束参与，或是继续跟踪该公司的状况，如果 NAIC 认为该州的监管措施不够有力，那么 NAIC 将会对进一步采取的措施提出建议。若该州不采纳 NAIC 的建议，NAIC 将通告所有该保险公司由营业的州，协调各州一致对该保险公司采取措施。

(三)风险资本要求法(RBC)

1994 年，美国保险监督官协会(NAIC)引入了风险资本要求法(Risk-based Capital, RBC)，其基本的思想是根据保险公司面临的风险计算其要求的资本额。RBC 主要包含两个部分：第一部分是 RBC 模型，用来计算风险资本比率；第二部分是监管措施，即监管部门根据保险公司风险资本比率的水平采取相应的措施。

1. RBC 模型

针对不同的业务特征，美国的 RBC 法包括三个独立的 RBC 模型：寿险、非寿险、健康险。RBC 模型主要考虑的风险包括以下四类：资产风险、保险定价风险、利率风险和一般商业风险。按保险公司所面临的不同风险，分别给各类风险赋予不同权重，在考虑不同风险之间相关性的基础上用平方根法计算出整个公司所需要的风险资本。

以非寿险的 RBC 模型为例，其 RBC 计算公式为：

$$RBC = R_0 + \sqrt{R_1^2 + R_2^2 + R_3^2 + R_4^2 + R_5^2}$$

这个非寿险 RBC 模型主要包括资产风险(R_1、R_2、R_3)和保险风险(R_4、R_5)，此外还包括一个附属公司的资产风险(R_0)。R_1代表了固定收益投资风险(通过乘以规定的风险系数加以计算)；R_2包括了其他投资风险，例如股票、不动产、证券等(通过乘以规定的风险系数进行计算)；R_3代表了信用风险(通过应收款项乘以规定的风险系数加以计算)；R_4是赔款准备金风险(通过乘以规定的风险系数加以计算)；R_5承保保费风险，包括在某一年保费收入不足以支付赔款的风险(根据保险公司的平均赔付率和市场赔付率计算)。

风险资本比率是调整后的资本总额与授权控制水平资本数额之比，其计算公式为：

$$RBC \text{ 比率} = \frac{\text{调整后的资本总额}}{\text{风险资本总额} \times \theta} \times 100\%$$

风险资本总额 $\times \theta$ 即为授权控制水平资本数额，θ 一般取 50%。风险资本总额 $\times \theta$ 也称最小风险资本金额。

2. 监管措施

根据 RBC 比率的具体值，NAIC 确定了五个不同层次，要求有关监管机构采取相应的干预措施(见表 7-11)。

表 7-11

美国 RBC 法的监管措施

层 次	RBC 比率范围	监 管 措 施
趋势测试区间 Trend Test Corridor	200%≤RBC 比率	不采取监管行动
公司行动层次 Company Action Level	150%≤RBC 比率<200%	公司应向保险监督官提交方案,对其财务状况做出解释,并提出相应改进意见
监管行动层次 Regulatory Action Level	100%≤RBC 比率<150%	由保险监督官对该级别的公司进行审查,并提出可能的改进措施
授权控制层次 Authorized Control Level	70%≤RBC 比率<100%	保险监督官可依法对该公司进行整顿
命令控制层次 Mandatory Control Level	RBC 比率<70%	保险监督官必须对该公司采取接管措施

(四)动态现金流测试(CFT)

NAIC 明确要求保险公司必须进行一定程度的现金流测试,以确定保险公司资产负债情况以及利率风险对资产负债的影响情况。现金流测试是在某一确定的评估日,以及在一系列预测的基本假设情况下,通过预测和比较资产与负债在未来某个时间段内可能的现金流量的时间和数量,来分析保险公司在这个时间段内的财务状况、偿付能力水平、准备金水平、产品设计和可行性等。人身险公司的现金流测试采用 5 年的预测期,而财产险公司采用 1 年的预测期。

二、欧盟的偿付能力监管标准

2012 年,欧盟开始实施新的保险偿付能力监管标准(Solvency Ⅱ)。Solvency Ⅱ主要借鉴了巴塞尔协议的监管理念,建立了由定量要求、定性要求和信息披露构成的"三支柱"体系,目标是在欧盟建立统一的、以风险度量为基础的偿付能力监管体制。

(一)第一支柱:定量要求

Solvency Ⅱ的第一支柱主要涉及数量标准要求,包括规定保险公司准备金的计算、偿付能力资本额度和最低资本要求等。

准备金计量:与其他金融行业不同的是,准备金的计提是基于保险本业所承担的风险,因此在会计上提列为负债科目。

最低资本要求(MCR):监管部门对保险公司在遇到不利市场情况时,仍能够维持正常偿付能力的资本要求。MCR 采用一个季度,80%~90%置信水平下的 VAR 值,计算较为简单和直接。

偿付能力资本要求(SCR):保险公司为应对重大不可预见损失,保证对保单持有人的赔付而持有的资本。SCR 也采用类似银行计提信用风险资本要求的方法,计算一年时间窗口,99.5%置信区间的 VAR 在险值。SCR 的计算是保险监管的核心关注点。

保险公司的实际资本为资产减去负债加上其他调整项,监管要求的实际资本应大于MCR 和 SCR 其中的较大值(即资本充足率大于100%),否则将触发第二支柱的监管行为。

(二)第二支柱:定性要求

不同于第一支柱技术面和数量上的计算,第二支柱关注保险公司管理质量的要求以及监管执行上的相关规定。第二支柱的目的不仅是确认保险公司拥有充足的资本,同时也鼓励保险公司发展与使用更为健全的风险管理技术来监控各种风险。对于无法在第一支柱下适当评估的风险,如资产负债匹配风险、流动性风险等,基本被纳入第二支柱的监管规范内。

鉴于保险业务的复杂性,并非所有种类的风险均可以通过量化方式进行适当的评估,极有可能会发生没有公司或模型来计算风险的情况。同时,即使风险已经被适当评估,为确保保险公司具有充足的偿付能力,仍需要通过监管机构的审查工作作为保证。

(三)第三支柱:信息披露

保险公司至少每年向保单持有人和债权人披露与其偿付能力和财务状况相关的重要信息。保险公司信息披露内容主要包括业务经营和收益情况;公司治理体系以及治理对风险管理的有效性;风险分类、风险暴露、风险集中度、风险缓释措施等。目前普遍认为市场约束可强化监管功能,因此,第三支柱在 Solvency Ⅱ 中扮演着重要的角色。另外,第三支柱的规范与国际保险监督官协会(ISIA)的监管标准以及国际会计标准委员会(IASB)的会计准则对于信息披露与透明化原则的要求也是一致的。

三、欧盟与美国的偿付能力监管比较

考察欧盟与美国偿付能力监管制度的发展,欧盟从 Solvency Ⅰ 到 Solvency Ⅱ,美国从财务监管指标到 RBC 再到 SMI,都是逐渐转向以风险为导向的偿付能力监管模式。欧盟与美国偿付能力监管制度存在以下不同:

(一)监管体制

欧盟 Solvency Ⅱ 是由欧洲保险和职业养老金监管委员会(EIOPA)领导负责,各国监管层的自由裁量权很小。而美国的 RBC 制度则是由 NAIC 发布监管标准和风险资本要求,供各州保险监督机构参考实施,各州的自由裁量权比较大。

(二)监管理念

欧盟 Solvency Ⅱ 是原则导向的,它通过单个保险公司的数据有针对性地进行单个风险的评估,允许并鼓励保险公司运用内部模型进行自身风险与偿付能力的评估,充分考虑到了保险机构间的个体差异。鼓励保险公司结合自身的发展特点,创新风险管理工具,建立全面风险管理制度。

美国的 RBC 制度则是规则导向的,条款明确、计算简便。RBC 通过统一标准对于保险公司的风险进行衡量,忽略了保险机构个体风险的差异与特殊性,对于个体保险公司真实风险的识别与衡量存在一定局限性,对保险公司全面风险的反映不够充分。2008 年之后开展的 SMI 对此进行了改进,结合了 RBC 原有的规则导向和 Solvency Ⅱ 的原则导向,旨在建立起一个能够适应美国国内和国际保险市场变化的偿付能力监管框架,完善 RBC 制度。

(三)风险计量方法

欧盟 Solvency Ⅱ 的计算方法,既考察了较为全面的风险,又充分考虑了各保险公司之间的个体差异。允许保险公司采用内部模型来进行各自的风险评估,在监管的同时能够促使保险公司完善内部风险管理。

美国的 RBC 制度则是基于历史的报告期会计价值的静态方法。RBC 制度没有考虑全面的风险,并且只考虑了未来 5~10 年的发展,不考虑长尾风险。

四、中国的偿付能力监管制度体系

(一)我国偿付能力监管的发展阶段

1979 年以来,我国保险监管伴随着保险业的复业及不断发展,经历了从无到有,初步建立了现代保险监管体系。偿付能力监管作为现代保险监管的核心,也经历了从模仿跟随到自主创新、不断超越的过程。

1. 引入期(1979—2000 年)

改革开放后保险业复业到 2000 年这段时期，我国保险业主要以行政管理、市场行为监管等传统监管手段为主，同时积极研究偿付能力监管，将偿付能力监管概念和标准引入我国。

2. 形成期(2001—2011 年)

这段时期，我国开始正式实施偿付能力监管，建立了偿付能力报告制度，不断完善偿付能力监管制度框架，丰富偿付能力监管内容，提升运用偿付能力监管的能力，同时在实践中摸索总结经验，酝酿中国特色偿付能力监管体系的实现路径。

2003 年，原保监会实质启动了第一代偿付能力监管制度体系建设工作，到 2007 年底，基本搭建起具有中国特色的偿付能力监管预警指标和偿付能力监管制度框架，包括保险公司内部风险管理制度、偿付能力评估标准和报告制度、财务分析和检查制度、监管干预制度、破产救济制度五个部分。第一代偿付能力监管制度体系推动保险公司树立了资本管理理念和意识，在防范风险、促进中国保险业科学健康发展方面起到了十分重要的作用。但伴随着保险市场的快速发展，第一代偿付能力监管制度体系已不能完全适应新的发展形势，风险覆盖不够全面，风险计量不够科学，资本要求与风险相关性不强，寿险负债评估对市场变化和实际风险不敏感，不能反映费用超支风险和退保风险等问题，无法满足保险市场进一步深化改革的需要。

3. 完善期(2012 年至今)

2012 年 3 月，原保监会启动了第二代偿付能力监管制度体系即"中国风险导向偿付能力体系"建设工作。2013 年 5 月，原保监会正式发布了《中国第二代偿付能力监管制度体系整体框架》，标志着"偿二代"的顶层设计完成。2015 年 2 月，原保监会正式发布"偿二代"17 项监管规则以及过渡期内试运行的方案，保险业自 2015 年起进入"偿二代"实施过渡期。2016 年 1 月 1 日起，"偿二代"正式实施。

"偿二代"的实施，能够推动保险业转型升级和提质增效，引导公司持续提升风险管理能力，增强保险业对资本的吸引力。"偿二代"不再简单模仿发达国家标准，而是坚持立足我国国情，自主创新、自主研发，提升我国保险业的国际影响力。

(二)"偿二代"监管体系的构成

1. "偿二代"监管框架建立的背景

第一，保险市场发展日趋多元化，复杂程度高。从产品角度来看，保险公司从承保传统的人寿保险和财产保险，到经营具有投资功能的分红保险、万能保险、投资连结险及变额年金等构成复杂的产品；从投资资产的角度来看，传统的资产有现金、国债、存款，而企业债、公募基金、私募基金、各种不动产、股票、境外投资都是常见的金融投资；从保险公司的市场参与角度来看，从传统寿险、财险、再保险公司发展到多元经营的市场主体，如健康险公司、保险集团、综合金融集团、相互保险组织、自保组织、保险资产管理公司等。

第二，中国保险行业的市场化。自 2013 年以来，费率市场化，投资市场化，准入机制也逐渐市场化，随着开放程度的提高，在风险控制上原有的管理体系已不够敏感及全面。自 2011 年开始，原保监会按照国际保险监督官协会(IAIS)的《保险核心原则》，认真研究国际偿付能力监管制度的最新发展，对欧盟 Solvency Ⅱ、美国保险监督官协会(NAIC)偿付能力现代化计划、新加坡第二代风险资本监管体系(RBC2)，以及澳大利亚寿险及非寿险公司资本标准进行了充分、彻底的考察研究。

第三，国际监管规则的变化。欧洲的 Solvency Ⅱ、美国的风险资本现代化、新加坡的RBC2，这些发达保险地区的保险监管体系都发生了变化。根据我国的国情和保险业发展的实际情况，"偿二代"借鉴了一些国际上的监管经验以帮助中国保险公司提高国际竞争力。

2. 整体框架

我国第二代偿付能力监管制度体系建设的指导思想是：深入贯彻落实科学发展观，紧紧围绕"抓服务、严监管、防风险、促发展"，以保护被保险人利益为根本出发点，以我国国情为基础，借鉴国际经验，坚持风险导向，完善偿付能力监管制度，增强保险业防范化解风险的能力，促进我国保险业科学发展。

"偿二代"采用三支柱的框架结构(见图 7-1)，分别从定量资本要求、定性监管要求和市场约束机制三个方面对保险公司的偿付能力进行监督和管理。定量资本要求包括一系列可以量化的风险资本要求，包括保险风险、信用风险、市场风险等；对于难以量化的风险，如操作风险、战略风险、声誉风险、流动性风险等，在定性监管要求里予以细化；对于难以监管的风险，则采取市场约束、市场纪律、信息披露等市场力量进行约束。

此外，"三支柱"体系不仅适用于单个保险公司监管，也同样适用于保险集团监管，并赋予了很多新的内容。如对保险集团的监管不限于正式的保险集团，除了现有的 10 家保险集团，中国保险市场上存在的由民营资本控制若干家保险公司形成的隐形混合保险集团也会被纳入保险集团的监管范围。对保险集团监管容易产生的资本重复计算、组织结构不透明、利益冲突等风险，也都在监管范围之内。

3. "偿二代"监管体系的意义

一是有利于推动行业发展方式转型。"偿二代"全面科学计量保险公司的产品、销售、投资、再保险等各种经营活动的风险，强化了偿付能力监管对公司经营的刚性约束，增强了风险防控对公司管理的重要性，督促保险公司在追求规模、速度和收益等发展指标的同时，必须平衡考虑风险和资本成本，推动公司转变粗放的发展方式，促进行业健康发展。

二是有利于提升行业风险管理能力。"偿二代"不仅全面计量保险公司的各类风险，推

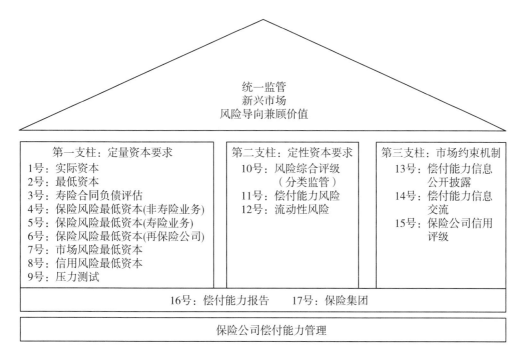

图 7-1　"偿二代"监管体系的总体框架

动保险公司更加精细地管理风险，而且建立了风险管理的经济激励机制，定期评估保险公司的风险管理能力，将风险管理能力直接反映到资本要求中，督促保险公司不断提高风险管理能力，进而提升行业核心竞争力。

三是有利于增强行业对资本的吸引力。"偿二代"采用我国实际数据，运用随机模型等科学方法，测算摸清了保险行业的风险底数，释放了"偿一代"下过于保守的资本冗余，有利于提升保险公司的资本使用效率，增强行业对社会资本的吸引力。同时，"偿二代"对境外再保险业务的风险提出了资本要求，促使外资再保险机构积极增资或希望进入我国开设分支机构，增强了我国对国际资本和国际再保险业务的汇集能力。

四是有利于提升我国保险业的国际影响力。"偿二代"是我国金融监管领域自主研制的监管规则，根据我国保险市场实际量身打造的标准符合我国保险业的发展利益。这有利于扩大我国在国际保险规则制定中的话语权，将"偿二代"的经验和我国诉求反映到国际监管规则中，有利于支持我国保险机构走出去，在国际竞争中争取更大的行业发展空间，提升我国保险行业的国际影响力。

总而言之，与"偿一代"相比，"偿二代"风险覆盖更加全面，能够更加准确地反映不同保险公司的风险状况，使产品与渠道的发展与公司的经营能力紧密相连，促使各保险公司根据自身的风险状况、风险偏好和风险管理能力选择适合自己的发展道路。

(三)"偿二代"二期工程

随着我国经济金融形势以及保险经营环境、业务模式和风险特征的不断变化,"偿二代"实施过程中遇到一些新情况,制度执行中也暴露出一些问题,需要进一步改革优化。"偿二代"二期工程建设工作于 2017 年 9 月启动,结合金融工作新要求和保险监管新形势,银保监会对"偿二代"监管规则进行了全面修订升级,以提升偿付能力监管制度的科学性、有效性和全面性。2021 年 12 月,银保监会发布《保险公司偿付能力监管规则(Ⅱ)》(以下简称"规则Ⅱ"),标志着"偿二代"二期工程建设顺利完成。

"偿二代"二期在一期的基础上,重点围绕强化引导保险业回归保障本源、促进保险业增强服务实体经济质效、引导保险业有效防范和化解保险业风险、强化保险公司风险管控能力、培育市场约束机制等方面,对一期的 17 项监管规则进行了全面修订和升级,完善了规则要求,优化了风险因子设置,并新增了《市场风险和信用风险的穿透计量》《资本规划》《劳合社保险(中国)有限公司》3 项规则文件,形成共 20 项主干技术规则标准。"偿二代"二期的监管框架如图 7-2 所示。

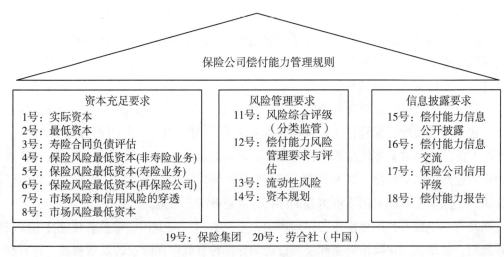

图 7-2　"偿二代"二期的监管框架

"偿二代"二期工程建设以习近平新时代中国特色社会主义思想为指导,坚持稳中求进工作总基调,贯彻新发展理念,立足新发展阶段,构建新发展格局,坚持统筹好国际与国内、发展与安全、保障与服务的关系,以引导保险业回归保障本源、专注主业,增强服务实体经济能力,有力有效防范保险业风险,加大加快金融业全面对外开放为目标,对"偿二代"监管规则进行了全面优化升级，主要体现在以下方面：

一是引导保险业回归保障本源、专注主业。规则Ⅱ完善了利率风险的计量方法，优化了对冲利率风险的资产范围和评估曲线，引导保险公司加强资产负债匹配管理。针对重疾风险显著上升的情况，增设了重疾恶化因子，引导保险公司科学发展重疾产品。针对专属养老保险产品的长期性特征和风险实际，对长寿风险最低资本给予10%的折扣，以体现监管支持导向。

二是促进保险业增强服务实体经济质效。规则Ⅱ完善了长期股权投资的实际资本和最低资本计量标准，大幅提升了风险因子，对具有控制权的长期股权投资（子公司），实施资本100%全额扣除，促使保险公司专注主业，防止资本在金融领域野蛮生长。为落实"碳达峰、碳中和"重大决策部署，对保险公司投资的绿色债券的信用风险最低资本给予10%的折扣；为贯彻科技自立自强的决策部署，对专业科技保险公司的保险风险最低资本给予10%的折扣。规定保险公司不得将投资性房地产的评估增值计入实际资本，引导保险资金更大力度支持实体经济。对农业保险业务、保险资金支持国家战略的投资资产等设置调控性特征因子，适当降低其资本要求，引导保险公司服务实体经济。

三是有效防范和化解保险业风险。规则Ⅱ完善了资本定义，增加了外生性要求；将长期寿险保单的预期未来盈余根据保单剩余期限，分别计入核心资本或附属资本，夯实了资本质量。针对保险资金运用存在的多层嵌套等问题，要求按照"全面穿透、穿透到底"的原则，识别资金最终投向，基于实际投资的底层资产计量最低资本，准确反映其风险实质。根据最近10年的数据，对所有风险因子进行全面校准。

四是落实扩大对外开放决策部署。规则Ⅱ完善了再保险交易对手违约风险的计量框架，降低了境外分保的交易对手违约风险因子，落实了扩大对外开放的决策部署。明确境外国家（地区）的偿付能力监管制度获得与中国偿付能力监管等效资格的，对其在中国境内开设的保险机构在资本要求、实际资本等方面给予适当优待，降低跨境交易成本，提升监管合作效果。

五是强化保险公司风险管控能力。规则Ⅱ对保险公司风险管理标准进行了全面修订，提供了更为明晰的标准。新增了资本规划监管规则，要求保险公司科学编制资本规划。

六是引导培育市场约束机制。规则Ⅱ进一步扩展了保险公司偿付能力信息公开披露的内容，增加了对重大事项、管理层分析与讨论等披露要求，有助于提升信息透明度，发挥市场约束作用。

【本章小结】

1. 保险公司偿付能力是指保险公司履行保险合同约定的赔偿或给付责任的能力。它包括两个层次的含义：一是在一般情况下发生保险事故时，保险人所具有的完全承担赔偿或者给付保险金责任的能力；二是在特殊情况下发生超出正常年景的损失时，保险人所具有的承担赔偿或给付责任的能力。

2. 保险偿付能力的经济内容一般是指保险公司的偿付准备金。

3. 保险公司偿付能力的大小通常以"偿付能力充足率"来衡量。偿付能力充足率是保险公司的实际资本与最低资本之比。

4. 最低资本是指基于审慎监管目的，为使保险公司具有适当的财务资源，以应对各类"可量化为资本要求的风险"对偿付能力的不利影响，监管机构要求保险公司应当具有的资本数额。保险公司最低资本由量化风险最低资本、控制风险最低资本和附加资本构成。

5. 实际资本是指保险公司在持续经营或破产清算状态下可以吸收损失的财务资源，其计算公式为：实际资本=认可资产-认可负债。

6. 保险公司偿付能力监管指标包括核心偿付能力充足率和综合偿付能力充足率。在"偿二代"监管体系下，核心偿付能力充足率、综合偿付能力充足率分别保持50%和100%以上才可以满足监管要求。

7. 对于可量化风险和控制风险，"偿二代"采用偿付能力充足率衡量保险公司的偿付能力；对于不可量化风险，监管机构采用风险综合评级和分类监管方式进行监管。

8. 美国的偿付能力监管体系是由保险监管信息系统(Insurance Regulatory Information System，IRIS)、财务分析追踪系统(Financial Analysis and Solvency Tracking System，FAST)、风险资本要求法(Risk-based Capital，RBC)、动态现金流测试(Cash Flow Test，CFT)等四个部分构成的，其中风险资本要求法(RBC)是具体的偿付能力额度计算标准。

9. 欧盟的保险偿付能力监管标准(Solvency II)主要借鉴了巴塞尔协议的监管理念，建立了由定量要求、定性要求和信息披露构成的"三支柱"体系，目标是在欧盟建立统一的、以风险度量为基础的偿付能力监管体制。

10. 我国第二代偿付能力监管制度体系采用三支柱的框架结构，分别从定量资本要求、定性监管要求和市场约束机制三个方面对保险公司的偿付能力进行监督和管理。

【本章思考题】

1. 什么是保险公司偿付能力？为什么保险公司要进行偿付能力管理？

2. 影响保险公司偿付能力的主要因素有哪些？

3. "偿二代"下的风险分类有哪些？各类风险对应的最低资本是什么？

4. 简述认可资产的范围及认可价值。

5. 什么是认可负债？认可负债与保险合同负债有什么区别？

6. 简述实际资本分级及各类资本的特征。

7. 简述我国保险公司偿付能力监管的要求。

8. 简述我国保险公司风险综合评级的分类依据与分类监管措施。

9. 简述欧盟和美国偿付能力监管体系的区别。

10. 保险公司应如何应对"偿二代"二期提出的监管要求？

【本章参考文献】

[1] 陈文辉. 中国偿付能力监管改革的理论和实践 [M]. 北京：中国经济出版社，2015.

[2] 中国银保监会财务会计部. 我国保险业偿付能力监管制度建设的回顾与展望 [J]. 保险研究，2018(12)：34-37.

[3] 中国银行保险监督管理委员会偿付能力监管部. 保险公司偿付能力监管规则及讲解 [M]. 北京：中国金融出版社，2022.

[4] 中国银行保险监督管理委员会偿付能力监管部. 国际保险监督官协会全球保险资本标准述评 [M]. 北京：中国金融出版社，2022.

[5] 朱南军，汪欣怡. 偿付能力监管的国际经验 [J]. 中国金融，2018(3)：53-54.

第八章　保险公司的资产负债管理

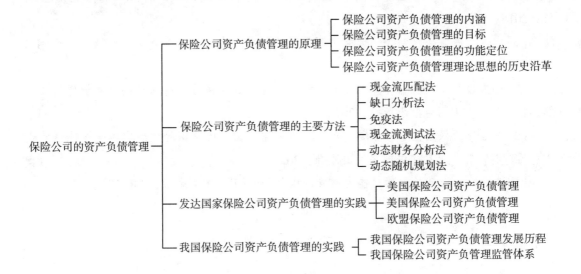
第一节　保险公司资产负债管理的原理

一、保险公司资产负债管理的内涵

(一)对保险公司资产负债管理的不同解释

在对保险公司资产负债管理进行研究的过程中，一些研究机构和学者从不同的角度，对"保险公司资产负债管理"这一概念提出了不同的解释。

北美精算协会(Society of Actuaries，SOA)对资产负债管理的解释是："资产负债管理是业务管理的一种实践，它使资产与负债的决策得以协调一致。它可以被定义为是在一定的风险承受能力和约束条件下，为实现一定的财务目标，对资产和负债相关策略不断进行制定、执行、监督以及调整的连续过程。资产负债管理对于任何以投资满足未来现金流需要和资本需求的机构来说，都是一种财务管理的重要手段。"①该定义将资产负债管理归为财务管理范畴，强调了资产与负债决策的协调一致。

美国保险学者 Kenneth Black 认为：保险公司资产负债管理是一种科学的计划，它涉及保险契约的设计和资产的管理，是为了在经济变动的情况下，有足够的流动资产满足负债的需求。② 该定义强调的是资产负债管理对于流动性风险的控制。

我国学者王海艳认为：资产负债管理狭义的理解，为针对某类负债产品线的特点确定相应的资产结构，实现业务条块上的匹配；从广义的角度理解，资产负债管理则属于风险管理的范畴，它从整个企业的目标和战略出发，考虑偿付能力、流动性和法律约束等外部条件为前提，以一整套完善的组织体系和技术，动态地解决资产和负债的价值匹配问题以及企业层面的财务控制，以保证企业运行的安全性、盈利性及流动性的实现。③ 该定义从狭义的角度，强调了负债对于资产的决定性影响；从广义的角度，将资产负债管理归为风险管理的范畴，并强调资产负债管理的目标是保证安全性、盈利性和流动性。

(二)保险公司资产负债管理的含义

2019 年我国银保监会颁布的《保险资产负债管理监管暂行办法》中，第三条明确指出："保险资产负债管理，是指保险公司在风险偏好和其他约束条件下，持续对资产和负债相关策略进行制订、执行、监控和完善的过程。"具体来说，保险公司资产负债管理包含了以下五个方面的含义：

(1)保险公司资产负债管理是对资金的统筹管理与分配。保险公司的资金主要来自于保费收入，并由此形成了负债；保险公司的资金运用以保险投资为主，并由此形成了资产。资产负债管理既不单纯站在资金运用一方，也不单纯站在资金来源一方，而是根据资金在两者之间的运动规律，把资金配置到最能产生效益的地方去。

(2)保险公司资产负债管理是对资产负债的统一协调管理。资产负债管理不同于单一的资产管理或单一的负债管理，而是在综合考虑资产、负债相互影响与相互作用的前提下，对资金进行全面的计划、分配和调控。

(3)保险公司资产负债管理是在一定的风险承受能力和约束条件下进行的。保险公司

---

① Society of Actuaries. SOA Professional Actuarial Specialty Guide：Asset-Liability Management［EB/OL］. www. soa. org/news and publications/Asset-Liability management，2003-10-03.

② ［美］肯尼思·布莱克，合罗德·斯基珀. 人寿保险［M］. 洪志忠，等，译. 北京：北京大学出版社，1999：25.

③ 王海艳. 保险企业资产负债管理［M］. 北京：经济科学出版社，2004：50.

在经营过程中，面临着市场风险、投资风险、流动性风险、定价风险、责任准备金风险等诸多外部和内部风险因素，要想完全规避和化解这些风险是不可能的。此外，资金的安全性、流动性和收益性之间是相互矛盾、不可调和的。因此，风险的识别与估测是保险公司资产负债管理的前提，而风险控制将贯穿资产负债管理的始终。除此之外，保险公司资产负债管理时，还必须充分考虑市场环境、保险监管、法律法规等外部约束条件的影响。

(4)保险公司资产负债管理是为实现特定经营目标所采取的策略管理。一方面，保险公司通过资产负债管理，可以分析并预测公司的现金流模式，识别其中的风险，确保资金具有相应的流动性，保证赔付责任的如期履行；另一方面，保险公司可以主动调整其资产负债的组合与配置，对公司的险种创新、产品定价、资产投资进行战略性、前瞻性地引导，从而实现公司的盈利目标。

(5)保险公司资产负债管理是一个动态的连续过程。资产负债管理的资产方和负债方是相互制约、相互依赖的，两者之间没有主次之分。投资策略会影响承保业务，而承保业务的变化又对投资策略提出新的要求。如此一来，保险公司的资金配置需要适时调整，而资产和负债则始终处于不断变化的状态中。从长远来看，资产负债管理是一个时间上连续且两方面同时进行的过程。

二、保险公司资产负债管理的目标

保险公司资产负债管理的总体目标是：在一定的风险条件下，实现保险公司特定的经营目标。保险公司经营的最低目标是保证偿付能力，而最终目标是实现利润最大化。具体来说，保险公司资产负债管理的目标包括三个方面：

(一)评估与控制资产、负债风险

资产、负债风险伴随着保险公司经营的全过程，并且是其中最主要的风险。资产风险主要是指通过影响保险公司拥有的资产价值或收益，从而加大公司经营和财务上的不稳定性，甚至导致偿付能力不足的风险。负债风险是指保险公司承担的责任或义务超过自身的能力，可能影响公司正常的经营活动，严重的甚至可能导致公司破产倒闭。资产风险与负债风险不是相互分离的，而是紧密联系、相互影响、相互作用。因此，保险公司资产负债管理的首要任务就是对资产、负债风险进行合理的评估，进而通过对资产负债的协调管理有效防范与控制资产负债风险，实现经营的稳定性。

(二)保证偿付能力的充足性

偿付能力是指保险公司履行保险合同约定的赔偿或给付责任的能力。偿付能力实质上反映的是保险公司资产和负债的对比关系。要保证充足的偿付能力，必须运用资产负债管理的方法从资产和负债两方面进行综合分析。通过资产负债管理，保险公司能够分析保险公司偿付能力的现实状况，还可对未来偿付能力进行模拟和测试，以便及时调整经营策略，确保偿付能力充足。

(三)提升盈利能力

保险公司的经营活动主要由承保和投资两部分组成，资金在这两部分之间的流动形成了资产与负债。通过资产负债管理，保险公司可以对资金的流动进行分析与预测，识别隐含在其中的盈利机会，并把资金配置到最能产生效益的地方去，从而实现利润最大化。

三、保险公司资产负债管理的功能定位

保险公司的资产负债管理与风险、资金、利润和偿付能力有着不可分割的联系，它与风险管理、财务管理和偿付能力管理之间存在着密切的关系。

(一)资产负债管理属于风险管理的范畴

从 20 世纪 90 年代中后期开始，保险公司与商业银行等金融机构一起进入了现代风险管理的新时期——全面风险管理(Enterprise Risk Management, ERM)时期。全面风险管理有两个突出特点：一是风险管理是对象是全面的风险因素，这些风险因素属于不同的风险类别(如市场风险、流动性风险、信用风险、操作风险等)，来自不同的部门和不同的管理层面；二是要站在企业整体战略的高度，对这些风险因素进行全面的汇总和整合。

资产负债管理不能与全面风险管理画等号，因为它所涉及的是资产风险、负债风险以及资产负债相互作用所产生的风险，并未涉及金融机构的全部风险。但是，与那种传统的定价风险、投资风险、利率风险等风险分离处理的方法相比，资产负债管理抓住了金融机构内部运行中最主要的资产与负债风险进行综合处理。这也就不难理解一个被普遍认可的观点：实践中，多数金融机构的全面风险管理是在资产负债管理基础上开始的。在金融机构资产负债管理与风险管理领域取得丰硕成果的美国普林斯顿大学教授 John M. Mulvey 更是提出"集成资产负债管理是企业全面风险管理的雏形"[①]。因此，全面风险管理系统处理保险公司内外多重风险；资产负债管理则集中处理与资产负债相关的特定风险，属于全面风险管理的范畴。

---

① Mulvey, J. M. Integrated Financial Risk Management System for Large Insurance Companies [M]. Princeton University Report, 1999: 50.

特别值得一提的是，资产负债管理的外延一直在不断扩展。资产负债管理最初主要是应对利率风险，后来流动性风险、信用风险也被纳入其中。特别是资产负债管理被保险公司应用之后，其风险因素更加丰富，操作风险、法律风险、税收变化、监管制度等陆续被纳入资产负债管理的范畴。从这一点看来，资产负债管理有趋同于全面风险管理的趋势。

(二)资产负债管理是财务管理的重要内容

保险公司财务管理是指通过实施具体的财务活动和财务决策、制定财务预算、进行财务分析和控制等措施为各方提供及时有效的信息、避免或防范经营风险、支持并参与经营管理。① 财务管理的对象是资金及其流转，而资产和负债是资金在流转过程中的转化形式。由此可见，资产负债管理是财务管理中不可缺少的重要组成部分。

保险公司的财务活动由资金的筹集、运用和分配三大基本环节构成，相应地，筹资决策、投资决策和盈利分配决策是保险公司财务管理的基本内容。而在具体制定和执行上述决策时，保险公司必须使用资产负债管理方法和模型，从这点意义上来讲，资产负债管理是实现保险公司财务管理目标的重要途径。

(三)资产负债管理是风险管理与财务管理的高度整合

保险公司资产负债管理是在风险变化的环境下对资金的来源与运用进行管理，以实现股东财富最大化或企业价值最大化的经营目标。资产负债管理具有三大突出特点：一是重视资产与负债之间的相互关系；二是运用这种关系来调控资金的流动；三是在调控过程中使用全面风险管理的方法。概括来说，一方面，资产负债管理是财务管理的重要组成部分；另一方面，资产负债管理在实施过程中使用的是全面风险管理的策略和方法。因此，在保险公司经营管理中，资产负债管理是风险管理与财务管理高度整合的产物。

(四)偿付能力管理是资产负债管理的组成部分

保险公司的偿付能力实际上体现了保险公司资产与负债之间的对比关系。保险公司资产负债管理的最低目标就是保证充足的偿付能力，在此基础上才能实现其最终目标——利润最大化。因此，保险公司的偿付能力管理是其资产负债管理的重要组成部分。

综上所述，资产负债管理在保险公司经营管理中的地位十分重要。如果把保险公司比喻为人的身体，资金比喻为血液，那么资产负债管理所处的地位就是心脏。资产负债管理在对资产、负债风险进行评估与控制的基础上，通过对资产与负债的协调管理，把资金配置到效率最高、效益最好的地方去，既要保证偿付能力的充足性，又要实现盈利的最

---

① 陈兵. 保险公司财务管理[M]. 北京：中国财政经济出版社，2007：3-4.

大化。

四、保险公司资产负债管理理论思想的历史沿革

资产负债管理理论源于现代商业银行的经营管理理论。20 世纪 70 年代中期，资产负债综合管理理论的出现标志着资产负债管理理论的正式形成。与银行相比，对于保险公司资产负债管理的研究更注重实际应用，研究成果主要集中在保险公司资产负债管理的方法和模型，并没有产生针对保险公司资产负债管理的专门理论。尽管如此，中外保险公司一直关注资产负债管理理论发展，并将其中有价值的思想理念应用到资产负债管理的实践中。从保险公司资产负债管理所遵循的理论思想来看，到目前为止经历了以下三个阶段：

(一) 负债管理

在相当长的一段时期内，负债管理在保险公司的经营管理中一直占据着主导地位。保险公司负债管理思想的基本内容是：保险公司的利润完全依赖于负债业务所产生的承保利润，经营管理的核心是扩大负债业务的规模，而并不需要重视资产管理。

保险公司厘定产品费率的基本原理是收支相等，即所收取的保费与未来的预期赔款和费用支出相等。为了获取利润，保险公司通常有两种做法：一种是采用较为保守的风险估计方法，即采用较高的预定损失概率，这样就会使得实际损失低于预期损失；另一种是在所收取的保费中附加一个利润率，使得所收取的保费高于按照收支相等原则所测算出来的保费。这两种做法的结果是相同的，都使得保险公司所收取的保费高于实际赔款与费用支出并产生承保利润。因此，只要承保业务规模不断扩大，保险费收入不断增加，保险公司就能够获得源源不断的利润。这在保险公司经营的早期，市场竞争并不激烈的条件下是可行的。

(二) 综合的资产负债管理

进入 20 世纪 80 年代，发达国家保险市场的竞争十分激烈，保险产品的费率一降再降，承保利润的空间被一再压缩，不断有保险公司开始出现了承保亏损。负债管理的缺陷越来越明显，综合资产负债管理思想由此产生。

与单方面的负债管理不同，综合的资产负债管理思想强调资产和负债的相互影响，其主旨包括以下三点：首先，保险公司的资产与负债是一个不可分割的主体，它们相互作用、相互影响，负债业务并不比资产业务重要，两者同等重要。其次，保险公司的利润不再单纯依靠承保利润，而是由承保利润和投资收益共同构成，在市场竞争日趋激烈的条件下，甚至需要依靠投资收益来弥补承保亏损。第三，保险公司应该根据资产与负债之间的关系主动进行

203

资产配置，其所持有的资产不仅限于现金、银行存款和短期政府债券等流动性资产，而是可以持有多种形式的投资资产，以期获得合理的投资收益。

在综合的资产负债管理理论思想指导下，保险公司注重保险负债与投资资产的协调管理，保险投资的技术得到较快提高。通过资产与负债的协调综合管理，提高了保险公司的盈利能力，极大地增强了其在金融市场中的竞争能力。

(三) 集成化的资产负债管理

日益复杂的经济环境和保险公司自身业务的多样化，促进了保险公司资产负债管理思想的更新和发展。进入 21 世纪，集成化资产负债管理理论思想开始被保险公司采用。

集成化资产负债管理理论又被称为"全面集成化风险管理"（Total Integrated Risk Management，TIRM），它将资产负债管理与金融企业本身制度性、结构性的管理相结合，从企业整体管理的角度综合考察企业所面临的各种风险，从而扩展了资产负债管理的内涵和外延，使资产负债管理进一步趋向于全面风险管理。

根据集成化资产负债管理理论的思想，保险公司将管理重心从追求利润转移到全面风险控制下的盈利最大化，将资产负债管理职能与其他所有职能活动整合为一个单位，常采用多情景预测方法，估算保险公司经风险调整后的盈利能力，并以此为依据作出战略决策。在进行资产负债管理决策时，集成化的资产负债管理综合考虑各种外部环境因素的可能变化及其对保险公司的影响，同时结合公司内部责任准备金、资金流动、再保险安排等之间的相关关系，在较广泛的区域内调控保险公司整体经营情况，从而实现公司整体风险与收益的平衡。

实践中，目前已被一些发达国家保险公司使用的动态财务分析法、动态随机规划法等方法充分地体现了集成化资产负债管理的思想。这些动态的资产负债管理方法从保险公司全面风险管理的角度出发，通过对未来可能发生的业务经营、竞争状况、经济环境等进行合理预测和模拟，从而测定各种情景下保险公司经营情况和风险状况的变化，以便做出最优决策或及时采取风险防范措施。

第二节　保险公司资产负债管理的主要方法

保险公司的资产负债管理方法经历了从简单到复杂、从静态到动态的发展过程。传统的资产负债管理方法主要针对利率风险，关注现金流入流出的数量变化，以资产和负债的完全匹配为目标。自 20 世纪 90 年代以来，资产负债管理方法吸纳了许多新的思想、新的技术、新的工具，取得了较快的发展。

一、现金流匹配法(Cash Flow Matching)

现金流匹配的思想是由 Koopmans(1942)提出的。现金流匹配是指对资产组合的现金流收入与对应债务支出的现金流进行期限匹配安排,从而通过平衡公司资产负债现金流关系,达到免除利率风险与流动性风险的一种方法。根据约束条件的严格程度,现金流匹配法又主要可以分为古典现金流匹配法和贡献现金流匹配法两种。

(一)古典现金流匹配法

现金流匹配的基本思路是通过对投资资产的选择,使得每一时期从投资组合获得的现金流入在数量和时间上都与负债所要求的现金流出相一致。很显然,完全的现金流匹配只是一种理想的假设,在现实中是无法达到的。因此,可采取的方法是选择具有固定投资收益的资产组合,使得每期投资收益所产生的资产现金流入尽量与负债支付所产生的现金流出相吻合,并且要尽量选择投资组合成本最小的方案。这种方法被称为"古典现金流匹配"。

古典现金流匹配法将资产负债管理策略转化为一个线性规划问题,其模型用公式表达如下:

$$\min_{x_j} \sum_{j=1}^{J} x_j P_j$$

$$\text{s. t.} \quad \sum_j x_j C_t(j) = L_t, \forall t = 1, \cdots, T \tag{8.1}$$

$$\sum_j x_j P_j \leq K_0$$

且 $\quad x_j \geq 0, \ \forall j = 1, \cdots, J$

其中,x_j 表示第 j 种资产的购买量,P_j 表示第 j 种资产的市场价格,$C_t(j)$ 表示 1 单位资产 j 在时刻 t 带来的现金流入,L_t 表示负债在时刻 t 导致的现金流出,K_0 表示银行或保险公司在时刻 0 的资金存量。

根据上述条件构造投资组合后,在整个期间内不再进行任何投资交易,而是持有该投资组合至到期。这样做的好处是投资组合不存在价格风险和再投资风险,避免了利率波动所造成的影响,但是投资组合所带来的全部现金流入全部用于满足到期债务的偿付,因而也不会产生盈余资金和额外的收益。

(二)贡献现金流匹配法

古典现金流匹配法虽然简单,但真正实施起来难度很大,因为它有十分严格的假设条件，其中包括：(1)现金流匹配后没有盈余，即各期净现金流为零；(2)在每一个时间点上都不存在资金缺口，因而也不需要用短期融资来弥补暂时性的资金缺口。放松上述假设条件，可以使现金流匹配方法更符合现实，由此产生了"贡献现金流匹配法"。

如果放松假设条件(1)，即净现金流为正，那么投资收益满足负债支付后还有盈余，并且可用盈余资金进行短期投资。于是，古典现金流匹配就转化为"带有盈余资金再投资的现金流匹配"，其模型可以表示为如下线性规划问题：

$$\min_{x_j, S_0} \sum_{j=1}^{J} x_j P_j + S_0$$

s. t. $\quad \sum_j x_j C_t(j) + (1 + \underline{i}) S_{t-1} + V_t = L_t + S_t + V_{t-1}(1 + \bar{i}), \ \forall t = 1, \cdots, T \quad (8.2)$

$$\sum_j x_j P_j + S_0 \leq K_0$$

且 $\quad x_j \geq 0, S_t \geq 0, \forall j = 1, \cdots, J, \ \forall t = 1, \cdots, T$

其中，S_0 是期初资金存量与资产投资组合成本之间的差额；S_t 表示各期净现金流余额，可用于短期再投资；$\underline{i}$ 表示事先确定的短期再投资收益率的下限。

如果进一步放松假设条件(2)，只要求资产与负债的现金流在到期日匹配，而不要求在每一个时间相吻合，即允许在期间内出现暂时性资金缺口并进行短期融资。短期融资的存在就使得初始资金存量的约束条件成为多余，但短期融资的利率不能高于事先确定的利率上限。于是，古典现金流匹配由"带有盈余资金再投资的现金流匹配"，进一步扩展为"带有盈余资金再投资和短期融资的现金流匹配"，其模型表示为：

$$\min_{x_j, S_0, V_0} \sum_{j=1}^{J} x_j P_j + S_0 - V_0$$

s. t. $\quad \sum_j x_j C_t(j) + (1 + \underline{i}) S_{t-1} + V_t = L_t + S_t + V_{t-1}(1 + \bar{i}), \ \forall t = 1, \cdots, T \quad (8.3)$

且 $\quad x_j \geq 0, S_t \geq 0, V_t \geq 0, \ \forall j = 1, \cdots, J, \ \forall t = 1, \cdots, T$

其中，V_0，V_t 表示各期短期融资金额。

二、缺口分析法(Asset-Liability Gap Analysis)

所谓缺口分析法，是根据期限或利率等指标将资产和负债分成不同的类型，然后对同一类型的资产和负债之间的差额，即缺口(Gap)进行分析和管理。缺口分析法根据考察指标的不同分为到期缺口模型和久期缺口模型。

(一)到期缺口模型

保险公司的资产和负债一般有浮动利率和固定利率之分。浮动利率资产和负债的利率随着市场利率变化定期调整，这类资产和负债由于受市场利率的影响比较大，因而被称为"利率敏感性资产和负债"。固定利率的资产和负债，不根据市场利率定期进行利率调整，但到期后也会存在重新定价问题，如债券到期后再投资，其利率需要重新确定和调整。

当利率发生变化时，由于资产和负债是由不同收益率、面值和到期的存贷款或各种证券组成的，对利率敏感性不可能相等，必然存在一定差距，这个差距就称为资产负债缺口。缺口大表明利率变动时市场价值变动也大，给保险公司经营带来较大的利率风险；反之，缺口小则给保险公司带来的风险就小。利用缺口对利度风险进行度量就是所谓的资产负债缺口分析。

在缺口分析中，利率风险暴露可表示为：

$$GAP = RSA - RSL \tag{8.4}$$

其中，GAP 为缺口，RSA 为利率敏感性资产，RSL 为利率敏感性负债。

(二) 久期缺口模型

久期（Duration）也称"持续期"，是美国经济学家弗德里克·麦克莱（Frederick Macaulay）于 1938 年提出的一种使用加权平均数的形式计算债券的平均到期时间的方法。该方法可用于度量和分析保险公司资产负债的利率风险。

令资产的现值为 A，负债的现值为 L，资产 t 年的收入现金流为 A_t，负债 t 年的支出现金流为 L_t，资产收益率为 I_a，负债的支出利率为 I_t，资产的满期期间为 k_a，负债的满期期间为 k_l，资产与负债各自的久期 D_A、D_L 则可表示为：

$$D_A = \frac{\sum_{t=1}^{k_a} t \times A_t \left(1 + I_a\right)^{-t}}{\sum_{t=1}^{k_a} A_t \times \left(1 + I_a\right)^{-t}} \tag{8.5}$$

$$D_L = \frac{\sum_{t=1}^{k_t} t \times L_t \left(1 + I_t\right)^{-t}}{\sum_{t=1}^{k_l} L_t \times \left(1 + I_t\right)^{-t}} \tag{8.6}$$

令 $\theta = L/A$ 表示资产负债率，D_{GAP} 表示久期缺口，则有：

$$D_{GAP} = D_A - \theta D_L \tag{8.7}$$

对应不同的市场利率情景，保险公司利用久期缺口进行资产负债管理的策略有三种：(1) 保持 $D_{GAP} = 0$，则利率的小幅变动不会对净资产价值造成影响；(2) 当预计未来期间利率将会走低，调整资产负债组合，以使 $D_{GAP} > 0$；（3）当预计未来期间利率将会走高，调整资产负债组合，以使 $D_{GAP} < 0$。

三、免疫法(Immunization)

1952 年,英国精算师 Frank M. Redington 最先提出了"免疫"这一概念,将其定义为:"使现有交易不受普通利率变动影响的资产投资方式。"[1]此后,免疫法在保险公司及商业银行资产负债管理实践中得到了广泛应用。

(一) Redington 免疫理论

Redington 免疫理论的核心思想是:建立资产-负债结构,使得不论利率如何变化,都能保持资产负债的净值不变。用 $A(i)$ 表示资产流现值,$L(i)$ 表示负债流现值,则它们的计算公式为:

$$A(i) = \sum_{t>0} \frac{A_t}{(1+i)^t} \tag{8.8}$$

$$L(i) = \sum_{t>0} \frac{L_t}{(1+i)^t}$$

公式(8.8)中,i 表示利率,A_t 表示 t 时刻的预期资产现金流,L_t 表示 t 时刻的预期负债现金流。

资产负债的净值即盈余以 $S(i)$ 表示,则:

$$S(i) = A(i) - L(i) = \sum_{t>0} \frac{A_t}{(1+i)^t} - \sum_{t>0} \frac{L_t}{(1+i)^t} \tag{8.9}$$

当 i 与 A_t、L_t 独立时,$S(i)$ 对利率的一阶偏导用公式表达为:

$$S'(i) = -\sum_{t>0} \frac{tA_t}{(1+i)^{t+1}} + \sum_{t>0} \frac{tL_t}{(1+i)^{t+1}} = D_A - D_L \tag{8.10}$$

其中,D_A 和 D_L 分别表示资产与负债的持续期,持续期是可以看作现金流量的时间加权现值,它测量了资产或负债利率敏感性。

当 $S'(i) = 0$ 时,无论利率怎么变动,资产与负债的价值变化数量和方向相同,即实现了"免疫"。而当 $S'(i) = 0$ 时,$D_A = D_L$,即资产与负债的持续期相匹配。但是,要做到这一点是极为困难的,因为即使最初资产和负债的持续期相同,在随后的时间里它们的持续期也会随利率的变动而发生改变。为了解决这一难题,Redington 免疫理论引入了凸度作为约束条件,并将实现免疫的条件表述为 $S'(i) = 0$,$S''(i) \geq 0$。而 $S''(i)$ 的计算公式为:

$$S''(i) = \sum_{t>0} \frac{t(t+1)A_t}{(1+i)^{t+2}} - \sum_{t>0} \frac{t(t+1)L_t}{(1+i)^{t+2}} = C_A - C_L \tag{8.11}$$

---

① Redington, F. M. Review of the Principles of Life-Office Valuations [J]. Journal of the Institute of Actuaries, 1952, 78(3): 286.

其中，C_A 和 C_L 分别表示资产与负债的凸度。凸度测度了持续期对利率变动的敏感性。

如图 8-1 所示，资产 A 与资产 B 的持续期相同，但资产 A 的凸度小于资产 B 的凸度。当收益率增加相同数量时，凸度大的资产价格减少幅度较小；而当收益率降低相同数量时，凸度大的资产价格增加幅度较大。

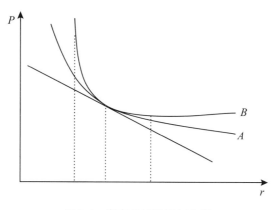

图 8-1　资产的持续期与凸度

因此，在 Redington 免疫理论中，免疫条件实际上就是资产与负债的持续期相等，并且资产的凸度大于负债的凸度。当利率下降时，资产价值增加的幅度大于负债价值增加的幅度；当利率上升时，资产价值减少的幅度却小于负债价值减少的幅度。这样一来，无论利率如何变化，资产负债的净值即盈余都不会下降。

(二) 免疫策略的发展

完全按照 Redington 免疫理论来实施的免疫策略被称为"标准免疫策略"。Redington 免疫理论有严格的假设条件：(1)资产负债现金流是稳定的，不受利率变化的影响；(2)利率期限结构是水平的，所有现金流现值评估都使用相同的单一利率；(3)利率期限结构的变动是水平的，即到期收益曲线平行移动；(4)不存在隐含期权，资产不会被提前赎回且没有违约风险。这些假设条件使得标准免疫策略具有较大的局限性。于是有研究者放松了 Redington 免疫理论的假设条件，使免疫策略朝着更一般的方向发展，产生了或有免疫、多因素免疫、关键利率免疫、随机免疫等。

尽管运用免疫法进行资产负债管理时的策略各不相同，但是其核心思想是相同的：以资产和负债的利率敏感程度相匹配为前提条件，进行资产组合的设计和安排。这样的资产组合使资产负债的净值(也称为盈余)能够抵消利率变动所造成的损失，能够在目标时刻点实现预定的价值，即盈余对利率具有免疫力。

四、现金流测试法（Cash Flow Testing，CFT）

现金流测试是指以评估日为起点，基于对关键变量的假设预测未来某段时间资产与负债的现金流情况。现金流测试法本质上仍是静态测试方法，但其主要运用了多重情景分析的理念，成为了静态单阶段法与随机多阶段动态法之间的过渡性工具。

（一）现金流测试法的产生与发展

最初，现金流测试的产生是为了应对承保利率敏感型寿险产品所带来的利率风险。20世纪 70 年代末、80 年代初，市场利率出现大幅波动，经济环境不稳定，保险公司特别是寿险公司的资产负债风险加剧。1986 年，美国纽约州保险监督官颁布了第 126 号保险法令，要求纽约州所有承保年金保险或保证收入合同（Guaranteed Income Contract，GIC）的保险公司必须采用现金流测试的方法进行基本的资产负债分析，以此来评估资产负债的利率敏感性并防范利率风险。1988 年，美国精算师学会在其精算标准委员会颁布的《精算实务准则第 7 号》中，将现金流测试定义为"对资产和负债在特定时间的现金流进行预测"[①]。1993 年，美国保险监督官协会（NAIC）修订了《标准评估法》（Standard Valuation Law），要求保险公司进行现金流测试，以保证其拥有充足的准备金。该法案规定，保险公司的现金流测试必须按美国精算师学会下设的精算标准委员会规定的原则进行，并且由有资格的精算师在被称为"纽约州利率七假设"（见表 8-1）的模拟情况下，分析七种不同利率变化对保险公司资产和负债造成的影响。

表 8-1　　　　　　　　　　　　　纽约州利率七假设

情景模拟	形状	利 率 假 设
1	水平	同现行利率没有偏差
2	上升	10 年内每年上升 0.5%，然后保持不变
3	帽形	5 年内每年上升 1%，然后 5 年内每年下降 1%，最后保持不变
4	突然上升	利率突然上升 3%，然后保持不变
5	下降	10 年内每年下降 0.5%，然后保持不变
6	杯形	5 年内每年下降 1%，然后 5 年内每年下降 1%，最后保持不变
7	突然下降	利率突然下降 3%，然后保持不变

---

① Actuarial Standards Board. ACTUARIAL STANDARD OF PRACTICE No. 7. Actuarial Standard of Practice Concerning Cash Flow Testing For Life and Health Insurance Companies ［EB/OL］. http：//www. actuarialstandardsboard. org/pdf/superseded/asop7_1988. pdf, 1988-10-07.

随着日后的不断发展，现金流测试的情景假设条件不单包括利率，还包括费用率、死亡率、损失率、通货膨胀率等可能对现金流造成重大影响的关键变量。至此，现金流测试已经发展成为这样一种过程：在对关键变量进行情景假设的情况下，分析资产现金流和负债现金流的变化，检验资产所带来的现金流入偿付负债所产生的现金流出的能力，进而提前制定应对某些不利事件发生的策略，或对现有的策略进行修正。

(二)现金流测试的基本程序

由于测试的目的、范围、时间等不同，现金流测试的具体环节会存在差异，但总体来说，现金流测试主要包括以下四个步骤：

(1)明确资产和负债的测试范围。如果测试的目的是分析公司整体资产负债情况，那么就应该将全部的资产和负债纳入测试范围中；如果测试的目的是分析资产负债管理的某项具体决策，例如投资策略或产品策略，则只需考虑与之相关的资产负债。

(2)设定假设条件。可能对资产和负债未来现金流造成影响的变量很多，精算师通常根据测试的目的、测试范围、资产负债的特点、测试时间等具体确定假设条件中应包含的变量。确定了假设变量后，就需要设定具体的情景，可以使用两种方式：一种是确定方式，其关键是能够设计出具有现实意义的情景；另一种是随机方式，即应用随机模型生成随机情景。

(3)预测资产负债现金流。为了预测资产负债现金流在假设条件下的变化情况，需要建立资产和负债现金流量模型。该模型以资产负债结构与假设变量相结合为基础，能够反映资产负债预期现金流对假设条件中变量变化的灵敏度，还能够显示资产负债现金流量的变化方向和程度。

(4)结果分析。测试的结果将显示各种情景假设下资产负债现金流发生的数量、时机及可能的变化范围，可用于判断资产负债管理决策的可行性，也可用于对现有策略和计划进行修改。测试结果还可反映不利事件所造成的影响，对于与资产负债相关的风险防范有着重要的指示作用，便于及早采取应对措施。

五、动态财务分析法(Dynamic Financial Analysis，DFA)

1989 年，芬兰数学家 Pentikäinen、英国学者 Coutts 和 Devitt、Cummins 和 Derrig 在研究财产保险公司偿付能力时，将动态财务分析引入其中，形成了动态的、基于现金流的偿付能力评估方法。后来美国的保险公司开始使用动态财务分析法，使其能够随机模拟不确定环境下资产、负债及经营成果的变化情况。

(一)DFA 的核心思想

DFA 的核心是通过情景模拟考察保险公司在不同情景或不同策略下的财务状况和风险程度，从而为决策者提供有用的信息。其中，"情景"是对一组外生变量(如利率、通货膨胀率、汇率等)未来具体状态的描述，而"策略"是内部因素，如产品定价、资产配置、再保险安排、资本结构等。作为财产保险公司资产负债管理的一种方法，DFA 不仅能够测算利率变动对资产、负债的影响，还能够在通货膨胀率、GDP 增长率、汇率等外部经济环境因素发生变动的情况下，对公司资产和负债的变化进行预测。DFA 既可用于分析保险公司在不同情景下，现有决策对资产和负债会有哪些影响；也可用于在某一假设情景下，比较多个策略的优劣。

(二)DFA 模型的基本框架

动态财务分析通常是从长期的角度，对整个保险公司经营情况进行动态地、全面地分析。因此，DFA 模型常常需要包含多个模型变量，而它们之间的相互关系(见图 8-2)决定了模型的复杂性。

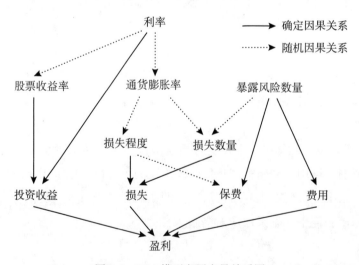

图 8-2　DFA 模型主要变量关系图

目前，北美及欧洲的保险公司所使用的 DFA 模型主要由以下几个部分组成(图 8-3)：初始条件是对保险公司相关历史数据(如保费收入、赔付率、费用额、投资数额等)及当前总体经济环境(如 GDP 增长率、通货膨胀率等)进行分析；情景生成器的作用是构造保险公司所面临的经营环境，特别是对主要的经济环境和金融市场条件进行模拟，它是 DFA

模型的核心部分；承保模块是对保险公司的承保负债情况进行模拟分析；资产模块主要是对资产回报率、资产的市场价值、账面价值、现金流等要素进行分析；公司模块的主要功能是对非投资类资产(例如其他应收款、厂房和设备等)和对非承保类负债(例如税金、公司发行的债券、其他应付款等)进行建模分析，生成试算财务报表；策略模块运用上述几个模块所产生的数据，进行类似"what... if..."的决策分析；报告子系统的任务就是提供最终的模拟信息和模拟结果，用于决策分析和信息交流。

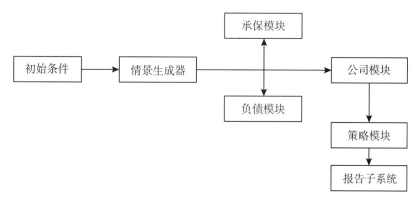

图 8-3 DFA 模型的基本框架

六、动态随机规划法(Dynamic Stochastic Programming)

(一) 动态随机规划法的核心思想

在资产负债管理的过程中，影响资金在资产与负债之间配置决策的许多因素都是不确定的，例如资产的收益率、负债现金流等。如果将这些影响因素作为确定变量，只考虑几种变化情况或者事先设定其概率分布，则可能与实现情况不符合，并且无法反映资产负债的真实风险。当把这些影响因素作为随机变量处理时，使得资产负债管理的决策环境更加接近于现实经营环境，资产负债管理实际上就成为了一个含有随机变量的优化问题，而动态随机规划恰恰是解决这种优化问题的有效方法。资产负债管理动态随机规划法正是基于这种思想发展而来。

在动态随机规划法中，资产负债管理的决策是通过构建动态随机规划模型并优化求解而得到的。在动态随机规划模型中，资产负债管理所要实现的具体目标以目标函数的形式表达，资产负债管理过程中必须满足的一些条件，例如资金约束、预算约束、法律约束、流动性约束被当作动态随机规划模型中的约束条件。影响资产负债的主要因素被当作随机变量，在目标函数和约束条件中含有这些随机变量，而这些随机变量的未来不确定性通过情景生成来进行描述。从建模理念的角度来说，动态随机规划法处理资产负债管理中不确定性问题的基本途径有三个：一是从期望值的角度出发，将原目标函数和约束条件中不确定函数转化为期望值来建立模型；二是从机会约束的角度出发，要求约束条件得到满足度不小于事先约定的置信水平；三是从事件实现的机会出发，使事件的机会函数在不确定环境下达到最优。目标函数、约束条件以及处理途径，决定着动态随机规划模型的具体类型。

(二)动态随机规划法的特点

第一，多阶段性。在动态随机规划法中，资产负债管理的计划期不只包含一个时间阶段，而是多含多个连续的时间阶段，资产负债管理的决策是根据过去的经验与统计数据、目前的状况以及对未来多个阶段的预测结果而产生的，这种做法符合金融机构持续经营的现实情况，大大提高了决策的准确性和科学性。

第二，随机性。在动态随机规划法中，利率、资产收益率、通货膨胀率、汇率、负债资金的流入与流出等决定资产负债关系的重要因素，都被作为随机变量来处理，以真实反映资产负债风险。

第三，全局性。动态随机规划法从资产负债管理整体战略出发，将影响资产负债的众多因素纳入决策范围，可以在一个框架内包括多种约束条件，并且能够同时处理多重变量。它还能够对资产负债管理中的多种风险进行分析和估测，例如流动性风险、资产贬值风险、定价风险、责任准备金风险等，而不仅限于一种风险。

(三)动态随机规划法的基本模型

Kuzy 和 Ziemba(1986)[1]建立了一个带简单补偿的多阶段随机规划模型，将其应用于在温哥华城市储蓄信贷协会的 5 年资金规划中，并在实际应用中取得了成功。该模型的基本公式由目标函数和约束条件构成，目标函数是最大化银行利润减去预期惩罚成本后之差的净现值，其表达式如式(8.12)所示：

$$\max_{x,\,y,\,b} \sum_{k=1}^{K} \left\{ \sum_{j=2}^{n} x_{0j}^{k} \left[\sum_{l=2}^{j} r_{0}^{k}(1-\tau_{l})p_{l} + z_{0j}^{k}(1-\tau_{j})p_{j} \right] + x_{01}^{k} z_{01}(1-T_{j}) \right.$$
$$\left. + \sum_{i=1}^{n-1} \sum_{j=i+1}^{n} x_{ij}^{k} \left[\sum_{l=i+1}^{j} r_{i}^{k}(1+\tau_{l})p_{l} + z_{ij}^{k}(1-T_{j})p_{j} \right] + x_{0\infty}^{k}(1-T_{l})p_{l} \right\}$$

① Kuzy, M. I., W. T. Ziemba. A Bank Asset and Liability Management Model[J]. Operations Research, 1986, 34(3): 356-376.

$$+ \sum_{j=\tau_l}^{n} \sum_{l=i+1}^{n} x_{i\infty}^{k} r_i^{k} (1 - \tau_l) p_l$$

$$- \sum_{d=1}^{i=1} \left[\sum_{j=1}^{n} y_0^d \left(1 - \frac{1}{2}\gamma_d\right)(1 - \gamma_d)^{j-1} c_j^d p_j + \sum_{j=1}^{n} \frac{1}{2} y_j^d c_j^d p_j \right.$$

$$+ \left. \sum_{i=1}^{n-1} \sum_{j=1}^{n-1} y_i^d \left(1 - \frac{1}{2}\gamma_d\right)(1 - \gamma_d)^{j-1} c_j^d p_j \right] - b_0 c_0^b p_1 - \sum_{j=1}^{n} b_j c_j^b p_{j+1}$$

$$- E_{\xi_{js}} \underset{y^+, \ y^-}{\text{MIN}} \sum_{j=1}^{n} \sum_{s \in S} (p_{js}^+ y_{js}^+ + p_{js}^- y_{js}^-) \qquad (8.12)$$

其中，x_{ij}^{k} 表示在第 i 期买入、第 j 期卖出的资产 k 的数目；$x_{i\infty}^{k}$ 表示在第 i 期买入、持有期超过模型计划期的资产 k 的数目；y_i^d 表示第 i 期新增的 d 类存款；y_0^d 表示 d 类存款的初始持有量；y_{js}^+ 表示第 i 期在随机约束 s 下的短缺；y_{js}^- 表示第 i 期在随机约束 s 下的盈余；p_{js}^+ 表示与 y_{js}^+ 相关的惩罚成本比例；p_{js}^- 表示与 y_{js}^- 相关的惩罚成本比例；r_i^k 表示在第 i 期买入的资产 k 的回报率；b_i 表示第 i 期的借入资金量；τ_j 表示第 j 期收入的边际税率；z_{ij}^k 表示在第 i 期买入、第 j 期卖出的证券 k 所获的资本利得（或损失）比例；γ_d 表示在经济条件恶化时预期的 d 类存款的提现比例；k_{mi} 表示 m_i 类抵押资产；p_i 表示从 i 期到初始阶段的折现率；ξ_{js} 表示在 s 类随机约束下，第 j 期的离散随机变量，$s \in S$，S 是随机约束的集合。

Kuzy 和 Ziemba 所构建模型中的约束条件包括：（1）法律约束，体现了相关的法律对银行经营方面的规定；（2）预算约束，包括银行资产负债初始状态、资金的来源和运用等；（3）流动性和杠杆率约束，满足存款提现需求；（4）经营政策约束，该约束具体比例由银行自主决定，因各个银行不同而存在差异；（5）存款流量。其中，约束条件（1）（2）是确定约束条件，约束条件（3）包含了确定约束条件和随机约束条件，约束条件（4）包含了确定约束条件或随机约束条件，约束条件（5）仅仅包含了随机约束条件。

第三节　发达国家保险公司资产负债管理的实践

保险公司资产负债管理的具体实践是外部经营环境与自身经营条件共同作用的结果。欧美发达国家保险公司资产负债管理的历史悠久、经验丰富。

一、美国保险公司资产负债管理

美国保险公司资产负债管理的迅速发展最初以应对利率风险为主要目标。20 世纪 70 年代末，美国发生了严重的通货膨胀，金融市场利率出现剧烈的波动。利率的不寻常波动致使美国保险公司出现了资产流动性差、投资收益率不稳定、退保率高等一系列问题，进而造成 80 年代初的偿付能力危机和破产事件。这些教训使得美国的保险公司认识到资产负债管理的重要性，并逐步将资产负债管理与全面风险管理进行融合。目前，美国保险公司资产负债管理体系日趋完备，新策略与新技术的应用层出不穷，其成功经验主要体现为以下几个方面：

(一)持续重视对久期缺口的管理

保险公司负债端具有长久期的特性，不仅要满足刚性预定利率的成本要求，还要保障赔付支出与退保时的流动性充足。为了实现资产负债的久期匹配，美国保险公司资产配置呈现长久期且收益稳定的风格，大类资产配置以固定收益资产为主。2000—2021 年，美国人身险公司资产配置中，固定收益类资产(包括抵押贷款、政策性贷款、债券)的配置比例始终维持在较高水平，在 53%～68%区间；股票资产的占比保持在 30%左右。[1]

在制定大类资产配置方案时，美国保险公司采用了基于负债端不同账户匹配差异化资产的策略。以人身险为例，保险产品分为传统险和投资险，相对应的保险投资账户分为一般账户和独立账户。一般账户支持有担保的、固定美元支付的合同义务，如寿险保单；独立账户支持与投资风险转移产品或业务线相关的负债，如分红保险、万能寿险、变额年金、变额寿险、和养老金产品。一般账户主要配置国债、政府债、企业债、抵押支持债券(MBS)以及抵押贷款等低风险资产；而独立账户则大量投资于股票类资产。2021 年，人身险一般账户中，有 66%投资于债券类产品，为减少不确定性，一般账户只有 3%的权益类占比；而独立账户仅有 16%的债券配置，76%的股票资产配置来获得较高收益。[2]

(二)资产配置结构多元化

美国保险公司资产配置的核心优势在于成熟的固定收益类资产投资能力以及多元化投资。以美国保德信集团(Prudential Financial)[3]为例，在传统投资受经济下行影响较大的情况下，该公司不断寻求更多的投资机会，丰富资产配置结构。2018 年债券市场和股票市场动荡，保德信集团开始增加私人信贷和另类资的资产配置，并大量配置房地产以抵御外部冲击，导致固定收益类产品所占比重从去稳定的 75%左右的配置水平降至 65%上下，而权

---

[1]　刘欣琦，谢雨晟．美国：产品是竞争力，三方资金贡献增量[EB/OL]．新浪财经，https：//finance. sina. com. cn/stock/stockzmt/2023-03-21/doc-imymqvxc9924817. shtml，2023-03-21.

[2]　刘欣琦，谢雨晟．美国：产品是竞争力，三方资金贡献增量[EB/OL]．新浪财经，https：//finance. sina. com. cn/stock/stockzmt/2023-03-21/doc-imymqvxc9924817. shtml，2023-03-21.

[3]　美国保德信集团(Prudential Financial)成立于 1875 年，是美国最大的保险集团之一，为美国、亚洲、欧洲等国家的客户提供人寿保险、年金、退休金、共同基金和投资管理等产品和服务。

益类投资从24%逐步下降到12%~14%的水平。2021年末固定收益投资规模为9807亿美元，占总资产的64.36%。权益类、房地产、私人信贷和其他另类资产与多重资产的规模分别为占比14.19%、8.70%、7.13%和5.62%。①

(三)资金运用的投资收益具有竞争力

在长期低利率环境下，美国保险资金运用的投资收益率一直保持较强的稳定性。2021年，美国10年期国债收益率平均收益率1.45%，而同年美国人身险行业投资收益率为4.28%。

美国保险公司通过拉长资产久期实现资产负债久期匹配，降低利率风险。2010—2021年，美国寿险一般账户中，10—20年期债券占比从28.8%提升至33.2%，20年期及以上超长期限债券的占比从33.1%提升至40.7%。②

美国保险公司还通过适度增加信用风险敞口，尽可能获得较高信用溢价。2010—2021年，美国一般账户固定收益类资产中，企业债占比从2010年54.3%提升至2021年62.2%；房屋抵押贷款及房地产占比从11.4%提升至15.3%。一般账户在长期维持高质量债券的配置比例90%以上的前提下，适当降低高质量(1级)债券占比，由2010年的72.0%下降至2021年的60.9%；同时提升高质量(2级)债券占比，由2010年的22.8%提升至2021年的35.6%，从而进一步获取信用利差。③

(四)灵活运用金融衍生工具

20世纪80年代后期，美国的保险公司开始涉猎金融衍生品的投资，现已成为金融衍生品市场的主要参与者，熟练运用衍生品来对冲利率风险、管理资产久期、降低风险敞口。2010—2018年期间，寿险行业衍生品投资占险资投资的比例为1%~2%。截至2018年底，美国保险公司衍生品头寸的名义本金达2.56万亿美元，其中寿险公司的衍生品头寸占比约为97%。

以美国大都会保险公司(Metropolitan Life Insurance Company，MetLife)为例，其使用衍生产品对冲各种风险(包括利率风险，外汇风险和权益市场风险等)，从整体资产配置风险到特定的产品风险均应用多样化的衍生工具来对冲。2019年，大都会保险公司的资产配置中，债券占比58%，独立衍生工具占比2%(不含嵌入在保单中的嵌入式衍生工具)。该公

---

① 刘淇，陈福.海外保险资管巨头发展壮大的经验与启示[EB/OL].和讯网，http://stock.hexun.com/2022-11-18/207866613.html，2022-11-18.

② 刘欣琦，谢雨晟.美国：产品是竞争力，三方资金贡献增量[EB/OL].新浪财经，https://finance.sina.com.cn/stock/stockzmt/2023-03-21/doc-imymqvxc9924817.shtml，2023-03-21.

③ 刘欣琦，谢雨晟.美国：产品是竞争力，三方资金贡献增量[EB/OL].新浪财经，https://finance.sina.com.cn/stock/stockzmt/2023-03-21/doc-imymqvxc9924817.shtml，2023-03-21.

司的衍生工具对冲计划中，一部分是针对特定的资产或负债，另一部分是用于降低负债或资产组合风险的组合对冲。在资产负债管理的常规过程中，该公司使用利率期货、利率互换、利率上限期权、股票期货、外币期货/远期、股指期权、总回报率互换和通胀互换等工具，旨在减少与现有资产、负债或预期未来现金流有关的利率风险或通胀风险。

(五)组织结构专业化

基于资产负债管理的需要，美国大中型保险公司通常会在保险业务管理与资产业务管理之间架起一座桥梁，即设置资产负债管理委员会和资产负债管理部(见图8-4)。

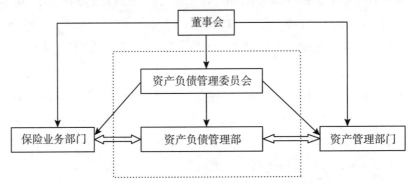

图 8-4　美国大中型保险公司资产负债管理的组织结构

在这种组织结构中，资产负债管理的各项具体任务仍由各职能部门完成，资产负债管理委员会和资产负债管理部则承担资产负债管理规划、协调、报告和监控的职责。资产负债管理委员会属于董事会下设的专业委员会，其组成成员通常包括首席精算师、首席财务执行官、财务主管、投资主管及市场业务主管，并由首席执行官担任主席。资产负债管理部直接隶属于资产负债管理委员会，并且独立于其他职能部门，其成员通常由精算、投资、财务、市场分析等领域的高级专业人员所组成。

二、英国保险公司资产负债管理

作为保险发展历史最为悠久的国家之一，英国的投资端监管模式不同于主流国家的大类资产比例限制方式，在满足偿付能力要求的基础上，保险公司对投资项目、投资范围可进行自主决策。在高度自制的监管环境下，英国保险公司普遍重视资产负债管理。

(一)监管当局出台政策鼓励保险机构重视资产负债管理

英国审慎监管局为了鼓励保险机构关注资产负债管理，于2018年明确规范了匹配调整和波动率调整机制(Supervisory Statement 7/18，9/18)。匹配调整是通过调整负债评估贴现率(无风险利率+信用利差)，来降低负债估值，从而降低因信用利差变动造成的资产负债不匹配的程度。波动率调整将负债贴现率向远期利率收敛，从而降低市场波动对长久期负债估值的影响。这些资产负债管理相关的"奖励政策"，需要保险公司向保险和职业养老金管理局申请，监管当局对保险机构的资产负债管理能力和匹配情况定期审核并认可后才能获得。

(二)重视组织架构和模型工具建设

在组织架构方面，英国保险公司通常在董事会层面建立资产负债管理委员会统筹相关工作，管理层设置资产负债管理执行委员会，部门层设立资产负债管理工作小组，具体负责相关工作。另外，英国保险公司普遍设立专职的资产负债管理部门。

英国保险公司资产负债管理和资产配置的系统模型很多，各家公司根据各自业务特点和需要选择合适的工具，有些公司选择自主开发系统模型，也有一些公司选择外部公司的模型，外部咨询的方式在英国也非常成熟。

(三)不断提升资产负债管理和资产配置的精细化水平

在制定资产配置策略时，需要从某一资产的历史收益和波动率出发，结合对未来宏观和市场的判断，综合确定资产配置模型的假设。目前，在传统做法的基础上，英国在细化资产配置策略方面，已经加入环境、社会和公司治理(Environmental, Social and Governance，ESG)以及气候变化等。各家保险机构非常重视 ESG 对公司长期资产配置的影响，将其通过关键绩效指标和定量研究嵌入长期模型假设中，从而融入投资决策的过程中。同时，英国审慎监管局在 2019 年明确保险机构在资产配置和风险管理中需嵌入气候变化的金融风险，这对资产负债管理和资产配置的精细化提出了更高的要求。①

三、欧盟保险公司资产负债管理

目前，欧盟并没有关于保险公司资产负债管理的统一规则，但 2016 年正式生效的欧盟偿付能力监管标准Ⅱ(SolvencyⅡ)要求保险公司必须遵循谨慎性原则，满足资产与负债匹配性要求，在风险资本方面对资产负债错配设置了惩罚措施。② 由于区位战略的不同，欧盟各国保险公司资产负债管理的实际情况有所不同，但具有以下共同的特点：

① 程锐，厉金鑫. 国际保险资产负债管理实践研究及经验借鉴[J]. 清华金融评论，2022(1)：98.
② 例如，保险公司资产负债久期缺口越大，所要求计提的利率风险最低资本也越多。

（一）资产类别以固定收益类为主

从整体上来看，欧洲保险公司资产端风险偏好较低，资产配置以固定收益类资产为主。以德国安联集团和法国安盛集团为例。2021年底，德国安联集团的资产配置结构比例为（见图8-5）：固定收益类74.0%、权益类8.4%、多元资产8.8%和另类投资8.8%。同一时期，法国安盛集团的资产配置中（见图8-6），固定收益类资产占比77.9%，房地产、另类投资、现金、上市股票、保单贷款占比分别为7.4%、5.6%、4.5%、4.3%和0.4%。此外，法国安盛集团的固定收益类资产可进一步细分为政府债券、公司债券、ABS和其他类别（住房贷款、商农贷款等），2021年底占比分别为41%、28%、3%、6%。①

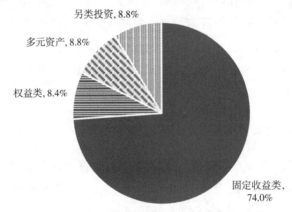

图 8-5 2021年德国安联集团的资产配置结构

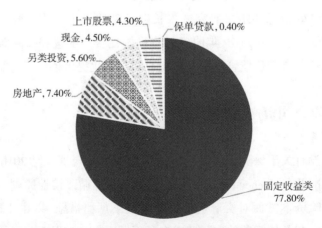

图 8-6 2021年法国安盛集团的资产配置结构

---

① 刘淇，陈福. 海外保险资管巨头发展壮大的经验与启示［EB/OL］. 研报汇，http：//www. yanbaohui. com/doc-4b0abde411d839f2391754367b629bf4. html，2022-11-18.

(二)采用信用下沉策略提升投资收益率

2010 年欧洲主权债务危机爆发后,欧洲保险公司为应对经济下滑和低利率的市场环境,有选择地对 AA 级以及 BBB 级信用评级债券进行了增配,而信用等级最高的 AAA 级债券以及 A 级债券占比则有显著下降。此外,非投资级债券占比也有小幅提升。通过以上错位增配的策略,适当降低投资债券信用评级换取更高信用溢价,提升投资端收益率。

以德国安联集团为例,2021 年末,该公司的固定收益类资产中,公司债和政府债占比最高,分别为 38.6% 和 35.8%,公司债的占比较 2010 年显著提升 19.6pct,政府债则占比稳定。此外还包括担保债券和银行出售债券,占比分别为 8.3% 和 5.4%,较 2010 下跌16.7pct/3.6pct。从信用评级看,2021 年 BBB 级债券占比 24.2%。2021 年末,法国安盛集团的固定收益类资产中,政府债券占比 41%、公司债券占比 28%、ABS 占比 3%,其他类别(住房贷款、商农贷款等)占比 6%。从该公司持有的公司债的信用评级结构来看,BBB级公司债占比最高,稳定在 37%~39%;其次是 A 级债券,稳定在 31% 左右。[①]

(三)不断拉长久期并收窄久期缺口

欧盟的保险公司普遍将资产负债的久期匹配作为防范长期利差损的关键,通过拉长拉久期并收窄久期缺口来避免存量业务在利率下行中再投资出现的收益率错配风险。

2021 年末,安联集团投资组合资产端和负债端久期分别为 10.4 年和 10.2 年,较 2013年末增加了 3.5 年和 3.2 年,有效地实现了资产和负债久期的匹配,降低长期利率下降对保险资金投资的影响。其中,寿险的资产和负债端久期分别为 11.3/11.1 年,较 2013 年提升 3.7/3.2 年。资产久期超越负债久期,规避长端利率下行对寿险利润的侵蚀,主要得益于安联保险资金的全球配置,且主要配置于发达国家。发达国家的长久期资产规模较大,有效满足了安联保险资金的增长。财险的资产和负债端久期分别为 5.6/4.9 年,较2013 年均提升了 0.9 年。[②]

(四)积极调整负债端的产品结构

在负债端,欧盟的保险公司通常采取调整保险产品结构的方式以配合资产端对利率敏感性进行管控。其具体做法主要有两种:

一是下调产品预定利率。保险公司在综合考虑市场竞争策略后,可通过下调寿险产品

[①]　刘淇,陈福. 海外保险资管巨头发展壮大的经验与启示[EB/OL]. 研报汇,http://www.yanbaohui. com/doc-4b0abde411d839f2391754367b629bf4. html,2022-11-18.

[②]　刘淇,陈福. 海外保险资管巨头发展壮大的经验与启示[EB/OL]. 研报汇,http://www.yanbaohui. com/doc-4b0abde411d839f2391754367b629bf4. html,2022-11-18.

预定利率的方式来降低负债端的新单成本，减缓资产端的投资压力。

二是减少对利率的依赖。从产品属性本身出发，在多年期寿险产品中，固定年金、投连险、万能险等产品由于其本身的投资储蓄功能属性，担保回报要求较高。因此，保险公司一方面从整体上压降投资储蓄型产品的比例，提高保障型业务占比，将利润来源转向死差益和费差益，从而降低对利率的依赖；另一方面，通过变额终身寿险、指数年金等变额险产品创新，使产品类基金化，无固定利率保证，兼顾保障与投资理财功能，又避免了刚性兑付对公司造成的负担。

第四节　我国保险公司资产负债管理的实践

一、我国保险公司资产负债管理发展历程

自 1980 年我国保险行业恢复以来，保险公司资产负债管理经过 40 多年的实践，经历了单边的负债管理、逐步重视资产管理、资产负债比例管理、资产负债匹配管理、资产负债全面管理五个阶段。

（一）单边的负债管理（1980—1995 年）

1980 年，中国人民保险公司重新恢复财产保险业务，标志着我国停办了 20 多年的保险业的正式复业。1982 年，开始恢复办理人身保险业务。1985 年 3 月，国务院颁布了我国第一部保险业管理法规《保险企业管理暂行条例》。该条例对保险企业的设立、中国人民保险公司管理、偿付能力和保险准备金、再保险等作出了规定，其中偿付能力和保险准备金、再保险等都属于保险公司负债管理的重要内容。

《保险企业管理暂行条例》给新的保险市场主体诞生提供了机会。1986 年，新疆生产建设兵团农牧业保险公司成立；1988 年，平安保险公司成立；1991 年，太平洋保险公司成立。新公司的成立改变了保险市场由中国人民保险公司一家垄断的格局。

在这一阶段，我国保险业尚处于恢复发展时期，逐步形成了由社会主义计划经济向市场经济转型的保险市场。1980 年全国保险费收入只有 4.6 亿元人民币，1995 年保险费收入已达到 683 亿元，年均增长率超过 30%。与此同时，我国保险公司的数量较少，保险赔付率在 30%~50%之间（见图 8-7），承保利润较高。保险公司都以增加保费收入、拓展保险业务、提高市场占有率为发展目标，将经营重点放在以承保为核心的负债管理上，缺乏进行资产管理的内在动力。

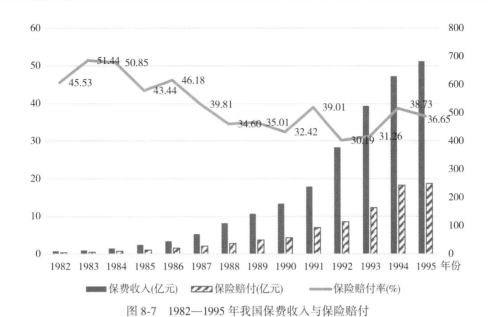

图 8-7　1982—1995 年我国保费收入与保险赔付

资料来源：1981—1997 年《中国保险年鉴》。

（二）逐步重视资产管理（1996—2002 年）

1996 年，中国保险市场发生了重大的变化。根据 1995 年颁布的《中华人民共和国保险法》关于产寿险分业经营的规定，中国人民保险公司改建成集团公司，下辖三个子公司，即中保财产保险公司、中保人寿保险公司和中保再保险公司。1996 年，又成立了 3 家全国性股份制保险公司，即华泰财产保险股份有限公司、泰康人寿保险股份有限公司、新华人寿保险股份有限公司。保险主体的增加，产、寿险的分业经营，特别是股份制保险公司的加盟，不仅活跃了保险市场，而且是促进了保险业务的大发展。1995 年全国保险保费收入683 亿元，1996 年上升到 776 亿元。

随着保费收入的增长，保险资金规模大大增加。为了保障保险资金的安全性，1995 年《保险法》首次对保险资金运用作了严格限制，仅能用于银行存款、买卖政府债券、金融债券和国务院规定的其他资金运用形式，禁止用于设立证券经营机构和向企业投资。

1999 年，中国平安保险公司率先在上海推出投资连结保险。随后分红保险、万能型寿险陆续问世。投资型保险产品的推出，为保险资产金融化带来了新的发展契机。1999 年底，原保监会先是允许保险公司投资信用评级在从 AA+以上的中央企业债券，接着又允许保险公司进行银行间同业债券市场办理国债回购业务，后来又批准保险资金以购买证券投资基金的形式间接进入股市。2002 年，原保监会取消了保险公司投资证券投资基金资格审批和投资比例核定两项行政审批权。

　　保险资金运用监管由严格限制向规范化发展，为保险公司投资创造了良好的外部条件，也使得保险公司逐步重视资产管理。但是，此时保险公司在进行资产配置时并未充分考虑到资产与负债之间的影响和关系，实行的是资产与负债的分开管理。

（三）资产负债比例管理（2003—2007 年）

　　2003 年，原保监会颁布并实施《保险公司偿付能力额度及监管指标管理规定》，其中为保险公司设置了 11 项偿付能力监管指标及指标值的正常范围，意味着保险公司必须按照偿付能力监管要求进行资产负债比例管理。[①] 资产负债比例管理侧重于实现资金的安全性和流动性，并对风险产生预警作用。

　　2003 年 7 月，中国人保控股公司发起设立国内第一家保险资产管理公司——中国人保资产管理股份有限公司，标志着保险资金运用开启集中化、专业化运作。此后，更多的保险资金投资渠道陆续放开。2005 年，允许保险资金直接投资股票市场；2006 年允许保险资金间接投资基础设施建设和商业银行股权，逐步提高可投比例；2007 年放宽保险资金境外投资的比例和范围。

　　2003—2007 年期间，我国保险业务规模和保险资产规模都大幅增加（见图 8-8）。2007年，我国累计实现原保险保费收入 7035.76 亿元，位居全球第 10 位。2007 年末，全国保险公司总资产共计 29003.92 亿元，是 2002 年的 4.59 倍，年均增长 35.62%。

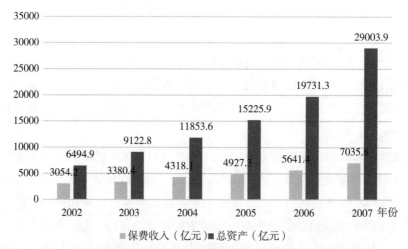

图 8-8　2002—2007 年我国保费收入与保险公司总资产

　　资料来源：根据 2002—2007 年原保监会发布的相关数据资料整理而来

---

　　① 资产负债比例管理最初产生于从西方银行业资产负债管理的实践中，它通过一系列与资产负债相关的比例指标来评价、指导、协调、控制、监督资产负债活动的进行。

在这一阶段，资产负债比例管理对于确保保险公司偿付能力充足性和经营的稳健性发挥了重要的作用。但是，资产负债比例管理是对存量资金的管理，所运用的比例只能衡量现在或过去某个时点保险公司资产负债的安全性与流动性，而不能反映下一个时点的变化情况。总体而言，比例管理只是资产负债管理中一种较为初级、简单的手段。

（四）资产负债匹配管理（2008—2017 年）

2008 年全球金融危机爆发，我国保险监管机构吸取经验教训，非常重视保险公司资产负债匹配管理。2008 年 9 月 1 日开始实施的《保险公司偿付能力管理规定》对我国保险公司提出了资产负债匹配管理的要求。按照这一规定，保险公司必须加强资产与负债在期限、利率、币种等方面匹配的管理。资产负债匹配管理的核心是使资产现金流与负债现金流的相平衡，以确保保险公司有充足的能力偿还到期债务。2010 年颁发、2014 年修订的《保险资金运用管理暂行办法》要求根据保险资金性质实行资产负债管理和全面风险管理，并指出董事会应当设立资产负债管理委员会。2012 年 7 月印发的《保险资产配置管理暂行办法》提及了对资产负债管理的量化评估指标、评估对象的要求。2013 年 5 月建立的中国第二代偿付能力监管制度体系（"偿二代"）以风险为导向、资本金为约束，通过不同资产类别消耗资本金的不同来核定资产和负债的匹配程度，但没有特别强调和突出资产负债管理，只是将其作为偿付能力风险管理的重要因素之一。2015 年 12 月发布的《中国保监会关于加强保险公司资产配置审慎性监管有关事项的通知》，要求对资产配置进行压力测试，评估压力情景对资产收益率、现金流、偿付能力的影响。

相对于资产负债比例管理，资产负债匹配管理侧重于对资金流量的管理，技术难度更大，也更有利于保证安全性和流动性。但是，资产负债匹配管理仍属于比较早期资产负债管理手段，它只能确保保险公司经营的安全性和流动性，无法满足保险公司利润最大化的要求以及实现安全性、流动性、收益性的最佳均衡。

（五）全面资产负债管理（2018 年至今）

2018 年 3 月，原保监会发布了《保险资产负债管理监管规则（1-5 号）》，涵盖能力评估与量化评估，从资产负债管理架构、流程工具，到各种监管指标、压力测试，以及评分方法都给出了明确定义。该项规则建立了行业统一的资产负债管理监管体系，有助于提升保险公司资产负债管理能力，建立资产负债协调并行的管理框架，推进我国保险业资产负债管理由"软约束"向"硬约束"转化。2019 年 8 月，银保监会发布了《保险资产负债管理监管暂行办法》（以下简称《暂行办法》），加强分类监管，强化资产负债管理监管硬约束，推动保险公司提高资产负债管理能力，防范资产负债错配风险，引导保险行业转型和稳健审慎资产配置。

随着我国保险资产负债管理监管体系的形成，我国保险公司进入资产负债科学协调的全面管理阶段，呈现出以下发展特点：

一是保险公司资产负债管理意识得到显著提升。保险公司董事会、管理层更加重视资产负债管理，普遍设置了资产负债管理委员会和执行委员会，加大了资金、人员、技术等方面的投入力度，部分公司还单独设置了资产负债管理部门，逐步将全面资产负债管理要求转化为自身经营管理的需要。

二是保险公司资产负债管理能力普遍加强。各公司逐步规范了管理流程与标准，完善了模型工具的建设与应用，资产端与负债端的协调联动显著加强。2018年，人身险公司、财产险公司能力自评估平均得分较2017年测试阶段分别增加了16分、19分。

三是整体资产负债匹配状况稳步改善。资产端注重拉长久期、缩短缺口，负债端重视发展长期保障业务、控制成本，整体资产负债匹配状况稳步改善。2018年四季度，人身险公司、财产险公司量化平均得分分别为68.79分、66.87分，较一季度分别上升2.79分、2.1分。同时，监管规则统一了量化指标的计算公式和口径，能够有效衡量资产负债错配程度，有助于公司在开展业务规划、产品开发、资产配置等工作时，及早发现问题，预防过度错配。截至2022年末，我国保险集团（控股）公司和保险公司已有237家，保险业总资产达27.15万亿元（见图8-9）。保险公司资产配置结构仍以固定收益类为主，约占55%；权益类资产约占23%。[1]

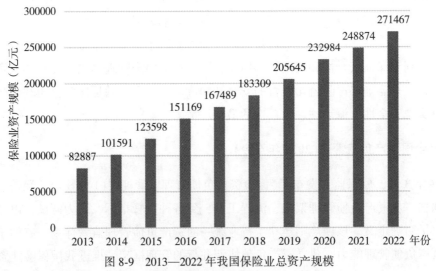

图8-9　2013—2022年我国保险业总资产规模

资料来源：根据银保监会发布的相关数据整理而来。

---

① 中国保险资产管理业协会.2022—2023年中国保险资产管理行业运行调研报告［R］.2023.

二、我国保险公司资产负债管理监管体系

(一)保险资产负债管理监管制度的基本框架

2017 年 1 月,我国保险资产负债管理监管制度建设工作正式启动。2018 年 3 月,银保监会发布了《关于印发〈保险资产负债管理监管规则(1—5 号)〉及开展试运行有关事项的通知》。2019 年 7 月,银保监会发布了《保险资产负债管理监管暂行办法》。

保险资产负债管理监管制度的基本框架由一个办法和五项监管规则构成(见图 8-10),从定性和定量两个方面,综合评估各公司资产负债管理的能力和匹配状况,依据评估结果实施分类监管,构建业务监管、资金运用监管和偿付能力监管协调联动的长效机制。①

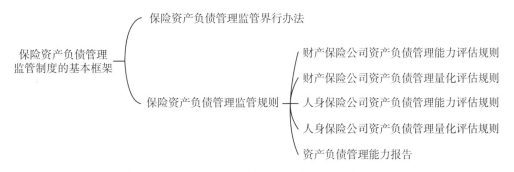

图 8-10 我国保险资产负债管理监管制度的基本框架

(二)保险公司资产负债管理的基本要求

《保险资产负债管理监管暂行办法》主要从组织体系、控制流程、模型工具、绩效考核、管理报告以及期限结构匹配、成本收益匹配和现金流匹配等方面,对保险公司建立健全资产负债管理体系提出了基本要求。

1. 资产负债管理的主体责任

保险公司应当承担资产负债管理的主体责任,建立健全资产负债管理体系,持续提升资产负债管理水平。部分资产负债管理职责可以由保险集团履行,资产配置、账户管理等相关职能可以委托给保险资产管理公司等第三方机构。保险公司应当及时监测资产负债匹

---

① 银保监会保险资金运用监管部. 加强保险资产负债管理 推动行业高质量发展[EB/OL]. 中国保险保障基金有限责任公司网站 http://www.cisf.cn/fxgc/zdtj/2440.jsp,2019-09-26.

配状况，防范资产负债错配风险。保险公司应当根据保险业务和保险资金的特点，划分"普通账户"①和"独立账户"②，实行分账户的资产负债管理和资产配置管理。

2. 资产负债管理组织体系

保险公司应当建立健全资产负债管理组织体系，在董事会下设立资产负债管理委员会（或具有相应职能的委员会），在高级管理层下设立资产负债管理执行委员会，明确董事会、资产负债管理委员会（或具有相应职能的委员会）和资产负债管理执行委员会的职责，成立或指定资产负债管理工作的牵头部门，作为资产负债管理执行委员会秘书处。总资产低于一千亿元的财产保险公司可以不设立资产负债管理委员会，由资产负债管理执行委员会履行相应职责并承担相应责任。

3. 资产负债管理的控制流程与模型工具

保险公司应当制定资产负债管理和资产配置管理的内部控制流程，建立资产端与负债端的沟通协商机制，明确相关职能部门的管理责任。保险公司应当根据自身的业务性质、规模和复杂程度，建立资产负债管理和资产配置所需的模型，选择适当的管理工具。保险公司应当加强压力测试在资产负债管理决策中的应用，评估分析潜在风险因素对资产负债匹配状况的影响，并采取相应的预防措施。

4. 资产负债匹配管理

保险公司应当加强期限结构匹配管理。期限结构匹配是指保险公司能够维持资产端现金流和负债端现金流在期限结构上的相对匹配，控制和管理期限错配带来的不利影响，实现公司长期价值目标。

保险公司应当加强成本收益匹配管理。成本收益匹配是指保险公司持有资产的收益能够覆盖负债成本，具备一定的持续盈利能力，防范利差损风险。

保险公司应当加强现金流匹配管理。现金流匹配是指保险公司在中短期内能够获得充足资金以支付到期债务或履行其他支付义务，维持公司流动性充足，防范流动性风险。

5. 绩效考核和管理报告

保险公司应当建立资产负债管理绩效评估体系，明确资产负债管理考核评价方法和标准，对高级管理人员及相关部门的绩效考核中应体现资产负债管理的要求。保险公司应当制定和实施有效的资产负债管理监控和报告程序，定期编制和审议资产负债管理报告，并按照规定向监管部门报送资产负债管理报告。

---

①　普通账户，是指由保险公司部分或全部承担投资风险的资金账户。保险公司资本金参照普通账户管理。

②　独立账户，是指独立于普通账户，由投保人或受益人直接享有全部投资收益并承担全部投资风险的资金账户。

(三)保险公司资产负债管理的能力评估规则

能力评估规则从目标策略、组织架构、人员职责、工作流程、模型工具、绩效考核、管理报告等方面提出保险公司资产负债管理监管规范。

1. 评估标准

保险公司资产负债管理能力评估标准划分为基础能力评估标准与提升能力评估标准，内容包括基础与环境、控制与流程、模型与工具、绩效考核以及资产负债管理报告五个部分。每一部分都从"制度健全性"和"遵循有效性"两方面进行评估(见表8-2、表8-3)。

表 8-2　　　　　　　　　　　资产负债管理基础能力评分结果汇总表

评估项目	标准分值	评分结果("不适用"项目调整前)			评分结果("不适用"项目调整后)	权重	最终得分
		制度健全性	遵循有效性	合计			
(1)	(2)	(3)	(4)	(5)=(3)+(4)	(6)	(7)	(8)=(6)×(7)
基础与环境	100						
控制与流程	100						
模型与工具	100						
绩效考核	100						
资产负债管理报告	100						
分值合计	100						

资料来源：银保监会《保险资产负债管理监管规则第 1 号：财产保险公司资产负债管理能力评估规则》《保险资产负债管理监管规则第 3 号：人身保险公司资产负债管理能力评估规则》。

表 8-3　　　　　　　　　　　资产负债管理基础能力评分结果汇总表

评估项目	分值	评估结果
(1)	(2)	(3)
基础与环境	3	
控制与流程	0	

续表

评估项目	分值	评估结果
（1）	（2）	（3）
模型与工具	4	
绩效考核	3	
资产负债管理报告	0	
分值合计	10	

资料来源：银保监会《保险资产负债管理监管规则第 1 号：财产保险公司资产负债管理能力评估规则》《保险资产负债管理监管规则第 3 号：人身保险公司资产负债管理能力评估规则》。

（1）基础能力评估标准。

在进行基础能力评估时，首先将"制度健全性""遵循有效性"的评估结果分为"完全符合""大部分符合""部分符合"和"不符合"四档，分别对应不同的得分："完全符合"得标准分值，"大部分符合"得标准分值的 80%，"部分符合"得标准分值的 50%，"不符合"得零分。

然后，对"不适用"项目进行调整。若保险公司没有某类业务或事项，则在"评估结果"中选"不适用"，该项评估标准得分为 0 分；同时，在总分中扣除此项评估内容的分值，并将最终得分按比例调整为百分制得分。例如，某项评估标准的分值为 3 分，保险公司不适用该项评估标准，则该部分对应的总分由 100 分变为 97 分。若该部分的最终评分结果为 80 分，则调整后得分，即"不适用项目调整后分值小计"为 80/97×100＝82.47 分。

接下来，将五部分的评估得分加权汇总得到保险公司资产负债管理基础能力评估的最终评分结果。

（2）提升能力评估标准。

提升要求作为加分项不纳入资产负债管理基础能力评分结果。各项提升要求"制度健全性"完全符合且"遵循有效性"完全符合得标准分值，否则得零分。各项提升要求的评分结果直接相加，得到提升要求的评分结果。

基础能力评分结果与提升能力评分结果之和为最终评分结果，总分不超过 100 分。

2. 财产保险公司与人身保险公司的差异

财产保险公司与人身保险公司资产负债管理能力评估的差异，主要体现为部分评估标准的具体要求和标准分值的不同。以资产负债管理模型与工具为例（见表 8-4、表 8-5），财产保险公司资产负债管理模型的测算指标"包括但不限于综合成本率、投资收益率、净利润与现金流，以及资产负债管理量化评估相关指标。其中，综合成本率与投资收益率的预测期限不低于三年"，该项标准分值为 6；人身保险公司资产负债管理模型的测算指标"包括但不限于投资收益率、会计利润、净资产与现金流，以及资产负债管理量化评估相关指标。其中，投资收益率与现金流的预测期限不低于三年"，该项标准分值为4。此外，在资产负债管理模型的输入信息、应考虑的情景、提升要求等方面也存在差异性。

表8-4　　　　财产保险公司资产负债管理能力评估标准-资产负债管理模型与工具

编号	评 估 标 准	标准分值小计
3.1	资产负债管理模型与工具	60
3.1.1	保险公司应当根据自身的业务性质、规模和复杂程度建立资产负债管理模型，选择资产负债管理工具，用于支持实现公司资产负债管理所需的相关测算	6
3.1.2	保险公司应当建立涵盖资产负债管理模型的模型管理制度，明确使用、维护模型的内部控制流程；应有文档记录模型方法与模型功能，相关文档应经过适当的审批程序	8
3.1.3	资产负债管理模型应当能够基于公司业务规划与资产配置政策对公司关键经营指标进行测算，测算指标包括但不限于综合成本率、投资收益率、净利润与现金流，以及资产负债管理量化评估相关指标。其中，综合成本率与投资收益率的预测期限不低于三年	6
3.1.4	资产负债管理模型使用的假设应当有明确的设置方法与明确的数据来源，应当有文档记录相关方法与数据	6
3.1.5	保险公司应当明确制定资产负债管理模型相关假设的内部控制流程，拟定或调整相关假设应经过适当的审批程序	6
3.1.6	保险公司应当使用资产负债管理模型对公司的资产和负债情况进行压力测试，压力测试情景应当涵盖资产端的风险因素与负债端的风险因素	6
3.1.7	保险公司应当汇总分析资产负债管理模型及压力测试的测算结果，结合资产负债管理相关监控指标，及时发现公司资产负债管理面临的风险，纳入资产负债管理报告，提交资产负债管理执行委员会审议	8
3.1.8	保险公司应当至少每年评估资产负债管理模型和工具的有效性，对模型进行必要的检核，确保模型的准确性和完整性，及时更新模型所需假设与参数	7
3.1.9	保险公司资产负债管理模型与工具所使用的数据应当符合时效性、准确性、一致性和完整性的要求	7
3.1.10-提升要求	鼓励保险公司设定包括但不限于监管情景的多维度情景和随机情景，充分考虑赔付率的不确定性以及巨灾等因素，对公司资产负债管理关键指标进行预测和压力测试。保险公司应当基于所在市场和公司的实际情况，至少每年评估随机情景发生器使用的方法、模型与参数的适用性，对随机情景发生器的参数做相应的适应性调整	2
3.1.11-提升要求	鼓励保险公司对包括但不限于量化评估监管规则要求的指标进行压力测试，如利率变动对各类资产包括但不限于含权类资产影响	1

资料来源：银保监会《保险资产负债管理监管规则第1号：财产保险公司资产负债管理能力评估规则》。

表 8-5   人身保险公司资产负债管理能力评估标准-资产负债管理模型与工具

编号	评 估 标 准	标准分值小计
3.1	资产负债管理模型与工具	60
3.1.1	保险公司应当根据自身的业务性质、规模和复杂程度建立资产负债管理模型,选择资产负债管理工具,用于支持实现公司资产负债管理所需的相关测算	4
3.1.2	保险公司应当建立涵盖资产负债管理模型的模型管理制度,明确使用、维护模型的内部控制流程;应有文档记录模型方法与模型功能,相关文档应经过适当的审批程序	6
3.1.3	资产负债管理模型应当能够基于公司业务规划与资产配置政策对公司关键经营指标进行测算,测算指标包括但不限于投资收益率、会计利润、净资产与现金流,以及资产负债管理量化评估相关指标。其中,投资收益率与现金流的预测期限不低于三年	4
3.1.4	资产负债管理模型资产端的输入信息应当包括公司的存量资产和新增资产,区分主要资产类别与会计分类;负债端的输入信息应当包括公司各普通账户或主要产品的现金流、准备金等	4
3.1.5	资产负债管理模型使用的假设应当有明确的设置方法与明确的数据来源,应当有文档记录相关方法与数据	4
3.1.6	保险公司应当明确制定资产负债管理模型相关假设的内部控制流程,拟定或调整相关假设应经过适当的审批程序	4
3.1.7	资产负债管理模型应当考虑不同情景对分红策略和万能结算策略的动态影响,考虑资产负债的联动效应	6
3.1.8	资产负债管理模型在测算分红保险和万能保险等包含投保人与保险公司盈利共享机制产品的相关现金流时,应当综合考虑最低保证利率、预期投资收益、客户合理预期等因素的限制和影响	6
3.1.9	保险公司应当使用资产负债管理模型对公司的资产和负债情况进行压力测试,压力测试情景应当涵盖资产端的风险因素与负债端的风险因素	4
3.1.10	保险公司应当汇总分析资产负债管理模型及压力测试的测算结果,结合资产负债管理相关监控指标,及时发现公司资产负债管理面临的风险,纳入资产负债管理报告,提交资产负债管理执行委员会审议	6
3.1.11	保险公司应当至少每年评估资产负债管理模型和工具的有效性,对模型进行必要的检核,确保模型的准确性和完整性,及时更新模型所需假设与参数	6

续表

编号	评 估 标 准	标准分值小计
3.1.12	保险公司资产负债管理模型与工具所使用的数据应当符合时效性、准确性、一致性和完整性的要求	6
3.1.13-提升要求	鼓励保险公司设定包括但不限于监管情景的多维度情景和随机情景,基于随机情景对公司资产负债管理关键指标进行预测和压力测试。保险公司应当基于所在市场和公司的实际情况,至少每年评估随机情景发生器使用的方法、模型与参数的适用性,对随机情景发生器的参数做相应的适应性调整	1
3.1.14-提升要求	鼓励保险公司研究业务指标、客户行为等与经济环境、资本市场等因素的联动关系,并应用于资产负债管理实践,如在资产负债管理模型中设定动态退保假设	1
3.1.15-提升要求	鼓励保险公司对包括但不限于量化评估监管规则要求的指标进行压力测试,如利率变动对选择权及保证利益的时间价值(TVOG)与风险边际的影响,利率变动对各类资产包括但不限于含权类资产的影响	1

• 资料来源:银保监会《保险资产负债管理监管规则第 3 号:人身保险公司资产负债管理能力评估规则》。

(四)保险公司资产负债管理的量化评估规则

量化评估规则通过构建模型和进行压力测试,从期限结构、成本收益和现金流等角度,全方位评估保险公司资产负债匹配状况,有效识别和计量资产负债错配风险。

1. 评估标准

保险公司的资产负债管理量化评估标准包括基本信息、期限结构匹配、成本收益匹配和现金流匹配四个部分。保险公司资产负债管理量化评估采用百分制。其中,基本信息不计分,评价指标体系由期限结构匹配评分、成本收益匹配评分和现金流匹配评分构成,从流动性、利润、沉淀资金、偿付能力等角度综合评估保险公司整体情况,防止只关注某一个或者某一类指标导致的片面性。

2. 财产保险公司与人身保险公司的差异

在进行资产负债量化评估时,财产保险公司与人身保险公司的评估项目与权重都存在差异(见表8-6、表8-7)。在评估项目下,具体的评估指标也有所不同。例如,在评估项目"期限结构匹配"下,针对财产保险公司所采用的评估指标有 2 个,分别为沉淀资金缺口(传统保险账户)、资产调整后的期限缺口(预定收益型投资保险产品账户);针对人身保险公司所采用的评估指标有 4 个，分别为规模调整后的修正久期缺口、资产调整后的期限缺口、利率风险对冲率、基点价值变动率。

表 8-6　　　　　　　　　**财产保险公司资产负债管理量化评估权重分配**

评估项目		比重
期限结构匹配	沉淀资金缺口(传统保险账户)	20%
	资产调整后的期限缺口(预定收益型投资保险产品账户)	20%
成本收益匹配	成本收益匹配状况	20%
	成本收益匹配压力测试	20%
现金流匹配	现金流测试	30%
	流动性指标	10%
整体量化评分		100%

资料来源：银保监会《保险资产负债管理监管规则第 2 号：财产保险公司资产负债管理量化评估规则》。

表 8-7　　　　　　　　　**人身保险公司资产负债管理量化评估权重分配**

评估项目		比重
期限结构匹配	规模调整后的修正久期缺口	10%
	资产调整后的期限缺口	10%
	利率风险对冲率	5%
	基点价值变动率	5%
成本收益匹配	成本收益匹配状况	22%
	成本收益匹配压力测试	18%
现金流匹配	现金流测试	10%
	现金流压力测试	15%
	流动性指标	5%
整体量化评分		100%

资料来源：银保监会《保险资产负债管理监管规则第 4 号：人身保险公司资产负债管理量化评估规则》。

(五) 保险公司资产负债管理的报告规则

报告规则明确资产负债管理季度报告和年度报告的报送内容、报送方式等要求，确保资产负债管理报告的真实性、准确性、完整性以及报送的及时性。

保险公司报送的资产负债管理报告包括资产负债管理季度报告(以下简称"季度报告")、资产负债管理年度报告(以下简称"年度报告")。保险公司季度报告应当包括量化评估表,资产负债匹配结果的变化情况和原因分析,存在的主要风险,以及防范化解风险的措施。年度报告应当包括:公司信息、董事会和管理层声明、基本情况、业务规划和资产配置、资产负债管理与评估、外部机构意见。

【本章小结】

1. 保险资产负债管理,是指保险公司在风险偏好和其他约束条件下,持续对资产和负债相关策略进行制订、执行、监控和完善的过程。

2. 保险公司资产负债管理的总体目标是:在一定的风险条件下,实现保险公司特定的经营目标。具体来说,保险公司资产负债管理的目标包括三个方面:评估与控制资产、负债风险,保证偿付能力的充足性,提升盈利能力。

3. 资产负债管理在保险公司经营管理中的功能定位:资产负债管理属于风险管理的范畴,它是财务管理的重要内容,是风险管理与财务管理的高度整合,偿付能力管理是资产负债管理的组成部分。

4. 保险公司资产负债管理理论思想经历了从"负债管理",到"综合的资产负债管理",再到"集成化的资产负债管理"这三个发展阶段。

5. 保险公司的资产负债管理方法经历了从简单到复杂、从静态到动态的发展过程,主要有现金流匹配法(Cash Flow Matching)、缺口分析法(Asset-Liability Gap Analysis)、免疫法(Immunization)、现金流测试法(Cash Flow Testing,CFT)、动态财务分析法(Dynamic Financial Analysis,DFA)、动态随机规划法(Dynamic Stochastic Programming)等。

6. 美国保险公司资产负债管理成功经验主要体现为:持续重视对久期缺口的管理,资产配置结构多元化,资金运用的投资收益具有竞争力,灵活运用金融衍生工具,组织结构专业化。

7. 英国保险公司资产负债管理的特点:监管当局出台政策鼓励保险机构重视资产负债管理,重视组织架构和模型工具建设,不断提升资产负债管理和资产配置的精细化水平。

8. 欧盟保险公司资产负债管理的特点:资产类别以固定收益类为主,采用信用下沉策略提升投资收益率,不断拉长久期并收窄久期缺口,积极调整负债端的产品结构。

9. 自1980年我国保险行业恢复以来,保险公司资产负债管理经过40多年的实践,经历了单边的负债管理、逐步重视资产管理、资产负债比例管理、资产负债匹配管理、资产负债全面管理五个阶段。

10. 我国保险资产负债管理监管制度的基本框架由一个办法(《保险资产负债管理监管暂行办法》)和五项监管规则(《财产保险公司资产负债管理能力评估规则》《财产保险公司资产负债管理量化评估规则》《人身保险公司资产负债管理能力评估规则》《人身保险公司资产负债管理量化评估规则》《资产负债管理报告》构成)。从定性和定量两个方面,综合评估各公司资产负债管理的能力和匹配状况,依据评估结果实施分类监管,构建业务监管、资金运用监管和偿付能力监管协调联动的长效机制。

【本章思考题】

1. 为什么说"保险公司资产负债管理是一个动态的连续过程"?

2. 保险公司资产负债管理的目标是什么?

3. 简述保险公司资产负债管理与风险管理、财务管理之间的关系。

4. 简述"集成化的资产负债管理"的核心思想。

5. 对应不同的市场利率情景,保险公司利用久期缺口进行资产负债管理的策略有哪些?

6. 运用免疫法进行保险公司资产负债管理的其核心思想是什么?

7. 简述运用现金流测试法进行保险公司资产负债管理的基本程序。

8. 动态随机规划法具有哪些特点?

9. 美国、英国、欧盟保险公司资产负债管理的成功经验中,有哪些共同之处?

10. 我国保险公司资产负债管理监管规则中,财产保险公司与人身保险公司存在哪些差异?

【本章参考文献】

[1]程锐,厉金鑫.国际保险资产负债管理实践研究及经验借鉴[J].清华金融评论,2022(1):96-99.

[2]汤大生,乐嵘.保险资产负债管理技术、治理与监督[M].上海:上海交通大学出版社,2013.

[3]王颖,郭金龙,方景芳.我国保险业资产负债管理监管体系研究——基于《保险资产负债管理监管规则(1-5号)》[J].金融监管研究,2020(10):52-68.

[4]余洋.财产保险公司资产负债管理与动态随机规划法应用研究[M].北京:中国财政经济出版社,2012.

[5]中国保险资产管理业协会.中国保险资产负债管理监管、实践与发展[M].北京：经济科学出版社，2020.

[6]中国保险资产管理业协会.中国保险资产负债管理实践探索集[M].北京：经济科学出版社，2020.

第九章　保险公司的风险管理

【本章知识结构导图】

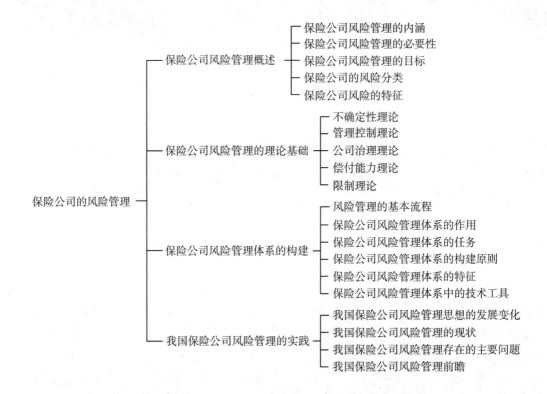

第一节　保险公司风险管理概述

一、保险公司风险管理的内涵

风险管理是一项管理活动，而不是单纯的风险管理技术。根据法约尔对管理的定义，管理活动具有计划、组织、指挥、协调和控制五大职能。风险管理全过程是管理的五大职能发挥的过程，风险管理技术只是风险管理整体活动中的措施或手段。

保险公司风险管理是指保险公司通过识别、估测、评价公司面临的风险，选择适当的风险处理技术，对风险实施有效的控制和妥善处理，降低风险所引起的损失，达到以最小的成本获得最大的安全保障的管理活动。

具体而言，保险公司风险管理的概念可以从以下几个方面来理解：第一，保险公司风险管理的主体是保险公司。第二，保险公司风险管理强调的是管理者的主动行为。在保险公司风险管理的过程中，首先需要对保险公司的风险进行识别和衡量，对保险公司的风险进行评价，采取合理的手段，主动地、有目的地、有计划地控制和处理保险公司的风险。保险公司的风险识别与度量是保险公司风险控制与处理的前提条件。第三，保险公司风险管理的最终目标是以尽可能小的成本换取保险公司最大的安全保障和经济利益。

保险业是经营风险的特殊行业，防范风险是保险业的生命线。加强风险管理既是促进保险业可持续发展的内在要求，也是适应国际风险管理新趋势的现实需要。保险公司风险管理的理论研究和实践探索从未停止，随着保险业的发展，有关保险公司自身风险管理的研究也越来越受到关注。风险管理的质量对于保险公司经营意义重大，它是保险业健康发展的基础，风险管理与内部控制良好的保险公司更容易得到客户的青睐。

二、保险公司风险管理的必要性

保险公司是专门从事风险集中与分散的企业，在市场上为消费者提供转移和分担风险的保险商品和相关服务，在风险与消费者之间承担着类似于"中间人"的角色。保险公司不仅需要承担或转化消费者的风险，也需要防范自身经营活动中的风险。所以，保险公司的稳定经营依赖于它对自身各类风险的评估与识别能力，即保险公司的风险管理水平决定了保险公司经营的稳定性。

(一) 投保方风险意识逐步提高

投保方风险管理意识的提升和风险管理知识、方法、技术的普及对保险公司风险管理产生积极影响。投保方对风险管理的重视导致其风险识别能力提高，为了保障正常稳定经营和盈利，投保方会对其面临的风险进行甄别，将较易发生意外损失且损失较大的风险转移给保险公司。这就需要保险公司提高风险管理水平，更好地承保和分散投保方转嫁来的风险。

(二) 保险公司自身面临的风险逐渐增大

一些保险公司将规模扩张和短期利益作为经营目标，忽略自身风险，风险累计突出。

具体表现为在保险公司设计产品时对保险标的的风险状况缺乏科学评估，保险责任界定失当，费率厘定不准确，公司短期保费收入可观，却给公司长期经营埋下了隐患。

(三)保险市场竞争日渐激烈

保险市场开放背景下，保险业发达国家(地区)的保险公司相比保险业发展中国家(地区)的保险公司有更充足的资金储备、更先进的经营管理模式和风险管理技术，他们的进入将给发展中国家保险公司的经营带来巨大压力。

(四)新型风险不断增加

互联网、大数据、云计算、人工智能等技术的应用，深度改造了保险价值链。有的保险公司在承保定价中利用大数据技术实现"千人千面"的实时动态精准定价，定价模型可以利用上百种因子进行运算，快速确定保单价格；有的保险公司依托物联网传感器对设备损坏风险进行精准预测，并监控设备运行状态，对风险事故进行预警和干预，降低了事故发生的概率；还有的保险公司开发基于区块链技术的智能合约，整合第三方数据对保险事故进行主动理赔，无需被保险人提交索赔申请和资料，更加简化的服务流程，提升了消费者满意度。这些技术的应用极大提升了投保、核保、承保、理赔等全流程的互联网化水平。互联网、大数据、云计算、人工智能等技术的应用同时也产生了一些新的风险，需要保险公司密切关注、加强管理。

三、保险公司风险管理的目标

(一)确保保险职能的充分发挥

保险的基本职能之一是补偿损失与经济给付，这是保险行业存在的基石。保险积累资金的派生职能是保险公司正常稳定经营的命脉。保险公司进行风险管理的目的就在于保障这些职能充分发挥作用。如果这些职能不能充分发挥，就会对保险行业带来致命的打击，保险公司也就失去了生存的价值。

(二)保障保险公司稳定经营

企业的基本目标是生存、发展和盈利，这三者是企业的目标组合体。就保险公司经营活动来说，不管其面临的风险损失已经发生还是未发生，其风险管理的目标就是要确保公司的生存、发展和盈利。

（三）维护良好的社会公众形象

与其他行业相比，保险行业承担的社会责任十分鲜明，这种社会责任在保险的职能中能够充分体现。保险公司的风险管理不但要实现自身的风险管理目标组合，更要体现出"社会稳定器"的作用。因此，保险公司的风险管理要充分体现社会责任担当，打造在社会公众心目中的良好形象，把维护行业在社会公众心目中的良好形象当作自身风险管理的重要目标之一。

四、保险公司的风险分类

（一）可量化风险

可量化风险主要包括市场风险、信用风险和产品风险等。对这类风险，通过模型计算能够估算损失，相应准确地计提保险责任准备金和占用资本。

（1）市场风险：指由于利率、汇率、商品价格等市场方面的不利变动导致保险公司遭受预期之外损失的风险。

（2）信用风险：指由于投保方没能按保险合同相关规定履行自身的义务和责任，或者其信用状况产生波动给保险公司带来的风险。

（3）产品风险：指由于保险产品本身存在问题如费率厘定不合理、条款表述不明确等而产生的风险。

（二）难以量化风险

难以量化风险主要包括经营操作风险、声誉风险、战略风险、流动性风险等。根据保险监管部门的规定，对难以量化的风险，可以按照一定比例计算风险资本储备金，以应对未来可能的损失。

（1）经营操作风险：指在经营操作过程中由于内部或外部事件导致保险公司直接损失或间接损失的风险，例如，内部或外部欺诈、实物资产损坏、营业系统崩溃或中断等带来的风险，也包括法律或监管政策调整带来的风险。

（2）声誉风险：指由保险公司的经营管理或外部事件等原因导致利益相关方对保险公司负面评价从而造成损失的风险，比如民事诉讼案件、公众投诉、保险犯罪案件、监管机构行政处罚等带来的风险。

（3）战略风险：指因为战略计划的制订、实施和总结过程中出现的战略计划无效或实施效果较差等影响保险公司经营稳定的风险。

(4)流动性风险:指保险公司由于资本金补充不及时或超出预估成本未能获得充足资金偿还债务的风险。

五、保险公司风险的特征

(一)风险来源双重性

保险公司经营的对象是风险,其本身的经营管理活动也存在着风险,这就形成了风险来源的双重性。保险公司不仅要关注经营对象的风险测度与评估,还要对其自身的经营风险、特别是对双重风险之间的互相影响高度重视。

(二)风险种类多元化

经营管理风险即存在于经营管理过程中的风险,是根据风险特征在系统化分类基础上进行的一种特殊化表述,这类风险在不同行业、企业呈现出不同的特征。而对保险公司来说,通过分析其经营管理的特性,可将经营管理风险分为核保风险、承包风险、理赔风险、再保险风险、资金运用风险、产品设计风险等。

(三)风险处于动态变化中

保险公司面临的风险种类很多,影响保险公司风险的因素既有内部因素也有外部因素。内部因素如承保业务的各个环节的风险、资金运用的质量、企业战略、公司治理结构、风险文化、再保险安排,等等;外部因素如宏观经济环境、国家外汇政策、产业政策、货币政策、财税政策以及保险行业的监管政策,等等。内部因素与外部因素都处于变化之中,对保险公司经营产生的影响具有环节多、层次多、变动多的特点,保险公司各类风险具有明显的动态变化特征。

(四)风险之间交互影响

宏观和微观风险交织在一起,共同影响保险公司经营。风险之间的关系主要区分为独立和相关两类。在独立性假设的前提下,保险所依据的大数定律和中心极限定理才有应用的前提,保险公司可以通过风险集来有效地管理风险。此外,在独立性假设的前提下,只要给出个体风险的统计数据,就可以得到风险组合统计数据的联合分布。事实上不同风险存在较强的相关性,忽略这种相关性会导致结果的不正确。比如,其他各类风险的发生导致声誉风险、战略制定或实施不当导致承保风险、各种市场风险导致违约风险,等等。因此,在处理保险公司的风险时,要密切关注和准确把握风险之间的关系。

第二节　保险公司风险管理的理论基础

一、不确定性理论

不确定性理论(Uncertainty Principle)是德国科学家沃纳·海森堡提出的量子学中的一个原理,其内容是人们永远不可能同时准确地知道粒子的位置和速度,对其中的一个知道得越准确,对另一个知道得就越不准确。

奈特在1921年从概率的角度区分了风险和不确定性,把不确定性理论引入了社会学、经济学领域。他把未来的结果分为三类:第一类是结果的概率可以用数学表示,比如抛硬币的游戏;第二类是单个事件结果的概率无法知道,但是可以分组,并且各组结果的可能性可以确定;第三类是不能分组,且结果的概率也无法计算。在奈特看来,前两类可以通过保险组合予以规避,被视为风险;第三类无法规避,是真正的不确定性,只能靠主观判断。奈特认为,企业可以把风险转化为经营成本,利润来自于不确定性。知识(认知)的不完全性是不确定性的根源,并导致了对未来预期的不确定性,不同的企业有不同的战略选择,进而导致不同的收益差距。企业对交易成本的节约体现在两个方面,一是减少交易次数节约交易成本,二是在企业的内部,通过用企业家的权威机制取代市场的价格机制节约交易成本。不确定性的两个基本来源:一是预期的不完全性;二是人类解决复杂问题能力的有限性。无论来源于哪一个,不确定性都表现为对事情的本质和可能出现结果缺乏必要的知识(认知)和信息。

斯蒂格勒在1961年从信息的不完全和经济不确定性出发,重新考察了新古典经济理论的基本问题,不完全信息比完全信息假定更具有现实性,也决定了市场不确定性的存在。他在其论文 *The Economics of Information* 中指出,经济组织的某些形式可以用消除资源不确定性的方式来解释。能力、知识、组织过程、公司属下和信息等都被看作企业的资源,不确定性来自于对资源的依赖性。当获取关键的资源存在高度的不确定性时,会影响企业战略。

国内学者认为,管理领域中的不确定性是指由于行为人的有限理性和行为不稳定性的存在而使人在进行预期时产生的一系列未知。有限理性和行为不确定性是不确定性产生的根源;不确定性包含了物的不确定性、人的不确定性和人与物互动关系的不确定性三个方面;和谐管理理论以科学设计所提供的行为轨迹和线路为基础,通过环境诱导激发人的主观能动性和创造性的思路是削减管理活动不确定性的主要方法。

二、管理控制理论

管理控制是指为执行组织战略，管理者向组织内的其他成员施加影响，其目的是使战略得以执行，从而实现组织目标。因此，执行战略是管理控制的重点。管理控制作为企业重要的管理机制之一，其理论基础主要是代理理论、交易费用理论。从不同的角度区分，管理控制可以区分为事前控制、事中控制和事后控制；预防性控制和纠正性控制；或者是前馈控制和反馈控制。

管理控制与一般控制不同，管理控制具有整体性和动态性，是对人的控制并由人来执行，可以通过管理控制提高员工管理能力、业务能力、自我控制能力。管理控制必须与公司战略配套。这意味着公司首先需要通过一个正式、合理的程序制定自己的战略，而这个战略又制约着管理控制系统的设计。

管理控制与任务控制不同。根据罗伯特·N. 安东尼在 2003 年提出的观点，任务控制是指保证具体任务得以既有效又有效率地执行的过程。管理控制与任务控制存在明显的不同，这是因为管理控制涉及一些无法用公式表达的管理行为。如果把针对任务控制制定的规则运用于管理控制，有可能会犯严重的错误。

管理控制与风险控制不同，主要表现在目标不同、达成目标的方式不同以及评价标准不同。管理控制强调基于资本契约关系的委托代理安排与目标确定、基于管理契约关系的企业业绩评价与管理业绩考核和基于利益相关关系的激励机制与管理报酬。管理控制与战略目标的设立紧密相关，决定了战略分解和落实；而风险控制只对相关风险的影响控制在可接受水平，并不牵扯到企业的战略层面；管理控制重在业绩目标导向，风险控制的目标在于有效减少薄弱环节和降低风险对目标的损害程度；管理控制目标的实现程度与业绩评价标准正相关，风险控制的记录和保存是重要的风险控制措施；相较于风险控制，成本效益原则更适用于管理控制。

三、公司治理理论

公司治理（Corporate Governance）即法人治理结构，是现代企业制度中重要的组织架构。1932 年，美国学者伯利和米恩斯提出公司治理结构的概念。随着所有权和经营权的分离，公司治理问题引起人们的广泛关注，并在 20 世纪 90 年代后成为全球关注的课题。

在公司治理实践中，经济合作组织（OECD）的公司治理原则广为大家接受。根据 OECD 公布的公司治理原则，公司治理框架是法律、监管、自律、自愿标准等的融合体。在不同的国家或地区，公司治理框架是不同的。当新经验积累或商业环境发生变化时，公司治理框架的内容和结构可能需随之加以调整。公司治理框架强调私有的契约关系（Private Contractual Relations）。为了确保一个有效的公司治理框架，需要建立一套适当且行之有效的法律、监管和制度基础，以便所有的市场参与者都能够在此基础上建立其私有的契约关系。这种公司治理框架，通常是以一国（地区）特殊的环境、历史状况以及以传统习惯为基础建立的法律、监管、自律安排、自愿承诺和商业实践等要素所构成。

公司治理框架承认利益相关者的各项法律或共同协议而确立的权利，并鼓励公司与利益相关者之间在创造财富和工作岗位以及促进企业财务的持续稳健性等方面展开积极合作。在信息披露方面，要求披露可预见风险因素，主要是财务信息使用者和市场参与者需要获得合理预测重大风险的信息。监控和管理风险体系的披露逐渐被认为是好的做法。公司治理框架应确保董事会对公司的战略指导和对管理层的有效监督，确保董事会对公司和股东的受托责任。确保包括独立审计在内的公司会计和财务报告系统、诚实、可靠；确保适当的控制体系，特别是风险管理体系、财务和运营控制体系以及对法律和有关标准的遵守体系的建立和完善。

在现代企业制度下，企业的所有权与经营权相分离，所有者把资产委托给经营者进行管理，由此产生了所有者与经营者之间的委托代理关系。伴随两权分离，所有者与经营者由于各自的利益势必产生冲突。基于委托代理关系产生了委托-代理理论。委托代理关系是一种契约关系，存在于任何包含有两人或两人以上的组织和合作中。如果委托代理双方都追求效用最大化，那么代理人不会总以实现委托人的最大利益而行动。经理人员被认为是决策或控制的代理人，而所有者则被认为是风险承担者。詹姆森·莫里斯认为，经济学意义上的委托代理关系泛指任何一种涉及非对称信息的交易。在交易中占有信息优势的一方为代理人，另一方即为委托人。这一思想的假设前提是，占有信息优势的一方（代理人）会侵占信息劣势一方（委托人）的利益，委托人要承担一定的风险。

逆向选择是指代理人利用事前信息的非对称性等所进行的不利于委托人的决策选择。恩拉恩·埃格特森提出，当委托人赋予代理人一定权力时，就建立了一种委托代理关系。代理人在契约的制约下代表委托人的利益，并相应取得某种形式的报酬。他认为委托代理关系是在非对称信息条件下所结成的一切契约关系。委托代理理论涉及契约理论、代理成本理论以及信息不对称理论等多种理论。

四、偿付能力理论

偿付能力是指保险公司的资产的市场价值大于负债，同时还需要有足够的流动资产以履行所有因债务而导致的财务责任。实务中，"技术上没有偿付能力"表示承保人未能符合由监管机构所制定的最低程度偿付能力。"实际上没有偿付能力"表示资产的市场价值比负债低。

合理的偿付能力应该在使保单持有人得到充分保障和保险业运营成本较低这两个因素的权衡中达到均衡。评估承保人承担风险时，要建立储备金、偿付能力保证金等财务制度，以保证评估日的财务健全。可采取情景测试、随机性模拟测试、资本充足测试、动态偿付能力测试等方法进行检测。

目前，国外有关偿付能力要求的理论基础主要包括：责任要求理论、风险资本要求理论和加强管制风险评估框架理论。责任要求理论以偿付能力方程式为主导，以抗衡利率波动为目标，确定储备的百分比；以抗衡不利的理赔情况为目标，确定风险金额的百分比；以抗衡短期业务产品的固有风险为目标，确定保险费的百分比。责任要求理论在英国、新加坡、马来西亚、中国香港地区等国家和地区的实践中广泛运用。风险资本要求理论基于风险的偿付能力要求，对承保人面对的风险进行识别及分类，计算出各种风险的资本要求，总计各种风险的资本要求后予以分散和调整。采用风险资本要求理论的有美国、加拿大等国家。

五、限制理论

限制理论为所承担风险设置适当的限制。风险管理的传统角色是仅仅关注呈下降趋势的风险，其实这是对风险管理定义的一个潜在的限制性看法。限制理论认为风险管理不应对个别的管理环节进行限制，而应持续地监控风险等级，使风险处在相关风险限度以下。其限制框架所涉及的关键过程包括：确定和度量风险、设置适当的限制、报告针对限制的使用、限制违反/改变处理、不断地履行审查、评估限制的适当性。

在实践中限制不应太多，否则会创建一个不灵活的环境并且会发生不经事先批准偶然超出限制的情况。经济资本是保险公司避免不可预知损失的"缓冲器"或"保护垫"。经济资本也是保护公司避免由于信用风险、经营风险、市场风险和业务风险等原因引致的不可预知损失所需的资本金额，以使金融机构可承兑其现有债务并保持其在市场中的信用等级。经济资本还用可用于基于风险的业绩度量的调整。

第三节　保险公司风险管理体系的构建

一、风险管理的基本流程

(一) 风险识别

风险识别是风险管理的第一步，它是指对企业、家庭或个人面临的现实和潜在的风险加以判断、归类和对风险性质进行鉴定的过程。即对尚未发生的、潜在的和客观存在的各种风险，系统地连续地进行识别和归类，并分析产生风险事故的原因。保险公司风险识别主要包括感知风险和分析风险两方面。风险在一定时期和某一特定条件下是否客观存在，存在的条件是什么，以及损害发生的可能性等都是风险识别要解决的问题。

(二)风险估测

风险估测是在风险识别的基础上，通过对所收集的大量资料进行分析，利用概率统计理论，估计和预测风险发生的概率和损失程度。风险估测使风险管理建立在科学的基础上，而且使风险分析定量化，为风险管理者进行风险决策、选择最优管理技术提供科学依据。

(三)风险评价

风险评价是指在风险识别和风险估测的基础上，对风险发生的概率、损失程度，结合其他因素进行全面考虑，评估发生风险的可能性及其危害程度，并与公认的安全指标相比较，以确定风险的程度，并决定是否需要采取相应的措施。保险公司在处理风险时需要一定费用，费用与风险损失之间的比例关系直接影响风险管理的效益。通过对风险的定性、定量分析和比较处理风险所支出的费用，来确定风险是否需要处理和处理程度，以判定为处理风险所支出的费用是否经济。

(四)风险管理技术的选择

1. 制订整体的风险管理技术发展规划

建立整体的风险评价管理制度，包括风险查勘、电子化风险评价平台、风险查勘师操作准则在内的一整套风险评价规则，为风险管理技术的开展提供指导，增强保险公司整体的风险甄别、控制能力。

2. 组建专业的风险查勘师队伍

目前国内各保险公司熟悉、掌握风险查勘工作程序和流程的专业技术人员大多集中在总公司层面，一支素质高、实践操作技能强的风险查勘师队伍对于实施公司整体的承保风险管理必不可少。通过培训、现场查勘带教等多种方式组建一支专业素质高的风险查勘师队伍是一项长期、重要的任务。

3. 选择风险管理技术

为实现风险管理目标，根据风险评价结果，选择最佳风险管理技术是风险管理中最为重要的环节。风险管理技术分为控制型和财务型两类。前者的目的是降低损失频率和缩小损失范围，重点在于改变引起意外事故和扩大损失的各种条件；后者的目的是以提供基金的方式，对无法控制的风险做财务上的安排。

(五) 评估风险管理效果

评估风险管理效果是指对风险管理技术适用性及收益性进行分析、检查、修正和评估。风险管理效益的大小，取决于是否能以最小风险成本取得最大安全保障，在保险公司经营实务中还要考虑风险管理与整体管理目标是否一致，是否具有具体实施的可行性、可操作性和协调一致性。

二、保险公司风险管理体系的作用

具有现代风险意识的企业是将风险管理看作是一个持续不断、循环往复的工作过程，始于风险输入，终于风险化解。在此过程中，最重要的不仅在于保险公司各部门、各位员工的工作成效，更要看公司是否将风险管理视作一个整体。

第一，风险管理体系的建立与完善是保险公司深度识别风险管理活动的基础。系统化地对一些重要的风险管理活动进行识别，能够迅速、及时地得到风险管理活动的反馈信息，进而做出判断并进行相应决策，使得风险管理活动能在全公司各个部门中打通沟通桥梁。风险管理体系作为应对风险的一种特殊手段，当出现能够影响全公司经营的风险时，保险公司管理人员、精算部门和风险分析研究人员能够通过该体系进行具体分析并得到解决方案。同时，通过风险管理活动的反馈信息，能够清晰地看到公司各部门、各成员在风险管理活动和决策中所担任的工作任务和职责。所以，风险管理体系的完善可以让保险公司全体成员真正将风险管理当作自己工作的一部分，进而让风险管理体系变得更加稳定。

第二，保险公司的风险管理活动是否稳定取决于风险管理体系的正常运行。从风险输入到风险化解，这种管理活动在以往的保险公司中常常处于无人管理的状态，主要因为这些活动是分散在公司各部门之中，比如再保险部门、承保部门、核保部门、产品设计部门等，也包括代理人和经纪人，所以传统的保险公司是无法对风险进行有效的控制并实施管理。处于保险公司组织机构的基层部门或个人(含代理人)带来的风险有时超出管理部门或中高层管理者。完善的风险管理体系能够让保险公司的管理部门和全体成员对风险管理活动的全过程进行决策和控制，并加以审计与监督，能够有效地防范道德风险，防止欺诈行为的发生。

第三，风险管理体系能够改进保险公司风险管理决策的质量。保险公司需要对其面临的风险进行评估和测量，当一个完整的风险管理体系稳定发挥作用时，才能发挥评估和测量的作用。风险管理体系能为保险公司决策人员在考虑风险状态时提供更便利的分析条件，同时该体系也可以协调决策者之间的行动，避免资源浪费，使得保险公司各层次决策者能够作出高质量的风险管理决策，产生更大的经济效益。

第四，风险管理体系可以为保险公司的股东和一些潜在的投资人提供更全面的风险信息。通过完善风险管理体系，保险公司能够更全面精确地向社会公众发布其偿付能力，从而让一些潜在的投资人根据这些信息作出更有利的决策。风险管理体系要求披露或报告的数据能够让社会公众了解保险公司的风险防范能力、资本配置和风险敞口，加大投资人的信心。

第五，风险管理体系可以按照计划、按部就班地完善保险公司的风险管理活动。由于风险管理活动是从风险输入再到风险释放，所有的风险管理工作变化都会对其他工作和整体的风险管理活动产生影响，所以一个正常稳定的风险管理体系可以提供具备可持续性的框架与规划，能够让保险公司根据风险管理活动的改进，调整风险管理活动计划。

三、保险公司风险管理体系的任务

（一）制定具体的风险管理方针与目标

制定具体的风险管理方针与目标即保险公司确定风险管理体系的指导思想，风险管理的方针与目标。风险管理的方针与目标是风险管理体系范围、职能、总成本的决定性要素。风险管理方针与目标制定必须坚持风险导向。

（二）设计风险管理体系中的具体管理活动

为了让风险管理体系得以正常有效地发挥作用，任何风险管理活动都应纳入其中，并且这些风险管理活动要在保险公司内部形成一体化系统，该系统不仅可以让风险管理活动的直接负责人能明确活动的具体指向和预期成果，也能让他们深入了解不同风险管理活动之间的内在联系，从而将风险管理任务明确地分配给公司相关员工，并将他们的工作内容联系在一起，形成分工明确且高效的工作模式。

（三）对风险输入进行控制

保险公司面临的较大的风险是外部输入风险，对整个保险公司经营过程和风险化解的影响极大，因此要对风险输入进行控制管理，比如在核保、承保管理上作出明确规定，还要及时收集反馈信息，避免经营成果受到损害。

（四）保持风险管理信息的畅通流动和有效管理

风险管理体系中的信息系统是非常重要的一个子系统，更是风险管理体系正常运转的根本保证。建立信息系统必须对风险信息及其流动方式、方向进行明确规定，并寻找特定的程序对这些信息进行处理和控制。

（五）积极开展风险管理培训并建立激励机制

在有计划、常态化开展风险管理培训活动的同时，建立激励机制促进员工参与到风险管理活动中来，尤其在风险管理体系构建的初期，风险管理培训和激励机制的建立能让风险管理体系的运行快速进入正常稳定的状态。

四、保险公司风险管理体系的构建原则

保险公司在构建风险管理体系时应遵循以下基本原则：

（一）风险管理要求与技术相结合

首先，正常运行的风险管理体系能够精准识别风险，并能为风险管理要求提供反馈；其次，风险管理体系也能够精准识别一些能够满足风险管理要求的风险管理技术，比如精算技术、保险风险控制技术、减损减灾技术等。风险管理技术不仅包含了风险和风险管理有关设备的"硬技术"，还包括了许多涉及风险管理战略决策、计划、控制等方面的"软技术"。因此，保险公司在构建风险管理体系时，要在明确风险管理要求的同时，要确定适配的风险管理技术去满足这些风险管理要求，确保风险管理体系的稳定运行，确保风险管理体系精准识别并化解风险。

（二）有组织性的特定程序或控制方式

在构建风险管理体系时，要将风险管理要求与技术放在一个具备组织性的、必要性的特定程序或控制方式中。如果风险管理要求和技术不能放置于合适的特定程序或控制方法中，就很难达到保险公司对风险管理的要求，风险管理体系也就不能发挥应有的作用。随着互联网的发展，影响风险管理体系的新要求和新技术不断涌现，风险管理体系的构建工作也需要引进不断革新的特定程序或控制方式来匹配风险管理的新要求和新技术。

（三）体系设计应具有整体性

风险管理体系的构建要考虑到关于特定程序和控制方式所要求的组织、数据信息、先进设备和技术、财务等要素的要求，并将这些要素有机结合成一个整体。这种整体性的风险管理体系构建方法相较狭窄的风险管理有很多优势，避免了因未考虑到个别因素而导致风险管理体系崩溃的隐忧，真正体现了整体性思想，杜绝了保险公司只强调某些要素的行

为，风险管理体系也因此更加成熟。

(四)管理机制应具有反馈明确性

在构建风险管理体系时，要设计具体的能够体现"反馈"作用的衡量方法与计量单位，以便能够有效评价风险管理体系的运行状况，及时制定针对性办法完善风险管理体系。同时，构建风险管理体系时也要选择适合的能够准确衡量总体风险管理水平的经济性或效果性指标，比如风险管理成本、贷款额度、违约成本、赔付率等。

(五)管理体系应具有灵活性

任何体系的设计原则都要求该体系能够在管理活动中有效运作，并且能够随着外部或内部环境变化优化改进。在构建风险管理体系时要充分考虑体系的灵活性，比如，在确定风险管理要求和风险管理技术时，要寻求替代方案，当一些要求或技术不符合当前公司的经营目标或盈利目标时，要及时迅速地进行替换，这样才能保证风险管理体系的稳定运转。

(六)管理方法多元化

数量分析和模型分析并不能够解决所有问题，要确保定量分析方法能够与丰富的管理经验、客观环境变化等相结合，根据实际情况加以运用。简言之，风险管理不但要充分体现管理的科学性和合理性，也要体现管理的艺术性。

五、保险公司风险管理体系的特征

科学、合理的保险公司风险管理体系应具有以下特征：

(一)全过程性

风险管理体系的构建是保险公司经营管理的一项重要工作，是保险公司的核心职能活动。保险公司的风险管理体系必须贯穿于经营管理活动的全过程。应从战略高度出发，充分运用公司资源，通过制定计划、组织活动、领导和控制等这些基本管理职能开展风险管理体系的运营工作；此外，要从保险需求分析和险种设计出发，从分析保险公司风险管理体系和社会风险管理系统为切入点，根据公司经营管理的各项规章制度和全过程对风险进行控制和管理。

保险公司管理风险的职能部门是风险管理部。但风险管理体系的运转不能仅依靠风险管理部门的成员，而应该是保险公司的全体员工，甚至包括保险代理人和保险经纪人的参与。保险公司的风险管理体系不仅要求公司全员要有风险管理意识，更要在平时的工作中明确员工在风险管理体系中的职责。

(二) 层次性

保险公司的风险管理体系运转依赖于各个层次的所有部门共同发挥作用。风险管理工作不是简单的直线管理活动，也不只是公司风险管理部门的工作，它是一种多层次、矩阵式的管理活动，涉及公司各个层次、各个单位和部门的管理活动。

(三) 环境相关性

保险公司风险管理体系强调风险管理工作始终处于一种动态变化的环境状态之中。首先，保险公司经营对象的外部风险大多来自于环境风险因素；其次，保险公司的经营管理活动也受制于环境的动态变化，并且保险公司的风险输出也会影响环境风险要素，其经营过程也会对风险输入的环境状态产生影响。所以环境及其相关性对于保险公司的风险管理体系运作有重要影响。

(四) 业务性

由于风险管理是对整个保险公司各个业务单位、各种产品和各种风险进行整体管理，需要将承担各种风险的业务单位统一归集到风险管理体系中。所以保险公司风险管理体系的业务性就非常重要，这种体系不但要在承保工作中考虑经营对象带来的外部风险，而且也要考虑公司业务本身带来的风险，同时还需要重点关注业务之间的相关性。

六、保险公司风险管理体系中的技术工具

保险公司在进行风险管理时，通常会使用以下技术工具：

(一) 再保险

就保险风险而言，再保险是最直接、最容易实施的风险转移工具。再保险的产品有很多，如合同再保险、临时再保险等。再保险是在原保险基础上的进一步分散风险，是风险的第二次分散，可通过转分保使风险分散更加细化。

再保险给保险公司带来的有利影响具体表现在：一是为承保业务提供了稳定性；二是释放了一部分资本，相应提高了偿付能力，为扩展承保业务规模提供了资本支持；三是增加了分出保险公司的市场价值，通过分出再保险，保险公司能够实现不降低盈利的前提下降价、降低资本使用效率的波动从而稳定费率、维持或提高信用评级从而支持业务增长。

财务再保险是一种特殊形式的再保险。财务再保险是指保险人与再保险人约定，保险人支付再保险费给再保险人，再保险人为保险人提供财务融通，并对于保险人因风险所致损失负担赔偿责任的行为。如果正常运用财务再保险，则财务再保险能够稳定原保险公司的盈利状况，有利于原保险公司保持稳定的现金流、稳定的营业利润和良好的偿付能力。但是，如果把财务再保险用于利润调节，尤其是在原保险公司经营状况趋于恶化的情况下，则有可能进一步导致原保险公司经营状况恶化。

(二)巨灾债券

巨灾债券是保险公司在发生巨灾风险时发行收益与该巨灾风险损失相连结的债券，转移部分风险给债券投资者，属于传统再保险的一种替代方法。巨灾债券使得保险市场与资本市场直接相连，显著提高了支付巨灾损失的融资能力，其优点主要体现在风险转移更为完整、无信用风险、增强承保能力、稳定巨灾市场价格等方面，但是也存在交易成本高、需要全额担保、投资者不熟悉巨灾市场等不足之处。

(三)情景分析

情景分析是假定某种现象或某种趋势将持续到未来的前提下，对预测对象可能出现的情况或引起的后果作出预测的方法。通常可分解为五个阶段：确定基本情景、确定情景要素、预测情景、情景整合、情景展示/后续措施。情景分析需要注意不能纳入过多的变量，否则导致情景过于复杂而忽略了真正相关的重要风险要素；设置的情景数量的多少要考虑成本效益原则；必须注意资本市场典型的"厚尾"现象的估计；情景的整合和展示是情景分析的关键部分。

(四)情景规划

情景规划是先设计几种未来可能发生的情形，接着再想象会有哪些出人意料的事发生。这是在不稳定、不确定的环境中帮助保险公司进行决策的方法。情景规划不仅能够帮助决策者进行一些特定的决策，同时也使得决策者对需要变革的信号更为敏感。需要注意的是，仅仅规划一种情景会使得保险公司产生惰性，反应麻木，难以实现目标。

(五)压力测试

压力测试是指模拟市场在极端或最坏的情况下，企业的经营或收益会受到什么样的影响，判断企业是否能够渡过危机，并针对可能的危急情况事先设计好应急方案。对于保险公司而言，通过压力测试能够发现在极端情况下公司是否能够保持足够的偿付能力。压力测试可以视作一种特殊的情景分析，相对于情景分析要简单许多。但是在对模型的前提假设、市场变量的选择以及如何分析和处理测试结果方面需要谨慎处理。

第四节　我国保险公司风险管理的实践

一、我国保险公司风险管理思想的发展变化

(一)保险作为社会经济发展的一种工具而存在的阶段

1979 年 11 月，经国务院批准，中国人民保险公司从 1980 年开始逐步恢复停办了 20 年的国内保险业务。国内关于保险企业的风险管理研究，则要推迟到 1984 年。1984 年之后确立了实现保险经济良性循环的途径：一是要开拓保险展业；二是积极进行风险管理；三是准确及时地做好理赔。国内大多数学者从当时的宏观经济角度出发，研究微观层面如何进行操作以适应宏观管理的需求。把风险管理视作保险的一种职能，提出保险的三大职能：分散危险、损失补偿和风险管理，风险管理的主要表现形式就是防灾防损，通过防灾防损，就可以减少危险的发生，从而减少社会财富的损失，促进企业内部改善经营管理。可以看出，这时对保险的认知还停留在社会管理或宏观经济管理的层面。保险公司的风险管理主要是保险公司对社会上的风险进行管理，保险是作为社会经济发展的一种工具而存在，保险公司的风险管理并非作为独立的社会经济活动主体或者以企业的身份开展风险管理。

(二)把保险公司作为企业进行风险管理的起步阶段

把保险公司作为经济主体进行风险管理的理论研究始于 1990 年。许多学者在研究时结合保险企业经营特性，给出了保险企业的风险定义：实际结果偏离预期结果从而产生损失的可能性。从这一概念出发，认为保险企业的风险无时不有、无处不在。保险企业管理和保险企业风险管理既有联系又有区别：一是两者最终目标的一致性，二是两者理论内容上的互补性。建议将风险管理提到议事日程，明确其地位，发挥其应有的作用，认为保险企业要成立专职风险管理部门以实施和监督风险管理。从此，保险公司自身的风险管理作为研究对象被提上日程。直到 1997 年，国内有学者从承保、理赔、财务风险管理和内部控制等方面对财产保险公司的经营风险管理进行研究。

(三)对保险公司风险进行多角度分析的阶段

从 1998 年开始，关于保险公司的风险管理文献开始增多，出现了保险公司风险的多

角度分析。多数学者认为，我国保险业面临的风险主要有五类：保险机制本身的风险、经营不规范风险、经营道德风险、互联网风险和政策性风险。与此同时，也有学者深刻认识到国内保险公司的风险管理存在严重不足，开始尝试从不同角度解读保险公司的风险管理，并提出建设性意见。我国正处于经济转轨的特殊时期，市场激烈竞争，经营范围日益扩大，企业面临的风险越来越多、越来越复杂，保险公司必须转变观念，切实加强风险管理。

(四) 推行全面风险管理思想的阶段

传统的保险公司风险管理主要以单一风险管理为主要思想，这种风险管理思想的缺点逐渐显现。2002 年我国学者开始对企业开展整合风险管理研究，从保险公司所有的业务范围出发，积极、超前和系统地理解和管理风险，并从保险公司的目标出发制定风险管理策略。此后，很多学者在借鉴全面质量管理(Total Quality Management，TQM)思想的基础上，提出了全面风险管理系统(Total Risk Management System)的体系框架，认为这是保险公司依据全面风险管理的思想，在政府监管的框架之下，充分考虑环境因素的动态影响，以及与金融市场的交互作用，为了对保险经营的全过程进行动态风险管理而建立的系统；美国 COSO 委员会(The Committee of Sponsoring Organizations of the Treadway Commission，全美反舞弊性财务报告委员会发起组织) 在 2004 年 9 月提出的"全面风险管理" (Enterprise Risk Management，ERM)是一个三维立体的框架，这种多维立体的表现形式适应于完善的企业治理结构，无论在实践中还是在理论上，更有助于全面深入地理解控制和管理对象，分析解决控制中存在的复杂问题。美国 COSO 委员会颁布的企业风险管理框架提供了一个一体化的企业风险管理框架。

二、我国保险公司风险管理的现状

随着风险管理的观念进入中国，20 世纪 90 年代后期保险公司风险管理受到重视，并开始在实践中得以实施。毕马威以中国内地和香港地区的保险公司对企业风险管理的关注程度为主题进行了一项调查，并在 2010 年发布保险行业调查报告。调查结果显示，中国内地和香港地区的保险企业对风险的关注度和认识度都在增加。有73%的受访者表示，企业设有风险管理计划；但是，接近一半(48%)的受访者没有一个清晰的风险偏好陈述，毕马威认为这一现象值得关注。调查同时显示，中国许多保险企业所采取的风险管理方法存在着不一致性。有部分负责企业风险管理的受访者没有直属董事局的上司支持。毕马威表示，这在一定程度上显示出风险管理在某些企业可能仍被忽视，未能在公司战略计划中扮演重要角色。

中国人寿集团的风险管理为内部控制的一部分。根据公开披露的年报，中国人寿集团在内部控制制度建设方面，按照有关规定，紧紧围绕法人治理结构，在内部控制建设、制度执行、风险管理等方面开展了大量的工作。

中国平安集团的风险管理为独立的职能，根据其年报公开披露的内容，中国平安集团将风险管理视为经营管理活动和业务活动的核心内容之一，稳步建立与业务特点相结合的全面风险管理体系。通过完善风险管理组织架构，规范风险管理流程，采取定性和定量相结合的风险管理方法和手段，进行风险的识别、评估和控制，支持业务决策，促进公司有效益可持续健康发展。为进一步提高风险管理水平，中国平安集团引入国际先进风险管理理念，并对风险管理体系进行了全面的审视，进一步梳理风险管理组织架构、明确风险管理目标，研究探索新的风险管理技术方法。

新华保险集团遵循"均衡、稳健"的风险偏好，按照理性、审慎原则处理风险和收益的关系，力求保持风险和回报的平衡。

三、我国保险公司风险管理存在的主要问题

(一)风险管理意识不足

中国的金融行业经过了一段时间的发展，管理模式与方式都逐渐成熟，而保险行业是整个金融体系中的重要组成部分，但是仍然存在着风险管理意识不足的问题。中国的财产保险公司的主要业务仍然集中在车险。很多基层的保险公司在日产业务管理与经营中一味地追求规模的扩大，而没有实现企业经济效益的提升，同时在日常工作中重视业务量，疏于关注管理模式与管理体系等的构建。这就导致保险公司的管理层更加重视企业的短期经济效益，缺乏基本的风险管理意识，相应的也没有采取科学合理的风险管理与内部控制措施，这对于保险行业的长远发展以及保险公司的经济效益不利。

(二)保险公司业务体制不完善

核保核赔制度是保险公司业务良性发展的重要基础，只有在经营管理中严格核保核赔流程，才能够保证企业的稳定发展。当前一些保险公司没有严格按照《保险法》的相关规定建立严格的核保核赔制度，承保、定损、理赔因服务对象和工作人员而异，甚至存在手续费的违规支付。此外，保险理赔人员整体的专业知识储备和职业道德素养有待提升。

(三)保险公司业务结构失衡

改革开放以来，保险业资产规模、保费规模得到了长足发展，但险种同质化、业务结

构失衡等问题突出。资产配置结构不合理在加大了资产风险的同时也会影响保险公司负债风险。

四、我国保险公司风险管理前瞻

(一)制定风险管理战略需要考虑的要素

一是要考虑企业的总体战略。企业总体战略下包括竞争战略、营销战略、品牌战略、发展战略、融资战略、人才战略,等等。风险管理提高到战略层次,不是要高于公司的总体战略,而是在公司总体战略下,把风险管理作为公司经营管理的一项核心工作,遵循公司整体战略思路,制定风险管理战略。从本质上讲,风险管理战略和企业总体战略的目标是一致的。

二是要考虑企业战略所关注的要素。保险公司风险管理战略除了遵从企业总体战略的思想,在制定具体的风险管理战略时,必须从企业战略的影响要素着手,保障具体战略与总体战略的协调性。

三是要考虑与其他具体战略的匹配。风险管理战略需要与营销战略、品牌战略等相互配合,在各个领域、各个条线、各个层面充分发挥风险管理职能,控制战略风险,持续提高战略执行力,多方面提高企业的应变能力,同时加强战略控制,对照战略目标分析差距并制定和实施纠偏策略,最大程度减少由于战略制定不当带来的风险。

四是要考虑公司所处的风险环境。即使所有保险公司面临的宏观环境相同,不同保险公司由于股东背景、地域差异等原因,所处的环境影响因素依然存在差异。

五是要考虑风险偏好。每家保险公司都有各自的风险偏好。保险业务的性质决定了负债的期限结构,进而决定了资产的期限结构;不同的保险公司,其投资的偏好不同。这就决定了其风险管理战略表露的特征存在差异。如以期限较长的保险产品为主的保险公司,其资产相应可投资于期限较长的产品,如另类投资等,能够承担较高的投资风险;以期限较短的保险产品为主的保险公司,则不能以期限较长的产品为主,防止资产负债不匹配导致流动性风险,而应该配置为短期投资为主,呈现稳健的特征,确保负债到期能够有充足的流动性支持兑付。

(二)有效风险管理战略的特征属性

1. 有效的风险管理战略应从策略层面提高到战略层面

根据 2004 年美国 COSO 委员会对全面风险管理(ERM)的定义,全面风险管理是一个过程,该过程受企业董事会、管理层及其他人员的影响,应用于战略制定并贯穿于整个企业，为组织目标的实现提供合理的保证。从该定义可以看出，风险管理战略是整个全面风险管理体系的出发点和核心要素。在美国 COSO 委员会的全面风险框架当中，已经把风险管理上升到战略的层面。

风险管理发展到今天，已经从传统的规避风险为主的思想，发展为规避风险和从风险中汲取价值兼顾的阶段，通过对风险管理，可以从中获取相应的价值。这种思想上的转变，极大丰富了风险管理的内涵，使得风险管理不局限于技术层面，而是上升到高于承保、理赔、内部控制等方面的层面。鉴于风险管理在保险公司经营管理中的重要性，保险公司应将风险管理从传统的风险管理策略提高到风险管理战略的高度。

2. 有效的风险管理战略应因地制宜

ERM 是美国 COSO 委员会在总结西方企业经验基础上提炼出来的理论框架和方法体系。中资保险公司在企业股权性质、股权结构、企业历史、软硬件配置、企业文化等方面存在特殊性，不宜全盘照搬 ERM 的具体方法，要结合中资保险公司的实际，借鉴 ERM 的管理思想，构建符合中国国情、行业实际和公司特点的风险管理战略。

【本章小结】

1. 保险公司风险管理是指保险公司通过识别、估测、评价公司面临的风险，选择适当的风险处理技术，对风险实施有效的控制和妥善处理，降低风险所引起的损失，达到以最小的成本获得最大的安全保障的管理活动。

2. 保险公司风险管理的目标：确保保险职能的充分发挥，保障保险公司稳定经营，维护良好的社会公众形象。

3. 保险公司风险分为可量化风险和难以量化风险。可量化风险主要包括市场风险、信用风险和产品风险等。难以量化风险主要包括经营操作风险、声誉风险、战略风险、流动性风险等。

4. 保险公司风险的特征包括：风险来源双重性，风险种类多元化，风险处于动态变化中，风险之间交互影响。

5. 不确定性理论、管理控制理论、公司治理理论、偿付能力理论、限制理论等是保险公司风险管理的理论基础。

6. 风险管理的基本流程包括：风险识别、风险估测、风险评价、风险管理技术的选择、评估风险管理效果。

7. 保险公司风险管理体系的特征：全过程性、层次性、环境相关性、业务性。

8. 保险公司风险管理体系中的技术工具主要有：再保险、巨灾债券、情景分析、情景规划、压力测试。

【本章思考题】

1. 保险公司面临哪些风险?

2. 保险公司的风险具有哪些特征?

3. 简述保险公司风险管理的理论基础。

4. 保险公司为何要建立风险管理体系?

5. 保险公司风险管理体系中常用的技术工具有哪些?

6. 分析我国保险公司风险管理存在的主要问题,谈谈你对我国保险公司风险管理的建议。

【本章参考文献】

[1]郭军义,王过京,吴荣,尹传存. 现代保险风险理论[M]. 北京:科学出版社,2023.

[2]莫春雷,谭兆奎,鲁玉明,张文来,黄炜. 风险管理体系建设[M]. 北京:经济管理出版社,2019.

[3]彭江艳. 基于相关模型的保险风险理论及相关研究[M]. 北京:科学出版社,2020.

[4]周玉华. 保险公司合规管理与风险控制实务指引(第二版)[M]. 北京:法律出版社,2022.

[5]朱文革. 保险公司风险管理[M]. 上海:上海财经大学出版社,2016.

第十章 保险科技的应用与展望

【本章知识结构导图】

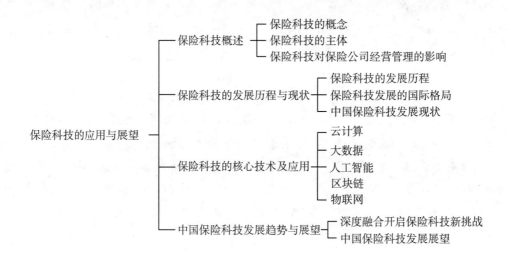

第一节 保险科技概述

一、保险科技的概念

(一)保险科技的内涵

保险科技(Insurance Technology，InsurTech)这一概念兴起于 2011 年之后，由"金融科技(FinTech)"演化而来。国际金融稳定委员会(Financial Stability Board，FSB)于 2016 年 3 月首次发布了关于金融科技的专题报告，对"金融科技"进行了初步的定义，即金融科技是指技术带来的金融创新，它能够产生新的商业模式、应用、过程或产品，从而对金融市场、金融机构或金融服务的提供方式产生重大影响。2017 年，国际保险监督官协会(International Association of Insurance Supervisors，IAIS)将保险科技定义为：保险科技是金融科技在保险领域的分支，即有潜力改变保险业务的各类新兴科技和创新型商业模式的综合。①

在我国，尚无关于"保险科技"的统一定义，学界和业界从不同角度对保险科技进行了界定。孙祁祥(2020)认为，保险科技是保险领域里一切有益的技术进行与创新活动的总和。② 陈秉正(2020)提出，保险科技泛指可以影响和改善保险经营的所有科学技术的利用，尤其是指一些较新发展起来的技术在保险业的应用。③ 许闲(2021)认为，保险科技是保险与科技的结合，通过将相关技术融入保险业务的价值链中，实现创新风险管理方式、增强风险管理能力、提升保险业务价值、提升保险服务效率的目的。④ 陈辉(2022)认为，保险科技将保险和科技融合在一起，旨在将科技导入保险发展的重要领域，如风险治理、价值创造和资源配置等。⑤ 完颜瑞云、锁凌燕、陈滔(2022)提出，保险科技是"保险"与"科技"的融合，借助诸如大数据、云计算、物联网、人工智能和区块链等新兴技术，优化保险业务链条，重塑传统保险业态，以精准把握和满足用户需求，帮助传统保险企业拓展其服务市场。⑥ 中国保险行业协会2021年发布的《保险科技"十四五"发展规划》指出："保险科技是保险和科技融合创新的成果与生态体系。"

综上所述，由于保险科技的动态发展和不断创新，目前对保险科技并无统一规范的定义，但比较一致的共识是，高度强调新兴科技在保险领域的运用和对整个保险业的影响。因此，对保险科技的内涵可以做以下理解：保险科技是保险和科技融合创新的成果与生态体系，通过将科技导入保险发展的重要领域，对保险市场、保险机构或保险服务的提供方式产生重大影响。

(二) 保险科技与相关概念辨析

为进一步明晰保险科技的概念，有必要将保险科技与科技保险、互联网保险、保险数字化进行比较分析。

1. 保险科技与科技保险

保险科技是保险和科技融合创新的成果与生态体系，而科技保险是一种保险产品。具体而言，科技保险是指以与科技企业技术创新和生产经营活动相关的有形或无形财产、科

① IAIS. FinTech Development in the Insurance Industry[R]，2017.
② 孙祁祥. 快速适应与应对新技术对保险行业重塑的时代趋势[J]. 保险业风险观察，2020(4)：25.
③ 陈秉正. 保险科技与保险业的重构[J]. 中国保险，2020(4)：9.
④ 许闲：中国科技发展报告[R]. 2021.
⑤ 陈辉. 保险科技的价值：赋能、产能和增能[J]. 中国保险，2022(4)：15.
⑥ 完颜瑞云，锁凌燕，陈滔. 保险科技概论[M]. 北京：高等教育出版社，2022：35.

技企业从业人员的身体或生命、科技企业对第三方应承担的经济赔偿责任，以及创新活动的预期成果为保险标的的保险。

2. 保险科技与互联网保险

互联网保险是指实现保险信息咨询、保险计划书设计、投保、缴费、核保、承保、保单信息查询、保全变更、续期缴费、理赔和给付等保险全过程的网络化。简单来讲，互联网保险也就是保险业务网络化。2020 年银保监会发布的《互联网保险业务监管办法》中规定："互联网保险业务，是指保险机构依托互联网订立保险合同、提供保险服务的保险经营活动。"由此可见，互联网保险是互联网科技与保险业务相结合的产物，是保险科技的一种业态，保险科技涵盖了互联网保险。

3. 保险科技与保险数字化

保险数字化是指保险机构通过一系列的数字技术应用与创新，实现组织架构、业务模式、内部流程升级改造，提升服务质效的过程。保险数字化以数字技术为支撑，而数字技术是多项前沿科技的融合，例如大数据技术、网络技术、算力、算法、软件、硬件、物联网、人工智能、云计算、数字孪生等信息技术的融合发展。因此，保险数字化是保险科技发展中的一个过程。

二、保险科技的主体

保险科技的主体按照不同的经营路径和业务领域进行分类，主要包括传统保险公司、专业互联网保险公司、保险科技初创公司和第三方技术服务商。

(一) 传统保险公司

传统保险公司不仅是保险市场上主要的产品和服务提供者，也是参与保险科技的重要力量。传统保险公司通过开发应用、成立部门、投资企业、寻求合作、成立科技子公司等多种手段参与保险科技的布局，力争在保险科技市场依然处于领先地位，保持自身竞争优势。

我国以中国人保、中国平安、中国人寿和太平洋保险等为代表的传统保险公司，已将保险科技提升至战略高度。这些保险公司通过整合原有的技术部门，组建数据中心或科技平台，实现保险科技由后台技术向更多核心业务流程驱动的转变。

(二) 专业互联网保险公司

与传统保险公司相比，专业互联网保险公司实现了销售、投保、理赔等业务全链条线上化，具有成本和技术上的先天优势。成本上体现在扁平化的组织结构，人员的精简高效；技术上因与互联网融合，依托大数据、云计算、区块链等建立全新的处理体系，对产品、流程、服务更具针对性，能够实现效率和效能的最优化配置。

众安在线财产保险股份有限公司(简称"众安保险")，是我国首家专业互联网保险公司，由蚂蚁金服、腾讯、中国平安等国内知名企业于 2013 年发起设立。之后泰康在线、安心保险、易安保险等专业互联网保险公司相继成立。

(三)保险科技初创公司

保险科技初创公司是指在保险科技领域中创新性地开展业务活动的年轻公司，它具有以下特点：一是以先进的新科技手段为主要竞争力，通常由具有创新思维和技术背景的人员创建；二是经营范围或应用的科技手段聚焦于某个保险专业领域，以解决保险市场上存在的问题或填补空缺为目标，以创造出独特的产品或服务在市场上获得竞争优势；三是成立时间较短，处于创业阶段，经营经验较少；第四，需要大量的资金来支持其研发和创新活动，通常向风险投资者或其他形式的融资机构寻求资金支持。

按照主要业务的不同，保险科技初创公司可分为四类：

(1)To A 公司，通过科技手段给代理人、经纪人(Agent/Broker)群体提供更有效的展业工具。在国内诸如保险师、腾保保险、超级圆桌、e 家保险、i 云保等已成为行业领军者。

(2)To B 公司，以企业作为服务主体，主要有两类：一种是赋能保险公司，为保险公司的业务环节提供科技支持，如豆包网、保险极客等；另一种为"线上+线下"场景端切入，主要针对互联网流量场景和特定群体场景，例如退货运费险、航班延误保险、中小企业补充医疗保险等。

(3)To C 公司，面向保险消费者，帮助客户匹配最佳保险产品。To C 公司的业务类型包括综合销售平台、比较销售平台、管理型总代理①、网络互助平台、保单管理及智能保顾等。我国的大特保、悟空保、小雨伞、惠择网等都属于 To C 公司。

(四)第三方技术服务商

许多传统保险公司在技术研发领域的实力较弱。一些保险公司选择与技术手段相对成熟、研发经验丰富的第三方技术服务商合作，由其根据保险公司经营的实际需求为其提供专业的保险科技产品和服务，发挥技术优势，加速保险与新技术手段的融合进程。在我国，此类公司以中软科技、南燕科技、合金在线、秒健康和迪纳科技等第三方技术服务公

---

① 管理型总代理(Managing General Agent，MGA)，此类公司提供产品设计、营销以及客户服务等全链条服务，并与直保公司共同承担承保风险，如大特保、悟空保等。

司为代表，正积极参与到保险科技产业链的建设中来。

三、保险科技对保险公司经营管理的影响

保险科技作为保险业高质量发展的重要基础力量，能够有效推动保险机构数字化转型，赋能保险业务创新，提升保险服务质量和效率，优化保险发展方式，强化服务国家战略能力。保险科技对保险公司经营管理的影响具体表现为以下几个方面：

(一)减少信息不对称性

科技的运用在一定程度上减少或消除了传统保险市场的信息不对称状况。在大数据、信息互联、可视化等情境下，被保险人的信息可能比以往更趋透明，发生道德风险的几率和逆选择的可能性将会减少。代理人销售保险的过程可以通过科技方式变得更加可控，误导客户的情况将有大量减少。理赔欺诈现象也能在一定程度上有效识别和遏止。

(二)提高经营效率

保险科技为保险公司提供了更高效、更精准的业务处理方式。通过人工智能、大数据等技术，可以提高预测和理赔的准确性和速度。自动化保险销售系统和智能化客户服务工具可以加快业务处理，使保险公司更加高效地开展业务。

(三)降低经营成本

保险科技使平台化、数字化、智能化、无纸化的作业模式成为现实。保险公司通过保险科技赋能，可以获得由营销渠道优化、合理定价、反欺诈、流程自动化、人力替代等诸多因素所带来的经营成本减少。

(四)创新保险产品

保险科技使得保险精算突破了大数法则的限制，基于数据、图像，模型加算法的智能定价，提高了定价的灵活性、实时性，推动保险产品设计从同质化走向差异化、定制化、个性化。通过数据分析技术，保险公司能够及时根据客户需求改进和优化产品，提升客户体验和满意度，缩短了产品更新迭代的周期。

(五)提高风险管理能力

保险科技可以使保险公司更好地识别和管理潜在的风险点，借助于大数据、人工智能等对各类运营数据的分析、挖掘和处理。保险科技的应用扩展了保险公司风险监控的覆盖

面，缩短了风险响应时效，增加了风险应对手段，提高了风险管控效果，推动保险公司整体风险管理水平的提升。

第二节 保险科技的发展历程与现状

随着新一轮科技革命、产业变革和数字经济的迅猛发展，保险与科技的融合发展已成为行业发展新燃点，将保险业推向了大变革、大转型的新时代。

一、保险科技的发展历程

保险与科技不断融合发展，从点到面、由表及里，逐渐深入渗透到整个保险价值链，构造保险科技新生态。从保险科技应用的技术发展及功能变革出发，可将保险科技的演进历程分为四个阶段：

(一)萌芽起步期(1980—1992年)

20世纪80年代，计算机的普遍应用促成了"保险+数字"要素的融合，使保险业进入了电子化、信息化时代。这一时期，科技在保险业的应用主要表现为，保险机构通过电子计算机的软硬件设备，完成电子记账、保险客户信息录入。例如，日本生命保险公司于1989年建立客户综合数据管理系统。保险业务的电子化、信息化显著提升了保险公司的管理效率。

(二)探索拓展期(1993—2008年)

1993年，美国实施"国家信息基础设施"计划，极大地推动了以互联网为核心的信息技术在社会各个方面的应用。起初，互联网技术在保险行业中的运用主要有两个方面：一是为保险公司搭建功能一体化的业务处理系统，利用互联网对接保险的资产端-交易端-资金端；二是建立保险公司的门户网站，以便开展公司宣传和产品推广。之后，保险公司逐步在互联网上开展投保咨询、报案理赔等业务服务。一些独立网络公司和第三方交易平台也开始进入保险市场，为客户提供保险产品对比与选择、投保、索赔、争议解决等服务。1995年，美国第三方网络保险平台Ins Web创立，这是世界最早、最大的第三方网络保险平台。

这一阶段，科技对保险业的影响以传统保险业务的线上化为特征，"保险科技"的"科技"属性并不显著，而是更多地表现为"互联网+保险""保险+网络营销"等概念的叠加。互联网化带来了保险营销模式的改变，促成了保险业表层渠道的变革。

(三)深化发展期(2008—2014年)

2008年，国际金融危机爆发后，保险科技初创公司迅速发展，保险科技进入了新的深化发展时期。

这一阶段保险科技的发展具有两个显著特征：一是保险科技的主体扩大。与前两个阶段不同，这一时期保险科技的主体不只有传统的保险机构，还有保险科技公司。二是保险科技全面渗透保险业务流程。保险科技不局限于保险营销，而是将大数据、云计算等技术融入保险产品开发、定价、核保、理赔、营销及分销过程中，催生场景化保险、定制化保险，提高核保、理赔效率，驱动保险业务升级。例如，基于互联网场景的微保险、基于用户行为/用量的保险，以及P2P保险模式等。

(四)全面赋能期(2015年至今)

从2015年开始，保险科技发生了由量变到质变的阶段性突破，呈现出爆发式发展，展现出以下特点：

1. 保险科技由"科技服务保险"转变为"科技赋能保险"

以物联网、5G通信、人工智能为代表的新兴科技增加了保险科技的深度和广度，使保险核心系统进入分布式"云时代"。科技的应用充分释放了数据要素价值，衍生出新的风险管理诉求，带来营销模式、服务模式、运营模式、竞争模式的深度变革，促使保险从风险保障、资金融通和社会管理三大传统功能向风险治理、价值创造和资源配置的现代功能转变。科技对于保险的意义，不仅仅在于通过线上化、智能化服务为保险行业降本增效，而在于催生新的市场，引领保险业的发展。科技以"赋能者"的角色深入渗透到保险业务流程与各类场景中，成为引领保险行业发展的新引擎。

2. 保险科技生态圈构建成型

保险公司、科技企业、第三方平台、监管机构纷纷发挥自身的功能与优势，参与保险科技发展，共同组成了保险科技生态圈。这些多元主体在竞争与合作中，将保险业务相关的线上、线下场进行整合，打破各参与主体的数据壁垒，共同推动保险业的变革与创新。

3. 保险科技体量快速增长

高度敏锐的资本市场捕捉到了保险科技发展的巨大潜力，保险科技领域融资快速增长，产业规模迅速扩大，北美洲、亚洲和欧洲成为保险科技创新的聚集区。2011年，全球保险科技交易为28项，保险科技投资为1.4亿美元；2016年，全球保险科技交易为173项，保险科技投资为16.9亿美元。2016年保险科技投资交易中，三分之二发生于创业的前期(种子轮或者A轮融资)，这些初期融资高达5.08亿美元，比2015年增加47%。①

----

① 许闲.保险科技的框架与趋势[J].中国金融，2017(10)：89.

从演进历程中可以发现，保险科技发展的内在逻辑是"优化—创新—重构"，即保险科技从助力保险业务流程优化，到催生保险产品和服务创新，再到重构保险产业链、塑造保险新业态。

二、保险科技发展的国际格局

近年来，全球保险科技创新的环境与策略加速调整，保险科技的投融资空前活跃，关键领域技术取得突破式进展，呈现出多维度、多极化发展的国际格局。

(一)投融资规模强劲增长

2010—2021 年，全球保险科技融资额和融资数量呈明显的上升之势（见图 10-1）。2020 年，新冠疫情的冲击使消费者更加青睐"无接触式"交易方式，将更多的生活场景转移到了线上。资本投资者敏锐地洞察到这一变化，创新场景化保险产品，保险科技融资不降反升。2020 年，全球保险科技融资总额为 71.08 亿美元，融资数量为 377 笔。与 2019 年相比，融资总额增长了 12%，交易数量增长了 20%。2021 年，全球保险科技融资总额增长至 137 亿美元，几乎是 2020 年的 2 倍，创下历史新高；融资数量达到 430 笔，也是史上最高水平。[①]

(二)地域多元化格局显现

2020 年以来，美国保险科技一枝独秀的局面被打破，部分保险科技创新活动逐渐向新兴经济体转移，保险科技发展的地域多元化格局初步显现。

2021 年，美国保险科技融资金额与数量继续蝉联世界第一，分别占全球的 50.12%、38.66%。从融资金额来看，居于第二位的是英国和中国，占比分别为 16.7% 和 14.3%。从融资数量来看，中国占比为 19.3%，英国为 9.6%。印度保险科技融资日益活跃，其融资金额占比为 3.4%，融资数量占比为 5.2%。[②] 法国、新加坡、澳大利亚、瑞士、以色列和韩国的保险科技融资明显增长。南美洲的智利，非洲的南非、肯尼亚和尼日利亚也出现了保险科技融资活动。

---

① 王冰倩，赵金龙.2022 年全球保险科技独角兽及案例报告[EB/OL].零壹智库，https：//www.01caijing.com/article/318934.htm，2022-04-14.

② 数据来源：根据零壹财经·零壹智库《全球保险科技投融资报告（2021Q1）、（2022H1）、（2022Q3）》(https：//www.01caijing.com/article/325416.htm，2022-07-18)相关数据整理而来。

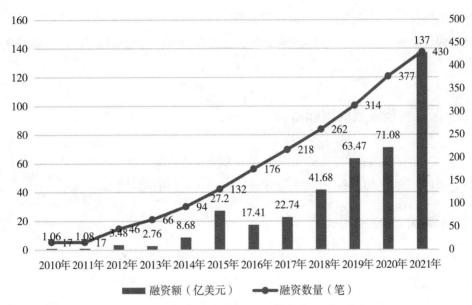

图 10-1 2010—2021 年全球保险科技融资额与融资数量

资料来源：2010—2020 年数据来自全球咨询公司韦莱韬悦（Wills Towers Waston）《2020 年全球保险科技融资报告》，2021 年数据来自零壹智库《2022 年全球保险科技独角兽及案例报告》https：// www.01caijing.com/article/318934.htm。

截至 2021 年末，全球现存 34 家保险科技独角兽企业。从地区分布上看，美国独占鳌头，有 17 家。其他保险科技独角兽企业所属国家分别为：中国 3 家，印度 2 家，英国 6 家，法国 2 家，德国、智利、新加坡、以色列各 1 家。[①]

2021 年全球规模最大的 10 笔保险科技投融资交易来自德国、美国、英国、印度、新加坡和法国（见图 10-2）。其中，规模最大的一笔交易金融高达 6.5 亿美元，由德国保险科技公司 Wefox 斩获。

（三）业务领域全面覆盖

保险科技从最初的互联网营销发展为覆盖保险业务全流程，涉及产品创新、营销渠道、承保、客户服务、理赔等环节，产生了保险产品比价平台、保险代理人展业平台、数字化保险中介、网络互助保险、保险交叉销售、智能投保、快捷理赔等多种应用模式。

2021 年，保险科技获投最多的是业务是健康医疗保险，其次为保险技术服务、汽车保险、房屋保险，而保险测评、保险销售代理、保险经纪等业务较少。2021 年末，全球现存

---

① 王冰倩，赵金龙．2022 年全球保险科技独角兽及案例报告［EB/OL］．零壹智库，https：//www. 01caijing.com/article/318934.htm，2022-04-14.

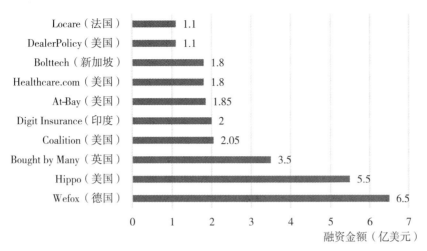

图 10-2 2021 年全球保险科技投十大融资

资料来源：保观. 2021 年最"红"的 10 家保险科技公司：这家公司一轮融资 40 多亿［EB/OL］. https：//baijiahao. baidu. com/s？id=1724072245832974024&wfr=spider&for=pc，2022-02-07.

的 34 家保险科技独角兽中，医疗健康险独占 12 席，包括微医、水滴、镁信健康和思派科技等"健康+医疗+保险"模式类公司；保险 SaaS(Software-as-a-Service，软件即服务)9 家，数字化车险 6 家，综合保险 2 家，网络安全险 3 家，定制化企业保险、智能家居保险各占 1 席。[①]

(四)监管政策包容审慎

对于保险科技发展所产生的风险，监管机构普遍由最初的担忧转为理性监管。2021年，欧美等国监管部门采取了鼓励创新与防控风险并举的包容审慎原则，不断完善保险领域新技术应用风险防控法规，从主体、业务和技术等方面细化监管规则(见表 10-1)。

表 10-1　　　　2021 年部分国家与机构发布的保险科技监管新政策

发布方	时间	规则名称或主题	主要内容
美国保险监督官协会（NAIC）	2021. 1	2021 年保险业监管战略重点	2021 年保险业监管战略重点包括：新冠疫情、长期护理保险（LTCI）、种族与保险、气候风险和弹性、消费者数据隐私、大数据/人工智能

[①] 王冰倩，赵金龙. 2022 年全球保险科技独角兽及案例报告［EB/OL］. 零壹智库，https：//www. 01caijing. com/article/318934. htm，2022-04-14.

续表

发布方	时间	规则名称或主题	主要内容
新加坡金融管理局（MAS）	2021.1	《技术风险管理指南》（Technology Risk Management Guidelines）	为保险公司、银行等金融机构设定应对新兴技术和网络威胁的风险缓解策略，包括建立健全流程、进行网络演习等
国际清算银行（BIS）金融稳定研究所与国际保险监督员协会秘书处（IAIS）	2021.4	《重新定义新常态下的保险监管》（Redefining Insurance Supervision for the New Normal）	监管机构应当加大监管流程的数字化改革，培养监管人员的必备数字技能，与保险机构紧密合作，通过实地监管与远程监管相结合的方式应对监管新挑战
新加坡金融管理局（MAS）	2021.4	"监管科技拨款计划"与"升级版数字加速拨款计划"	在2020年"金融领域科技与创新强化机制"（Enhanced Financial Sector Technology and Innovation Scheme）基础上，推出总额4200万美元的监管科技（RegTech）和升级版数字加速（Digital Acceleration Grant）拨款计划
德国联邦金融监管局（BaFin）	2021.6	《大数据和人工智能的监管原则》	发布了金融机构在决策过程中使用算法、大数据和人工智能的监管原则
韩国金融服务委员会（FSC）	2021.7	《人工智能金融服务指南》	建立风险监控和管理体系来预防隐私泄露风险
英国金融行为监管局（FCA）	2021.7	基于大数据、人工智能等技术建立风险监控预警系统——监管托儿所（Regulatory Nursery）	监管托儿所能够自动搜集整合金融保险科技创新试点企业的相关数据信息，并通过系统内部的企业风险识别模型快速甄别标的企业可能存在的风险隐患，为监管当局及时制止"监管沙盒"中企业的高风险活动提供保障
美国金融业监管局（FINRA）	2021.7	建立风险审查系统	使用机器学习和自然语言处理等技术建立风险审查系统，辅助监管部门进行舆情监控和风险审查工作
英国金融行为监管局（FCA）	2021.8	数字沙盒（Digital Sandbox）规模沙箱（Scalebox）	将监管沙盒的申请窗口期转变为可随时申请，为更多保险科技企业进入监管沙盒提供便利。推出针对支持ESG（改善环境、社会和治理）数据和披露领域的数字沙盒（Digital Sandbox）、专注于扩展创新技术公司的规模沙箱（Scalebox）

三、中国保险科技发展现状

我国保险科技核心技术持续升级，整体实力从量的积累迈向质的飞跃、从点的突破迈向系统能力提升，全面赋能保险产业链。

(一)投融资规模突破性增长，投资水平不断升级

2015—2020年，我国保险科技领域公开披露的投融资金额由14.34亿元增长39.16亿

元(见图 10-3)。2021 年，我国保险科技领域仅有 25 笔融资，但由于众安科技、镁信健康在 2021 年 10 月份分别获得 20 亿元人民币的战略投资、C 轮投资，使得该年度的融资总额突破性增长，达到 85.93 亿元。

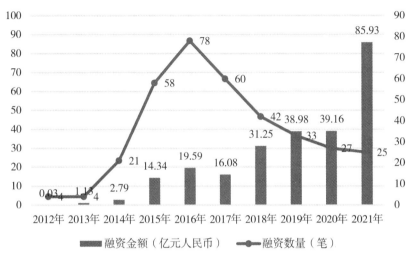

图 10-3 2012—2021 年中国保险科技融资金额及数量

资料来源：根据零壹智库发布的相关报告整理而得。

从融资轮次来看，早期融资占比持续下滑，但创新依旧活跃。2015—2021 年，种子天使轮融资数量占比从 40% 下滑至 4% 以下；Pre-A 到 A+ 轮相对稳定，保持在 40%~50%。B轮之前的早期融资数量占比持续下滑，但仍然占到 50% 以上，表明保险科技领域的创新始终较为活跃。2021 年，中国保险科技融资 TOP11 中，战略投资为 3 笔，C 轮融资为 5 笔，另有 3 笔 B 轮融资(见表 10-2)。值得一提的是，2021 年 5 月 7 日水滴公司(WDH. US)正式在纽交所挂牌上市，成为中国第一家登陆纽交所的保险科技公司。

表 10-2 **2021 年中国保险科技融资简况表(融资金融≥1 亿元人民币)**

公司名称	公开日期	业务标签	融资阶段	融资金额	主要投资方
镁信健康	2021/3/5	医疗保险	B	￥10 亿	北极光创投、博远资本、创新工场、华兴新经济基金、蚂蚁资本、赛福投资等
信美相互	2021/3/28	综合保险	战略投资	￥7.65 亿	汤臣倍健、微梦创科、涌金投资
保准牛	2021/4/12	保险定制、商业保险	C	￥1 亿	华智资本、曦域资本

续表

公司名称	公开日期	业务标签	融资阶段	融资金额	主要投资方
力码科技	2021/4/23	数字保险、SaaS	B	￥3亿	GGV纪源资本、独秀资本、高瓴资本、心元资本
元保数科	2021/5/8	医疗保险	C	￥10亿	SIG、北极光创投、凯辉基金、启明创投、山行资本、源码资本
Data Canvas	2021/5/16	保险反欺诈	C	￥3亿	君紫资本、领沨资本、赛福投资、尚城资本
大鱼科技	2021/5/19	保险定制	B	￥2亿	小米
镁信健康	2021/8/10	医疗保险	C	￥20亿	博裕资本、礼来亚洲基金、中金公司
商涌科技	2021/8/23	保险风控	C	￥1亿	远毅资本、招商健康战略
众安科技	2021/9/15	数字化保险	战略投资	￥20亿	阿里巴巴
Avo	2021/10/10	数字保险	战略投资	HK＄2.6亿	公共股东

资料来源：根据零壹智库发布的相关报告整理而得。

(二)头部险企成立科技子公司，加码科技领域布局

大型保险公司通过深度的股权合作和内部的孵化创新来联合发起或者是单独发起保险科技子公司，以减少对外部技术的依赖，提升保险科技竞争实力。

2020年7月，中国太保董事会决议，成立全资子公司太保科技有限公司(以下简称"太保科技")作为中国太保转型2.0"强科技"的重大战略决策。2022年1月，太保科技获银保监会批复；2022年3月，太保科技取得企业法人营业执照，注册资本为人民币7亿元。2021年，中国人保审议通过了设立全资子公司人保信息科技有限公司(以下简称"人保科技")的议案。2022年1月，人保科技经银保监会批准正式成立，注册资本人民币4亿元，主要经营人工智能基础软件开发、物联网技术服务、软件外包服务、人工智能基础资源与技术平台等。2022年2月，中国太平旗下保险科技公司完成3.55亿元增资，增资后公司注册资本金达到8.55亿元。

目前，中国平安、中国人寿、中国太保、中国人保等头部险企都已拥有自己的科技子公司。此外，合众人寿、大地保险、阳光保险等保险公司也已设立科技子公司。这些科技子公司的主业从销售渠道逐渐延伸到技术支持，从综合科技平台到专攻细分领域科技。

(三)互联网保险规范发展，持续优化业务结构

2021 年，《互联网保险业务监管办法》正式实施，一系列配套规范性文件相继出台，我国互联网保险由粗放式增长逐步向规范可持续发展阶段转变。

1. 保费规模稳步增长

2021 年，互联网人身保险业务继续保持平稳增长，累计实现规模保费 2916.7 亿元，较 2020 年同比增长 38.2%。[1] 互联网财产保险累计实现保费收入 862 亿元，同比增长 8%。同期，财产保险行业整体增速为 1%。2017 年，互联网财产保险业务渗透率[2]为 4.7%；2021 年，这一指标上升为 6.3%。[3]

2. 渠道发展日趋规范

互联网人身保险业务呈现出以渠道合作为主、保险公司官网自营为辅的特点。2021 年，互联网人身保险业务通过渠道累计实现规模保费 2529.4 亿元，较 2020 年同比增长 41.5%，占比为 86.7%；通过官网自营平台累计实现规模保费 387.3 亿元，较上年同比增长 19.6%，占比为 13.3%。[4]

互联网财产保险业务各渠道保费收入占比呈差异化发展，专业中介保费占比大幅提升。2021 年，专业中介渠道累计保费收入 412 亿元，占比为 48%，较 2020 年同比提升 16 个百分点；保险公司自营平台累计保费收入 195 亿元，占 23%，同比下滑 1 个百分点；营销宣传引流累计保费收入为 248 亿元，占 29%，同比下滑 13 个百分点。[5]

3. 险种结构持续调整

从保费规模来看，互联网人身保险中的各类险种占比有所改变(见图 10-4)。2021 年，所占比重最高的仍然是人寿保险，保费收入为 1899.3 亿元占比为 65.1%；健康保险取代年金保险成为第二大险种，保费收入为 551 亿元，占比为 18.9%；年金保险为第三大险种，保费收入为 414.3 亿元，占比为 14.2%；意外险保费收入为 52.1 亿元，同比下降 28%，占比为仅为 1.8%。

① 中国保险行业协会.2021 年度人身险公司互联网保险业务经营情况分析报告[EB/OL]. http://www.iachina.cn/art/2022/3/21/art_22_105816.html，2022-03-21.

② 互联网财产保险业务渗透率是指互联网财产保险业务保费与产险公司全渠道业务保费的比值。

③ 中国保险行业协会.2021 年互联网财产保险发展分析报告[EB/OL]. http://www.iachina.cn/art/2022/5/13/art_22_106027.html，2022-05-13.

④ 中国保险行业协会.2021 年度人身险公司互联网保险业务经营情况分析报告[EB/OL]. http://www.iachina.cn/art/2022/3/21/art_22_105816.html，2022-03-21.

⑤ 中国保险行业协会.2021 年互联网财产保险发展分析报告[EB/OL]. http://www.iachina.cn/art/2022/5/13/art_22_106027.html，2022-05-13.

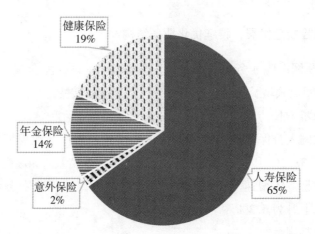

图 10-4　2021 年我国互联网人身保险各细分险种保费收入占比

2021 年，互联网车险保费收入为 224 亿元，较 2020 年同比增长 1%，结束连续两年的负增长局面。在互联网非车险中，保费规模最大的是意外健康险，为 290 亿元，占互联网财产保险保费收入的 33.7%；保费增速最大的是信用保证保险，较 2020 年同比增长 80%。①

（四）数字化转型进程加速，构建数字保险生态体系

我国保险公司积极推动经营管理全过程数字化、智能化，通过数字化转型寻求全新盈利增长点。

1. 创新保险数字服务

承保服务方面，保险公司在新契约承保服务全流程电子化的基础上，推出智能投保、智能双录等智能化承保工具，提供远程分享填单、智能填单、双录语音播报、远程双录等场景化服务，大幅缩短了承保服务时效，满足了不同销售场景的投保服务需求。理赔服务方面，保险公司在原有手机 App、微信、网上保险等服务平台内嵌入 OCR 识别、智能问答机器人、智能引导交互上传资料等功能，进一步提升客户理赔服务体验。

2. 打造保险数字生态体系

保险公司不断将云计算、大数据、人工智能、RPA 等新技术应用于全业务链条，完善升级保险主业核心业务系统，打造自主可控、稳定安全、技术领先的技术生态体系。

3. 提升智能风控等级

保险公司运用前沿科技赋能分析引擎，提高风险控制质量与效率。保险公司还建立了

① 中国保险行业协会 . 2021 年互联网财产保险发展分析报告［EB/OL］. http：//www. iachina. cn/art/2022/5/13/art_22_106027. html，2022-05-13.

基于大数据和人工智能技术的健康险智能理赔模型，覆盖关键风险类别，让理赔更高效、便捷；实施营销员风险智能管控，有效解决反洗钱工作"发现难、查证难"的痛点。

（五）监管政策审慎务实，明确保险科技发展方向

我国保险科技监管审慎创新和风险防控的要求不断强化，针对保险科技发展方向、互联网保险业务、保险机构信息化、数据安全等多方面出台了一系列重要政策。

1. 顶层设计指明保险科技发展方向

2021年1月，中国人民银行印发《金融科技发展规划（2022—2025年）》，提出"力争到2025年实现整体水平与核心竞争力跨越式提升"的金融科技发展愿景，明确金融数字化转型的总体思路、发展目标、重点任务和实施保障。

2. 强化互联网保险业务监管

2021年2月1日正式实施的《互联网保险业务监管办法》厘清了互联网保险业务本质，规定了互联网保险业务经营要求，强化持牌经营原则，明确了非持牌机构禁止行为；按经营主体分类监管，在规定"基本业务规则"的基础上，针对互联网保险公司、保险公司、保险中介机构、互联网企业代理保险业务，分别规定了"特别业务规则"。[①]

2021年10月，银保监会发布《关于进一步规范保险机构互联网人身保险业务有关事项的通知》，同时配套下发《关于试运行互联网人身保险业务定价回溯工作的通知》。其主要内容包括：明确互联网人身保险业务经营条件，实施互联网人身保险业务专属管理，加强和改进互联网人身保险业务监管。首次实施分渠道定价回溯监管，建立登记披露机制，探索问题产品事后处置机制。[②]

3. 细化保险科技监管规则

一是加强保险机构、保险中介机构信息化监管。2021年1月，银保监会发布《保险中介机构信息化工作监管办法》，从信息化治理、信息系统建设、信息安全机制、分支机构管理等方面对保险中介机构信息化工作提出要求。

二是重视监管数据安全管理。2021年1月，银保监会发布《中国银保监会监管数据安全管理办法（试行）》，强调数据安全全生命周期管理，对监管数据采集、存储、加工、使用、停用和销毁等各环节均提出安全管理要求，并强调银保监会系统对外提供监管数据应充分评估数据安全风险。

---

① 银保监会. 互联网保险业务监管办法［EB/OL］. http：//www. cbirc. gov. cn/cn/view/pages/ItemDetail. html？ docId＝949137&itemId＝928，2020-12-14.

② 银保监会. 中国银保监会办公厅关于进一步规范保险机构互联网人身保险业务有关事项的通知［EB/OL］. http：//www. cbirc. gov. cn/cn/view/pages/ItemDetail. html？ docId＝1014129&itemId＝928，2021-10-22.

（六）科技普惠属性凸显，服务社会经济高质量发展

保险科技服务国家战略、服务社会需求、服务民生保障的功能日益显著，通过科技手段促使保险更加精准服务于乡村振兴、绿色发展、民生普惠、产业数字化等关键领域。

1. 服务乡村振兴，提升农业保障精密度

大数据、云计算、卫星遥感、远程查勘等信息技术在农业保险领域的不断应用，提升了农业保险精准化水平和服务质效，对于促进农业生产、稳定农民收入、保障国家粮食安全具有重要意义。

在种植险领域，多家保险公司已形成"移动终端+卫星遥感+无人机+线下验证"四位一体的查勘定损模式，打造了"天、空、地"一体化的农业保险服务体系，实现了高效"按图承保"和"按图理赔"。在养殖险领域，保险公司全面引进电子耳标、AI智能点数、脸部识别、智能测量、电子围栏、影像查重等技术，解决了查勘定损难、理赔时效弱的问题。

2. 解构绿色保险重点领域，数智护航"双碳"目标

保险科技助力保险业为绿色能源、绿色交通、绿色建筑、绿色技术、气候治理和森林碳汇等领域提供风险保障。2021年，中国人保承保绿色低碳技术首台（套）装备保险项目18个，为47台（套）重大技术装备提供风险保障80.09亿元；承保绿色技术新材料保险项目31个，提供风险保障14.42亿元。[①] 平安产险、华农保险等公司开发了林业碳汇遥感指数保险，基于林业光学遥感数据（TM）、合成孔径雷达卫星数据（SAR）、激光雷达数据（LiDAR）和中分辨率遥感影像等技术，进行森林碳储量与碳汇换算。

绿色发展相关数据设施的建设、行业间数据交换机制的形成，为保险公司在"双碳"目标下运用保险资金、精准选择投资标的提供了技术支持。2021年，中国人寿寿险公司新增绿色投资规模超过500亿元，累计超过3000亿元。截至2021年末，平安保险累计绿色投融资规模约2245.8亿元，中国太保绿色投资金额约233亿元。中国人保集团累计发起设立绿色金融产品12只，产品规模总计213.83亿元。[②]

3. 助力普民保险，增进人民群众健康福祉

2021年底，我国已有27个省份推出了200余款"惠民保"产品，参保总人次达1.4亿，保费总收入已突破140亿元。[③] 面对数量庞大的参保人，"惠民保"以医学知识图谱、疾病

---

①　戴梦希. 中国人保发力服务"双碳"战略重点领域 2021年为绿色低碳发展等领域提供风险保障超23万亿元［EB/OL］. 金融时报-中国金融新闻网，https：//www.financialnews.com.cn/bx/jg/202206/t20220615_248882.html，2022-06-15.

②　根据各家上市保险公司发布的2021年年报整理而得。

③　镁信健康、中再寿险. 中国惠民保业务发展与展望系列研究报告——2022年惠民保可持续发展趋势洞察［R］. 2022.

模型、自然语言处理等技术为基础，为业务运营提供精准定价、智能核保、智能理赔与数字化健康管理等核心能力，使医疗保障和健康服务更普惠、更精准、更优质。

第三节　保险科技的核心技术及应用

目前，对保险行业影响较为广泛的新科技主要包括云计算、大数据、人工智能、区块链、物联网等。越来越多的保险公司在经营管理过程中运用保险科技，实现产品创新、精准营销、智能核保、智能理赔、智能风控等创新发展，提高保险公司经营管理的效率。

一、云计算

(一) 云计算的概念、服务模式与部署模式

1. 云计算的概念

云计算(Cloud Computing)是一种基于互联网的计算模式，它通过网络连接将计算资源、存储空间和应用程序等服务提供给用户。美国国家标准与技术研究院(NIST)对云计算的定义是：云计算是一种应用资源模式，它可以根据需要用一种很简单的方法通过网络访问已配置的计算资源。这些资源由服务提供商以最小的代价或专业的运作快速配置和发布。中国保险行业协会和中国通信标准化协会将云计算定义为"一种通过网络将可伸缩、弹性的共享物理和虚拟资源①池按需自服务的方式供应和管理的模式"②。

云计算的出现使得计算资源像供水和电力一样，向公共服务产品形态发展。因此，云计算成为了信息时代重要的基础设施。通过云计算，散布在各类终端的信息整合更加便捷。

2. 云计算的服务模式

从用户体验的角度来看，云计算有三大服务模式：基础设施即服务 (Infrastructure-as-a-Service，IaaS)、平台即服务 (Platform-as-a-Service，PaaS) 和软件即服务 (Software-as-a-Service，SaaS)。

---

① 资源包括服务器、操作系统、网络、软件、应用和存储设备等。

② 中国保险行业协会、中国通信标准化协会 . 保险行业云计算场景和总体框架[S]. 标准号：T/IAC CCSA 32-2019，2019-12-24。

（1）IaaS（基础设施即服务）：提供基础的计算资源，如虚拟机、存储、网络等，用户可以根据自己的需求自由配置和管理这些资源，实现自己的应用程序和服务。

（2）PaaS（平台即服务）：提供应用程序开发和部署的平台，用户可以在这个平台上开发、测试和部署自己的应用程序，而无需关注底层的基础设施。

（3）SaaS（软件即服务）：提供完整的应用程序和服务，用户可以通过互联网直接使用这些应用程序和服务，而无需关注底层的基础设施和平台。

3. 云计算的部署模式

云计算部署模式表示的是某种特定的云环境类型，主要由所有权、大小和访问方式进行区分，不同的部署模式对基础架构提出了不同的要求。目前，业界存在四种通用的云计算部署模式，即公有云（Public Cloud）、私有云（Private Cloud）、社区云（Community Cloud）和混合云（Hybrid Cloud）。四种云计算部署模式对比如图 10-5 所示。

公有云	私有云	社区云	混合云
♣ 基于互联网向企业外部用户提供服务 ♣ 需要对用户实施严格的访问控制机制 ♣ 一般由云服务运营商搭建，是面向公众的云计算类型	♣ 建筑、运营和使用都在某个组织或企业内部完成 ♣ 对外没有公开接口，最大程度保证了信息的安全性 ♣ 拥有公有云的弹性与服务提供的特点，将数据、程序、网络等都在组织内部管理 ♣ 规模有限	♣ 针对拥有共同目标、利益的用户群体提供云计算服务的部署模式 ♣ 与公有云的区别在于具备更强的目的性 ♣ 规模通常比公有云小	♣ 两种或多种云部署模式的组合 ♣ 通过对公有云及私有云的优点进行整合，往往具有更高的灵活性和可扩展性 ♣ 在应对需求的快速变化时有无可比拟的优势

图 10-5　云计算的部署模式对比

（二）云计算在保险公司经营管理中的应用价值

云计算在保险公司的应用主要是保险核心业务系统。通过云计算海量、高并发的数据处理能力，保险公司可以在产品定价、承保理赔等多个业务环节实现经营能力的大幅提升。

1. 共享 IT 基础设施

云计算是保险公司的重要基础设施，它使保险公司共享 IT 基础设施的设想成为可能。不同于传统的机房等 IT 基础设施自建、自用的模式，云计算的 SaaS 等按需付费使用的模式可以实现对保险公司 IT 基础设施的共享，进而使得计算资源像供水和电力一样开始向公共服务产品形态发展。

2. 提供强大的算力支持

互联网保险的兴起引发了高并发、高峰值流量以及灵活多变的碎片化保险需求，导致保单数量激增。同时，保险公司接入互联网渠道开展营销活动也对其峰值处理能力提出了更高要求。在此情况下，传统保险 IT 系统已经难以应对。保险公司需要借助于云计算提供的强大算力，以支持突发性、高运算量的业务场景。

3. 有效降低 IT 成本

保险公司利用云计算技术能够科学、高效地整合险企内部的 IT 资源，提升内部 IT 资源的利用率和管理水平，降低 IT 系统的建设成本和运维成本，有效解决了传统 IT 技术方案面临的投入成本高、运维工作量大、资源配置不灵活以及数据安全无法保障等问题。

4. 实现精准智能的业务运营

通过云计算，保险公司能够对散落在各个数据终端的各类数据资源进行整合，以更好地实现对资源的动态分布和调配，从而在产品开发、风险定价、客户营销、承保理赔等多个环节实现更加精准智能的业务运营。

(三) 云计算在保险公司经营管理中的应用场景

云计算在保险公司经营管理中的典型应用场景可分为开发测试云、生产云和灾备云。

1. 开发测试云

保险公司测试业务繁多、开发项目较为独立，存在测试资源不足且不易分配、资源无法共享、无法灵活调配、运维响应慢等问题。开发测试环境上云能够有效解决上述问题。

(1) 提供弹性扩容能力。

保险应用系统繁多，每个系统往往需要多套开发环境、集成测试环境、系统测试环境、压力测试环境以及预发布环境，且每套环境需要多台 WEB、应用服务器和数据库服务器，造成服务器需求的不断增大。而云计算服务具有弹性的扩容能力，能够灵活解决资源天花板的限制。

(2) 实现快速资源调配。

开发项目通常以项目为单位，所分配的设备资源一般被项目组独有。在项目的间歇期，这些资源基本都处于空置状态，造成资源的浪费。而通过云平台，保险公司可以在数分钟内完成资源的重新分配和调度，提高整体资源利用率，大幅降低开发测试成本。

（3）按需使用资源。

在项目的不同阶段，开发和测试对系统资源的要求不一样。例如在编码阶段，对性能要求并不高，使用普通性能的云服务器。而到压力测试的时候，对系统性能的要求很高，此时可以将云服务器升级为高性能版本。

（4）提供监控运维手段。

由于开发、测试环境庞杂，给运维管理带来了很大的工作量。云计算提供多种云监控手段，丰富的监控指标和实时故障告警，可根据不同保险业务，自定义告警阈值，精准掌握的状态，快速响应各类问题。

2. 生产云

保险公司可根据信息系统所承载数据的敏感程度、业务的重要性等因素综合考量后，将系统生产环境迁移到云计算平台，把保险行业中自行构建的高风险高成本的系统服务替换为云平台上的高可靠、低成本服务。

3. 灾备云

基于云计算技术和数据中心基础设施服务，构建保险公司灾备云平台，能够为保险公司提供安全可靠的系统灾难恢复、灾备演练、数据统计分析等服务。灾备云能够帮助保险公司更加经济、快速、确有实效地完成灾备系统建设，有利于减少重复建设投入，推动灾备标准化建设。

二、大数据

（一）大数据的概念与基本特性

1. 大数据的概念

大数据（Big Data）指无法在一定时间范围内用常规软件工具进行捕捉、管理和处理的数据集合，是需要新处理模式才能释放更强的决策力、洞察发现力和流程优化能力的海量、高增长率和多样化的信息资产。有别于传统的抽样分析，大数据分析是对全量的数据进行分析和处理。

大数据一般分为结构化数据、半结构化数据和非结构化数据。近年来对非结构化数据的挖掘和应用，成为大数据领域的重要发展方向。

2. 大数据的特点

（1）规模性（Volume）。大数据的数据量是惊人的，随着技术的发展，数据量开始爆发性增长，达到 TB 甚至 PB 级别。大数据如此庞大的数据量是无法通过人工处理的，需要智能的算法、强大的数据处理平台和新的数据处理技术来处理这些大数据。

（2）多样性（Varity）。大数据广泛的数据来源，决定了大数据形式的多样性。

（3）高速性（Velocity）。大数据的交换和传播是通过互联网、云计算等方式实现的，远比传统媒介的信息交换和传播速度快捷。

（4）价值性（Value）。现实中大量的数据是无效或者低价值的，大数据最大的价值在于通过从大量不相关的各种类型的数据中，挖掘出对未来趋势与模式预测分析有价值的数据。

（二）大数据在保险公司经营管理中的应用价值

大数据应用的核心在于挖掘数据中蕴藏的情报价值，而不是简单的数据计算。大数据对于保险公司的应用价值，不仅仅在于运营，而在更高层面的经营管理，它让保险公司决策的先知、先觉、先行成为可能。

1. 大数据有助于明确市场定位

保险公司通过架构大数据战略，能够拓宽保险市场调研数据的广度和深度，从大数据中了解保险市场构成、细分市场特征、消费者需求和竞争者状况等众多因素。在科学系统的信息数据收集、管理、分析的基础上，提出更好的解决问题的方案和建议，使公司市场定位更具个性化，提高市场定位的可行性。

2. 大数据有助于提升收益管理

保险公司在实施收益管理过程中通过大数据技术的应用，能在自有数据的基础上，依靠自动化信息采集软件来收集更多的保险行业数据，了解更多的保险行业市场信息。这会对制定准确的收益策略、赢得更高的收益起到推进作用。

3. 大数据有助于创新保险产品

通过大数据，保险公司能够建立网评大数据库。然后，再利用分词、聚类、情感分析了解消费者的消费行为、价值趋向、评论中体现的新消费需求和企业产品质量问题。此举能够改进和创新产品，量化产品价值，制定合理的价格及提高服务质量。

（三）大数据在保险公司经营管理中的应用场景

通过对全量数据而非抽样数据的分析，大数据技术为保险公司在产品设计、精算定价、客户服务、营销推广和风险控制等方面，提供更加精准的数据分析和全新的视角。

1. 险种创新

保险公司利用大数据技术对风险进行精细化预测，通过对更多丰富场景内数据的分析和挖掘，开发更多更丰富的保险产品。例如，建立气象数据分析结果上的气象保险，基于运动数据而开发的面向健康管理的医疗保险，基于购物行为数据分析基础上的退货运费险等。

2. 精细定价

不同于传统定价和设计方法对抽样样本的数据分析，大数据技术的应用使保险精算人员能够实现对全量数据样本的分析，以更多维度的数据作为风险因子指导定价，从而提高风险定价的精准度。例如，泰康集团推出团险大数据自动化报价，为企业客户定制的个性化团险生命表涉及 5 大类 18 个险种，为企业客户提供智能定价，真正实现了"千企千价"。

3. 精准营销

保险公司通过对客户的包括身份信息、生理自然信息、社会关系信息和特征偏好信息在内的海量行为数据进行大数据建模分析，以区别客户的需求特征，对客户进行分群。结合用户画像和推荐算法，将合适的产品推荐给合适的用户，实现购买转化率的提升。例如，大地保险通过上线客户画像平台，360 度刻画用户特征，包含 3 大类维度、200 多项标签，帮助保险公司实现个性化推荐、精准营销和精准服务。

4. 精致客户服务

保险公司通过大数据分析对客户的分群经营，实现对不同群体客户千人千面的精准服务。此外，通过手机 App 等新型客户体系，增加了客户的使用时长，使保险公司有充足的数据支持对客户的知识图谱构建、健康状况管理分析等，从短期的售前咨询向长期的客户管理转变。例如，大地保险基于大数据分析建立了新型客户体系，对个人客户和团体客户分别采用星级权益体系及 VIP 管家体系，覆盖包含直升机救援、高铁贵宾厅权益、重疾绿色通道等 30 多项增值服务，有效加强了客户互动，提升了客户黏性。

5. 智能风控

从业务流程上看，大数据风控的应用主要体现在投保前的风险排查、承保中的风险管控以及理赔时的风险识别和反欺诈。（1）在投保环节，运用大数据分析技术建模，实现自动化核保，提高核保效率，同时识别逆选择投保行为。例如，在健康险领域利用大数据技术对医疗险数据平台中的海量医疗数据进行数据分析与挖掘以实现疾病预测。（2）在承保运营环节，可以利用大数据风控对保险客户的动态跟踪反馈，定期对承保中客户信息进行维护，更新客户风险指数。（3）在理赔环节，建立实时的反欺诈规则引擎，通过对大数据进行关联分析识别骗保行为。例如，平安产险应用大数据技术推出车险理赔平台"智能闪赔"，包括 5 个物定损数据库、12 个人伤定损数据库以及黑名单数据库等在内的千万级车理赔标准数据与模型库，可实现一厂一价，使定损环节风险管控更加精准。

三、人工智能

（一）人工智能的概念及特点

1. 人工智能的基本概念

人工智能（Artificial Intelligence，AI）是研究、开发用于模拟、延伸和扩展人的智能的理论、方法、技术及应用系统的一门新的技术科学。人工智能的研究范畴非常广泛，包括知识获取、感知问题、模式识别、神经网络、复杂系统、遗传算法等诸多内容。目前人工智能的核心技术主要包括：机器学习、计算机视觉、自然语言处理、人机交互、生物识别技术、机器人技术等。

2. 人工智能的特点

人工智能可以模拟人类智能，实现自主学习、自我优化、自适应和自主决策等功能，从而实现自动化、智能化和高效率的工作。人工智能的特点主要体现为：

（1）智能化。人工智能通过对数据的收集、处理、分析和判断，能够实现自主决策和行动，模仿人类的思维和行为，在某些方面表现出类似人类智能的能力。

（2）学习能力。人工智能可以通过拥有学习算法和模型，从大量的数据中学习并提高自己的能力。它可以对数据进行分析、识别、抽象和总结，从而形成知识和规则，并可以运用到下一个任务中。

（3）感知能力。人工智能可以通过感知技术获取外界的信息，并进行分析、处理和识别，从而实现对周围环境的感知，如图像、声音、温度、湿度、气味等。

（4）自主决策。人工智能可以基于先前学习的知识和规则，结合当前的环境信息，进行自主决策和行动。

（5）自适应性。人工智能可以适应不同的环境和任务，并根据情况调整自己的行为。

（6）交互性。人工智能可以通过人机交互的方式，与人类进行沟通和互动，并根据人类的需求和反馈，进行相应的调整和优化。

（二）人工智能在保险公司经营管理中的应用价值

人工智能技术的应用将推进保险公司"生产力"的全面重构与升级，其应用价值表现为以下方面：

1. 大众定制化生产，突破成本与个性化的界限

人工智能技术的发展使得机器能够主动学习和理解每一个个体，从而使个性化、定制化的需求得到满足。同时，数据的持续积累以及运算成本的大幅下滑使边际成本可趋近于零，保险产品的大规模个性化定制有望实现。

2. 经验沉淀数据化，加强经验与知识的融合

人工智能的实现大多源于训练大量的标签数据与非标签数据。随着可穿戴技术和语音交互技术的快速发展，更加多元化的数据来源将使得许多行为经验得以留存，有助于改善保险行业人员流动性强所导致的经验知识难以沉淀的问题，帮助保险公司实现经验与知识体系的融合。

3. 用户参与常态化，加快保险产品创新

智能设备的连接以及用户互动渠道的不断增加为用户参与创新提供了机会。这将改变现有的保险公司内部主导创新的模式，将用户需求更加直接地纳入产品或服务的创新因素中，帮助保险公司对产品的市场反应做出更清晰的判断。

4. 智能服务高效化，提升经营管理效率

通过在投保、核保、核赔等保险业务环节应用人工智能技术，保险公司在保险业务全链条实现了智能化和自动化，大幅提升经营效率，降低运营成本。

（三）人工智能在保险公司经营管理中的应用场景

应用人工智能技术能够帮助保险公司在产品、营销、核保、理赔及风控反欺诈等领域赋能保险业务价值链，其应用场景主要有：

1. 智能客服

智能客服是一种使用人工智能（AI）技术和机器学习算法的自动化服务，它被设计为模拟人类客服代表的交流方式，以提供基于文本或语音的快速技术支持和响应。智能客服通过自动化和数据分析来提高客户服务，能够提供 $7*24$ 小时在线服务，改善客户体验，使客户与保险公司的沟通更加方便、快捷和个性化。

新华保险自主设计、研发人工智能客服"智多新"，对接 7 个电子化服务平台，拥有 37 万个智能服务场景、70 余项智能工具，可为客户、代理人队伍提供全天候的产品咨询、服务信息查询、业务办理等保险服务，并通过迭代升级不断增强服务能力，年服务客户超过 1000 万人次。

2. 智能保顾

智能保顾即智能保险顾问，是指利用人工智能技术为保险客户提供风险评测、保险知识问答、保险需求分析、保险产品对比和推荐等服务的系统。与传统人工保险顾问相比，智能保顾以用户需求为导向，回归保障本源，秉承客观公正原则，向用户提供由算法直接生成的推荐结果，排除销售佣金和公司政策等主观因素干预，且完全不受时空局限，能有效减除用户过去咨询线下顾问的疑虑和不便。因此，智能保顾可以帮助保险公司降低人力成本，提高客户转化率和忠诚度，增强竞争力。

目前市场是知名度比较高的智能保顾包括众安精灵、太保阿尔法、微信风险评测、车车科技的阿保保险等。其中，作为中国太保集团于 2017 年推出的行业首款智能保险顾问产品，"阿尔法保险"以家庭保险需求为导向，利用自然语言理解技术和智能推荐算法，解答用户保险相关的咨询问题。基于微信小程序，用户可以通过语音或文字聊天方式咨询"阿尔法保险"机器人，了解保险常识并获取针对个人及家庭需求的保险规划建议。

3. 智能核保

智能核保通过人脸识别、图像识别、声纹识别等技术实现用户在线审核，能够大大简化投保流程，缩减投保时间。对于复杂的投保情况，人工智能的接入简化了核保流程，通过知识图谱技术建立的核保规则能够关联核保因子，并且能够通过 AI 技术进行风险推理。相比传统的人工核保，智能核保能够为客户提供更快速、更便捷的保险体验，能够更准确地评估风险，提高了核保的效率和准确性。

2015 年，新华保险上线"Magnum 智能核保系统"，实现了人机互动的核保模式，支持寿险、重疾险、医疗险等保障责任的智能风险评估。它在对客户健康等基本状况进行询问时，可根据每个客户差异化的告知内容自动生成"人机对话"式、动态输出的交互式问卷，大大提升了客户的投保体验，同时缩短了承保时效。

4. 智能理赔

智能理赔是一种利用先进的人工智能技术，对保险理赔业务进行自动化管理和处理的软件系统智能理赔。它通过数据挖掘、自然语言处理和机器学习等技术，能够实现对保险理赔案件的快速分类、智能分析和自动处理，从而提高理赔效率、降低人工成本并减少错误率。智能理赔的主要功能包括在线定损、快速理赔、自动结案等。智能理赔还具备实时监控、报警提醒等功能，能够对理赔业务进行全面管理。同时，智能理赔还能够提供数据分析、损益分析、趋势分析等功能，为保险公司管理者提供更多决策参考。

智能理赔已在保险行业广泛应用，大大提高了理赔效率和客户体验。以中国人寿寿险公司为例，截至 2022 年 12 月 31 日，该为近 1400 万人次的客户提供全流程智能理赔服务，智能化作业占比超 70%。又如，由众安打造的"智能理赔"系统引领行业开创健康险"服务型理赔"新模式，简化理赔流程，做到平均 28 秒内完成一个理赔结案，95% 理赔实现线上申请，客户获赔等待时长同比减少 57%。在理赔流程上凭借"智能理赔、智能校验、智能上传"三大技术让用户在遇到大多数理赔案件时可以一次性提交理赔材料、免上传电子发票，更好地享受保险服务带来的便捷体验。

5. 智能风控

智能风控技术旨在通过人工智能、大数据分析和云计算等技术手段，对保险机构面临的各类风险进行预测、评估和控制，帮助保险机构更好地保护保险利益和客户安全，实现保险业务的稳定发展。智能风控技术可以帮助保险机构更准确地评估风险，有效预测潜在的保险欺诈行为，加强保险机构的客户服务和风险管理能力。

太平洋产险推出的智能风控产品"听风者"，在车险报案环节嵌入了语音情绪识别，将客户报案的情绪特征与车险欺诈场景进行匹配建模，测算欺诈指数，从"事后看"走向"事前防"，从"单一数据监测"走向"综合智能风控"。太平洋寿险打造的"北斗"系统，对公司各机构、人员业务数据进行监测，识别评估机构、人员是否存在舞弊、欺诈、非法集资等风险，提高了保险公司重点领域合规风险识别的技术水平。

四、区块链

(一) 区块链的概念与特点

1. 区块链的基本概念

区块链(Blockchain)本质上是一种去中心化的分布式数据库，是分布式数据存储、多中心的点对点传输、共识机制和加密算法等多种技术在互联网时代的创新应用模式。

通俗地说，可以把区块链比作一种"账本"。传统账本由一方"集中记账"，区块链这种新式"账本"则可以在互联网上由多方参与、共享，各参与方都可以"记账"并备份，而每个备份就是一个"区块"。每个"区块"与下一个"区块"按时间顺序线性相连，其结构特征使记录无法被篡改和伪造。

2. 区块链的特性

(1) 去中心化。区块链的所有操作都部署在分布式账本上，不再部署在中心化机构的服务器上。它不需要依赖特定的集中机构或者中心数据库，也不需要依赖特定的技术来支持节点，从而降低了其可能对现有信息系统产生冲击的可能性。

(2) 不可篡改。由于采用密码学原理将数据上链，且后一个区块包含前一个区块的时间戳，按时间顺序排序，因此区块链可以具备不可篡改或者篡改成本非常高的特性。

(3) 可追溯性。区块链本身是一个块链式数据结构，链上的信息依据时间顺序环环相扣，每个节点都可以被记录和存储，所有的信息可以追溯到指定的时间或指定的事件。

(4) 开放性。除了数据直接相关各方的私有信息通过非对称加密技术被加密外，区块链的数据对所有节点公开，因此整个系统信息高度透明。

(5) 匿名性。由于区块链各节点之间的数据交换遵循固定且预知的算法，因此区块链网络是无须信任的，可以基于地址而非个人身份进行数据交换。

(6) 自治性。区块链采用基于协商一致的机制，使整个系统中的所有节点能在去信任的环境自由安全地交换数据、记录数据、更新数据，任何人为的干预都不起作用。

(二) 区块链在保险公司经营管理中的应用价值

保险业自身的发展以及科技的进步对传统的保险公司经营管理模式提出了新的要求，区块链以其自身的特性为这些新问题、新情况提供了解决的技术思路。

1. 重构保险信任机制

保险将最大诚信作为其交易的重要原则，然而信息不对称问题是保险经营中一直无法解决的难题。区块链不需要中心化机构来验证交易，而是通过一套公开透明的可信体系，使得链上的参与方以极低的成本达成互信共识。通过区块链技术的应用，能够实现保险合同主体、风险情况、承保、理赔等信息的互联互通，提升数据信息的真实性，提升保险各参与主体之间的信任度。

2. 实现保险信息共享

传统的保险信息共享方法，主要表现为数据格式不统一，数据不对称，共享机制不够透明。区块链技术能够利用去中心化的方式，将保险信息存储在区块链网络中的多个节点上，并利用智能合约等技术手段，实现数据格式统一、数据共享机制透明等功能，提高了保险信息的共享效率和安全性。

3. 提升信息安全水平

区块链通过把诸如保险标的、保险金额等数据分布式存储在"链式"结构中，能够有效保证其防篡改性和防伪造性，特别适合保险场景下电子化保险合同的数据保全与存证服务。同时，区块链的非对称加密算法能够防控保险客户信息泄露，能够保障消费者个人隐私权利更好地落实。

4. 提升保险监督效力

区块链的去中心化、数据不可篡改、集体监督维护等特征，能够帮助保险公司建立起有效的监督制约机制。区块链的应用可以使每笔保险资金流向都公开透明，资金流转数据都不可篡改，资金去处和用途都有迹可查，实现保险公司经营管理的可持续运作与高质量发展。

(三) 区块链在保险公司经营管理中的应用场景

1. 保险智能合约

智能合约是一种基于区块链技术的自动化合约机制，可以自动执行一系列的交易和事件。保险公司将智能合约应用于事故赔付、合同执行、索赔处理等流程，实现保险合同的自动执行和理赔处理，从而大大缩短交易流程的时间，从提高流程效率。

以理赔为例，当投保方报案后，通过区块链技术可以从可信赖的外部公开数据中获取需要的信息来验证索赔是否成立，当系统收到正确的参数后就可以自动执行理赔。而且索赔记录会存储在区块链上，防止同一保险事件多笔索赔的发生。目前应用最广泛的是飞机延误保险、医疗费用保险的自动理算与赔付。

2. 保险标的溯源

区块链可以记录下每一个保险标的的历史信息，确保每一个保险标的的信用和历史追溯能力，提高保险核保的准确性。通过区块链技术，可以在保险标的买卖、流转过程中对该标的物的信息、交易情况及价值的链式更新进行，增加保险标的信息的透明度。

在农业保险中，采用区块链防伪溯源，可以实时了解到养殖产品的相关数据信息，降低了保险和信贷的风控风险及评估成本。人保财险和众安保险分别将区块链技术应用于肉牛、散养鸡的养殖领域，以保证流程的明确登记和不可篡改。在钻石、珠宝等贵重物品的保险中，通过区块链技术溯源，可以加强风险管控，增加了贵重物品的可保性。

3. 保险产品个性化定制

通过区块链可将用户信息、保单信息以及理赔信息记录储存起来，并依靠区块链的安全多方计算技术挖掘数据价值。通过区块链可还将保险与多个行业融合，加强保险公司产品开发的广度与深度。依据买方需求开发出更多有效性产品，实现产品的快速迭代和演进，解决中心平台业务单一问题。通过区块链有数据共享机制，可为不同需求消费者定制个性化的保险产品与服务。

2023 年 3 月，太平洋保险借助区块链创新工程机械保险产品。工程机械设备只要开机，其运行数据便加密上传至区块链，这些数据包括运行轨迹、总里程数、连续开工时长等。太平洋保险运用链上可信数据，可根据开机情况，灵活停保。

4. 再保险交易

传统的再保险交易具有复杂的分保、转分保关系，面临合同金额巨大、合同条款复杂、标准化程度低、交易效率低等问题。再保险区块链交易平台基于区块链分布式账本实现参与各方的信息实时更新、同步共享、随时核验，交易进程与业务条件公开、透明、可回溯。

人保财险将区块链技术引入再保险交易平台，利用区块链上的合同信息不可篡改的特性，同时引入邀约核验、要约核验、确认核验、要约与确认核验等操作，使再保险人可以直观了解当前再保合约与历史上链时点合约信息的变化，解决再保险人担心无法及时识别合约信息变动、人工核验成本较高等问题。人保财险通过该平台每年向全球 200 家以上再保险经纪公司、再保险公司发布合约邀约，审核再保人要约超过 3000 笔，要约确认超过 1000 笔。自投入使用以来，合同签订从平均历时两个月缩短至平均历时 15 天，谈判效率得到显著提升。

5. 保险资产管理

区块链技术的应用可以实现保险资产信息的透明化和去中心化管理，提高资产管理的效率和安全性。首先，区块链技术具有极高的数据安全性，可以有效防止外界非法侵入，保护资产免受损失。其次，由于采用了区块链技术，每个交易的记录都是可信赖的，每个资产管理块的交易可以立即执行，资产也可以很容易地进行追踪。此外，区块链资产管理应用可以帮助保险公司更好的整合财务管理，实现实时的收入支出统计，帮助保险公司做出更好的投资抉择。

2018 年，由中国保险资产管理业协会金融科技专业委员会牵头，太平资产与上海保险交易所合作完成"基于区块链技术的另类投资债权计划交易系统"区块链验证，针对存续期不透明、合同信息造假及业务相关参与方信息孤岛等问题，通过将产品底层信息和交易信息记录到区块链，增加数据流转效率，实时监控资产真实情况，为管理者、投资者及监管机构提供透明真实的资产信息，提高交易链条各方机构对底层资产的信任程度，并降低信息交互摩擦，提升信息协作效率。

6. 反保险欺诈与反洗钱

在分布式账本上，保险公司可将交易永久记录，并通过严格控制访问权限来保证其安全性。而将索赔信息记录存储到分布式共享总账上，有助于加强各保险公司合作，识别出整个保险体系中可疑的欺诈行为。保险公司使用区块链记录所有客户的信息和验证情况，并用客户各自持有的私钥进行加密。当客户投保时，只需将该区块链与公钥交于各家保险机构，便能快速验证，极大地提高保险业反洗钱工作效率。

2016 年 9 月，日本最大的财险公司之一 Sompo 与 Soramitsu 公司联合开发了一款区块链运营模型。将区块链技术、聚类分析、社交网络分析和深度画像等技术结合起来，构造先进的反欺诈系统。

五、物联网

(一)物联网的概念与特征

1. 物联网的基本概念

2005 年，国际电信联盟(International Telecommunication Union，ITU)发布了《ITU 互联网报告 2005：物联网》，对物联网(Internet of Things，IoT)做了如下定义：通过二维码识读设备、射频识别(RFID)装置、红外感应器、全球定位系统和激光扫描器等信息传感设备，按约定的协议，把任何物品与互联网相连接，进行信息交换和通信，以实现智能化识别、定位、跟踪、监控和管理的一种网络。

物联网被称为"万物相连的互联网"，其有两层含义：第一，物联网的核心和基础仍然是互联网，是在互联网基础上延伸和扩展的网络；第二，其用户端延伸和扩展到了物品与物品、人与物品之间。

2. 物联网的基本特征

(1)全面感知。利用条形码、射频识别、传感器等各种感知、捕获和测量的技术手段，随时随地获取物体的信息。

(2)互通互联。各种通信网络与互联网相互融合，通过网络的可靠传递实现物体信息的共享。

(3)智慧运行。利用云计算、数据挖掘以及模糊识别等人工智能技术，对海量的数据和信息进行分析和处理，对物体实施智能化的控制。

(二)物联网在保险公司经营管理中的应用价值

1. 物联网技术可采集实时数据

通过对实时数据的监控，保险公司可以对保险标的物的风险情况进行动态监测，快速评估风险；实时数据采集可以帮助保险公司及早发现定价、承保、理赔等业务环节中的问题并进行修正，从而做出更快速、更准确的决策；实时数据采集可以帮助保险公司了解客户需求并及时作出反应，从而提高客户服务质量。

2. 物联网技术可降低风险

对保险而言，物联网技术降低风险的途径主要有三种：一是设备自动化降低风险。在没有任何人工干预的情况下，物联网执行器采取自动化措施降低风险。例如，汽车中的自动驾驶系统(ADAS)。二是人工实时干预。如风险状况发生变化，物联网设备发出警告，从而降低风险。例如，财产保险公司的物联网水淹报警设备系统，帮助客户建立起高效、精准、闭环的水灾防范体系。三是促进保险客户的低风险行为，对客户降低风险的行为改变给予奖励。

3. 物联网技术可创新保险定制化产品

运用物联网技术保险公司能够收集到大量真实数据，并根据实际情况和数据为用户提供个性化的解决方案。这种做法能够充分满足用户的保险需求，从被动保险和损失赔偿转变为主动保障和避免损失。

(三)物联网在保险公司经营管理中的应用场景

目前，保险公司对于物联网技术的运用主要体现在和客户的高效互动、加速和简化承保及索赔处理上，比较常见的应用场景主要有车联网、智能家居和健康管理等。

1. 车联网

车联网是物联网技术的分支，保险公司运用车联网的具体功能技术(诸如定位系统、监控系统等)，通过收集车辆行驶状况的信息数据，进行综合评定，建立相应于驾驶者驾车行为习惯的定价模型，为其提供全新的保险产品和服务。

车联网带来了车辆保险定价模式的改变，基于使用的保险(UBI)产品应运而生。对UBI通常有两种解释：一种是 Usage Based Insurance，即基于使用来付费的保险；另一种是User Behavior Insurance，即按驾驶人行为来设计的保险。虽然两种解释不同，但是本质相同，即保险公司通过车载信息终端收集、监测、评价不同车辆的实际状况和不同驾驶人驾驶行为，并据此计算和调整保费。欧美发达国家车联网较为成熟，UBI发展迅速，普及程度也较高。在我国，终端厂商和互联网企业对车联网热情高涨，纷纷进行车联网技术的开发和商业模式布局，但车联网保险还处于探索起步阶段。

2. 智能家居

一些保险公司在智能家居的基础上，提供更为优质的家财险保险服务。通过传感器对住宅进行远程监控有助于及时发现和缓解风险，从而降低理赔成本，提高消费者的客户体验。例如，在检测到火灾或泄露时，可以通过智能手机联系到投保人，并自动分配给保险公司或公共机构派出的紧急响应小组进行处理。

美国最大的财产保险公司 State Farm 和 ADT 警报安全公司合作，在用户家中安装智能家居设备。该套智能设备可在失火或家中漏水之前自动关掉阀门，消灭安全隐患；或在犯罪发生时远程告知住户采取措施，减少损失；或为家中需要照顾的人自动调节光线或温度，提供医疗警报服务。

3. 健康管理

最初，保险公司通过智能眼镜、智能手环、智能手表、智能衣服、智能手套、智能鞋等可穿戴设备，实时感应和监测个人的身体状况。随着手机技术和移动应用程序的不断创新发展，手机演化为功能丰富的健康管理工具。利用物联网技术，保险公司可以收集被保险人身体数据，以便更精准了解被保险人身体健康状况。当被保险人身体指标出现某种异常就会收到医疗保健中心的提醒，督促其做出改善，降低健康风险。

美国健康保险公司信诺(Cigna)与高精度可穿戴传感器制造商 Body Media 合作开展了一项面向企业客户的保险项目。企业雇主希望自己员工佩戴 Body Media 臂带，追踪他们的健康状况，甚至用金钱或其他方式鼓励员工养成良好生活习惯，降低员工患糖尿病概率，从而降低企业医疗保健成本。保险公司则可以记载客户睡眠及锻炼数据，形成客户健康档案，制定更加个性化的保单价格，改变健康风险评估方式。

第四节　中国保险科技发展趋势与展望

一、深度融合开启保险科技新挑战

保险与科技深度融合，不仅只是兼具保险和科技的功能与属性，而是保险与科技功能的重塑和再造。保险科技发展面临新机遇的同时，也面临新的挑战。

(一)经济环境复杂多变，市场竞争加剧

1. 外部环境的不确定性加剧

2021 年，国际环境更趋复杂严峻。新冠肺炎疫情肆虐，给全球政治经济各领域造成冲

击;全球经济增速显著放缓,通胀水平持续攀升;中美战略博弈、俄罗斯北约摩擦,地缘紧张形势加剧。从内部环境来看,国内疫情多发散发,经济下行压力明显增大。受国内外复杂多变的经济环境影响,保险科技的投融资风险加大,运营成本提升,保险科技企业面临的不确定性增加,导致保险科技发展的内生动力不足。

2. 市场主体竞争态势激烈

云计算、人工智能、大数据等新技术成熟广泛应用的背景下,互联网巨头公司、互联网新中介、数字化运营和服务企业、科技初创公司以及上下游关联企业等众多市场主体积极布局保险科技行业,利用数据、资金、技术、生态系统优势重塑保险行业价值链,渗透产品开发、定价核保、理赔服务等各环节,推动保险业数字化、智能化、系统化转型升级。随着保险业务优化、产品设计创新、营销渠道扩展,保险科技的参与主体数量将持续增长,竞争态势愈来愈激烈。

(二)科技创新引发风险外溢,保险体系脆弱性增加

随着保险科技的发展,交易链条不断延伸,交易行为主体间的连接模式日益复杂。保险科技导致保险风险的交叉性、传染性、复杂性和突发性问题更为突出。

1. 交叉融合增大系统性风险

保险科技所产生的数字化技术和网络化联结可以产生业务风险、技术风险、网络风险的叠加效应,使风险传染更快、波及面更广,进而增加保险体系的脆弱性。一是加剧风险的关联和传染,模糊保险与保险活动之间的边界;二是加剧保险市场参与者的行为趋同性,放大市场波动;三是加剧系统重要性效应,头部保险科技企业一旦发生变故将造成重大影响;四是加剧保险行业的亲周期性,助长保险机构在经济上行周期扩张和下行周期收缩。

2. 新技术引发新风险

从微观层面上看,保险科技增加了保险公司的新风险。一是技术风险。保险公司在应用新技术时,可能产生技术不成熟、算法缺陷与技术失控等问题,面临技术路线战略失误、IT治理薄弱、网络安全、过度依赖第三方机构等风险。二是信息风险。保险科技对数据信息的依赖性强,在业务过程中容易出现计算机硬件系统、应用系统、安全技术或网络运行问题,导致数据保密性、系统和数据完整性、客户身份认证安全性、数据防篡改性及其他有关计算机系统、数据库、网络安全等风险。

(三)消费升级融合技术进步,激发全新消费行为偏好

保险科技从生产端、产品端、供应链端、场景端、营销端等方面对保险消费生态产生重大影响,保险消费结构的迭代升级又反向驱动保险科技创新。

1. 科技创新改变保险消费生态

科技不仅改变了保险消费环境和消费方式，而且引发了保险消费者行为的新变化、新特征。首先，保险消费的主体力量产生了变化，"Z世代"①逐渐成为保险消费的主力军。这一人群带来了消费新需求和新潜力，但他们对消费的要求更高。其次，保险消费者行为更具个性化、特色化以及多元化。消费者的关注点从消费数量向消费质量转变，保险服务的品质和效率成为影响消费的重要因素。第三，科技应用改变了保险机构与消费者的接触方式，推动客户行为线上化、运营模式数字化和产品形态多样化。

2. 保险消费结构升级反向驱动保险科技创新

保险消费结构升级对保险科技创新提出了新要求。第一，随着"Z世代"生活场景的不断变迁，保险经营场景不随之延伸，由此衍生出更多的保险新需求。保险科技需要在销售模式探索、风险精准防范、生态服务创新等维度进行变革，从而进一步提升"Z世代"的保险认同感。第二，为满足保险消费者个性化、特色化以及多元化的需求，保险业需要通过创新技术应用提升保险服务的智能化和精准化。第三，消费结构升级促使保险业与其他行业的关联性增强。如何通过技术创新将健康、养老、数字生活等通过虚实融合的方式与保险价值链衔接，成为保险科技迫切需要解决的问题。

二、中国保险科技发展展望

(一)市场主体不断丰富，多元融合趋势将更加凸显

保险科技生态圈的参与主体将进一步多元化，跨行业、跨领域之间的合作互动成为发展趋势。

1. 市场主体的类型更加多元化

保险科技行业的市场主体众多，包含传统的保险公司、初创科技企业、市场行业巨头、监管机构等。随着人工智能、物联网、区块链、大数据等高科技的融入，保险行业催生出新的业态模式，各种创新平台不断丰富保险生态圈的主体。保险公司内部开发保险科技、孵化保险科技创业公司成为趋势，将激发更多的互联网巨头对保险科技进行战略布局。资本的持续流入使得保险科技蕴含着巨大的发展潜力，又将吸引更多的市场主体涌入保险科技生态圈。越来越多的大型公司为提高自身竞争能力，将探索建立保险科技创新中心、保险科技子公司、保险经纪公司等。此外，保险科技应用的加速落地又将催动社会组

---

① "Z世代"又称"互联网世代"，通常指是指1995年至2009年出生的一代人，他们一出生就与网络信息时代无缝对接，数字信息技术、即时通信设备、智能手机产品等对这一代人的影响很大。

织以及专业服务机构等主体的参与，市场主体的多样化趋势明显。

2. 跨界融合不断深化

保险科技的推广、保险产业链的延伸、消费者期望的升级，各股力量交错碰撞，使得整个保险生态呈现出跨界融合的趋势。未来的保险不仅是提供风险保障的工具，更是满足客户需求的综合性服务。例如，在大健康领域，越来越多保险公司与医疗机构联合，研发与患者所患疾病紧密相关的病情进展保险、带病体可投保的大病健康险等新型险种。在汽车保险领域，保险公司同汽车生产厂商、经销商、维修商合作，为客户提供智能客服、驾驶数据分析、理赔支持、应急救援等服务。另一方面，互联网巨头、产业巨头以及手握数字科技的服务商也在向保险领域跨界，与保险机构合作或者独立谋求牌照，利用自身的数据和技术优势实现保险产品的精算定价、精准营销以及智能理赔。

(二)技术与业务双向驱动，自主创新能力将显著提升

保险科技持续动态发展，技术与业务将形成双向驱动模式，不断提高科技自主创新活力。

1. 技术发展驱动业务升级

从技术对业务的影响角度看，技术对业务的影响和重塑不断加深，技术驱动业务、技术创造业务将成为发展趋势，风控、产品研发等将成为保险机构的关键发力点。随着区块链的发展，构建基于联盟链的多方主体可信协作网络、构建基于"隐私计算+区块链"的大数据风控模型等备受关注，未来将推动业务进一步升级。

2. 业务转型推动技术发展

在保险科技重塑保险价值链条的同时，业务将反向驱动技术突破。随着大数据的加速发展，保险业务形态、需求等更加复杂多变，对前后台业务效率提出更高的要求，搭建数据中台成为各保险公司的共识。业务需求的驱动下又将持续推动数据治理技术和隐私计算能力发展。

3. 自主创新能力持续增强

一方面，各保险机构将愈发重视自主科技研发，不断加大科技投入力度，以达到增强自身核心竞争力、在市场变革中抢占竞争高地的目的。另一方面，保险科技的应用有助于激发业务内在潜力，将进一步推动保险科技创新。例如，应用大数据建立用户画像有利于实现精准营销，又将促进保险科技在数据协同共享、保护用户隐私数据方面的创新。

(三)保险"新基建"升级再造，保险"信创"将全面提速

通过技术升级和架构再造来构建安全可控的保险科技新基建，既是保险业数字化转型的大势所趋，更是提升保险业核心竞争力的必行之举。

1."新基建"升级再造夯实保险科技可持续发展基础

新科技的应用与普及将产生更多新场景，释放更多保险需求。这对保险科技基础设施提出了新的要求，势必带动"新基建"的升级和再造。当前我国保险科技"新基建"的布局还不足以支撑保险科技的高质量发展。除了 5G 之外，"新基建"的底层技术中有许多都严重依赖国外的技术支持，这为中国保险科技的发展埋下重大的技术风险和安全隐患。未来我国将加强"新基建"的底层技术攻关，以技术创新为驱动，以信息网络为基础，面向保险科技高质量发展的需要，提供数字转型、智能升级、融合创新等服务的基础设施体系。新型基础设施主要包括信息基础设施、融合基础设施、创新基础设施三个方面内容。"新基建"的升级再造将为保险科技的发展提供了不可或缺的算力、网络和技术条件，提高保险科技服务的触达能力，提升保险科技的抗冲击性能，降低科技赋能保险的服务成本。

2. 保险"信创"推进保险科技自立自强

"信创"即信息技术应用创新，是我国信息化建设全面推进科技自立自强阶段的关键举措。目前国内重要信息系统、关键基础设施中使用的核心信息技术产品和关键服务大多依赖国外，一旦国际形势发生变化，行业乃至国家将面临不可预估的重大风险。在信创发展成为国家战略的大背景下，保险信创必将成为重塑保险行业安全竞争力、推动数字化转型的重要支撑。目前，我国保险科技信创尚处于萌芽阶段，多集中于软件方面的改造，如OA 系统、数据库和虚拟化建设等。未来我国保险科技将逐步建立基于自己的 IT 底层架构和标准，形成自有开放生态，我国科技企业将在分布式、云服务、微服务等技术上通过创新研发，与保险机构一起实现保险业信息系统的国产替代。

（四）数据智能技术加速演进，保险业数据要素价值将进一步释放

作为新时代重要的生产要素，数据现已经成为保险行业高质量发展中不可或缺的要素。

1. 保险企业数据要素价值加速释放

数据智能技术的进步，使得数据要素的价值渗透入保险企业的各个环节。在产品设计环节，数据智能技术通过采集、标注、集合、汇聚等过程，将数据要素资源化，提升用户健康数据、风险数据、理赔数据等数据资源的价值，成为定制保险产品的重要依据，提高保险产品与客户需求的适配性以及险种定价的精准性。在产品营销推广环节，科技带动数据要素的多场景应用将会快速捕捉用户需求，准确定位目标客户，提升投保转化率。在风险管控环节，一方面，科技与数据要素的结合扩大了企业风险识别的覆盖面，通过数据分析以及完善的风险监测框架，做到对潜在风险的早发现、早应对；另一方面，保险企业通过区块链、隐私计算、加密技术等科技手段能够保障用户数据安全，避免被泄露、篡改及滥用等风险。

2. 保险科技质效升级赋能数字时代

保险科技提供的丰富数据将打造出新的数字科技生态系统，科技应用的边际成本进一步下降，计算敏捷度和存储功能将不断优化升级，从而实现高效、安全的数据处理和共享。保险科技将秉承 ESG（环境、社会和公司治理）理念，围绕数据收集和数据应用，拓展数字化绿色战略路径，助力绿色低碳事业建设。未来保险科技也将继续释放应用数据要素价值，赋能我国数字经济时代。

【本章小结】

1. 保险科技是保险和科技融合创新的成果与生态体系，通过将科技导入保险发展的重要领域，对保险市场、保险机构或保险服务的提供方式产生重大影响。

2. 保险科技的主体按照不同的经营路径和业务领域进行分类，主要包括传统保险公司、专业互联网保险公司、保险科技初创公司和第三方技术服务商。

3. 保险科技对保险公司经营管理的影响表现为：减少信息不对称性，提高经营效率，降低经营成本，创新保险产品，提高风险管理能力。

4. 全球保险科技创新的环境与策略加速调整，保险科技的投融资空前活跃，关键领域技术取得突破式进展，呈现出多维度、多极化发展的国际格局。

5. 我国保险科技发展现状呈现出以下特点：融资规模突破性增长，投资水平不断升级；头部险企成立科技子公司，加码科技领域布局；互联网保险规范发展，持续优化业务结构；数字化转型进程加速，构建数字保险生态体系；监管政策审慎务实，明确保险科技发展方向；科技普惠属性凸显，服务社会经济高质量发展。

6. 云计算在保险公司经营管理中的典型应用场景可分为开发测试云、生产云和灾备云。

7. 通过对全量数据而非抽样数据的分析，大数据技术为保险公司在产品设计、精算定价、客户服务、营销推广和风险控制等方面，提供更加精准的数据分析和全新的视角。

8. 人工智能在保险公司经营管理中的应用场景主要有：智能客服、智能保顾、智能核保、智能理赔和智能风控等。

9. 区块链在保险公司经营管理中的应用场景主要有：保险智能合约、保险标的溯源、保险产品个性化定制、再保险交易、保险资产管理、反保险欺诈与反洗钱等。

10. 保险公司对于物联网技术的运用主要体现在和客户的高效互动、加速和简化承保及索赔处理上，比较常见的应用场景主要有车联网、智能家居和健康管理等。

【本章思考题】

1. 简述保险科技与保险数字化的联系和区别。

2. 保险科技的主体有哪些？

3. 保险科技对保险公司经营管理产生了哪些影响？

4. 简述全球保险科技发展状况。

5. 分析我国保险科技发展的现状与趋势。

6. 简述云计算在保险公司经营管理中的应用价值。

7. 大数据具有哪些特点？

8. 举例说明人工智能在保险公司经营管理中的应用场景。

9. 保险公司如何运用区块链进行资产管理？

10. 什么是车联网？车联网如何改变车辆保险的定价模式？

【本章参考文献】

[1]陈辉，鲁阳．保险科技框架与实践[M]．北京：中国经济出版社，2022．

[2]完颜瑞云，锁凌燕，陈滔．保险科技概论[M]．北京：高等教育出版社，2022．

[3]许闲．赋能型的保险科技[J]．中国保险，2021(3)：26-29．

[4]张宁．保险科技中的大数据与人工智能[M]．北京：经济科学出版社，2021．

[5]中国保险行业协会．中国保险科技发展报告2021[M]．北京：中国财政经济出版社，2022．